法という企て

井上達夫

東京大学出版会

碧海先生御夫妻に捧ぐ

Law's Project
Tatsuo INOUE
University of Tokyo Press, 2003
ISBN978-4-13-031173-1

序　法概念論は何のためにあるのか

　法とは何か．本書はこの問いを問い，それに一つの解答を提示する試みである．本書の解答を一言で要約するなら，法とは「正義への企て」である．これは二つのことを意味する．第一に，法とは正義への「企て」である．法は正義と同一ではない．不正な法も法でありうる．しかし，正義の探求を企ててさえいないとみなされうる秩序は法ではない．第二に，法は「正義への」企てである．法が企てているのは単なる秩序維持や予見可能性保障でも，愛や幸福の成就でもなく，否それら以上に，正義の実現である．「法とは何か」という問いに対する本書のこの応答の原理論的部分は第 I 部と第 II 部に，各論的・応用論的部分は第 III 部・第 IV 部に展開されている．この序では，この問いを問うことの意義について若干の反省的考察を加えておきたい．

　法哲学は「法とは何か」を永く問い続けてきた．この問いが求めているのは，特定社会の実定法の内容 "the Law" や特定法規 "a law" の解釈ではなく，およそ法なるもの，無冠詞の抽象名詞 "law" で表現さるべき法の概念そのものの規定である．法哲学的思惟の歴史がいつまで遡れるのかはわからないが，二千数百年前，プラトンの対話篇『クリトン』において，なぜ誤った死刑判決も自己の政治的共同体によって合法的に下されたなら従わなければならないのか，この問題をめぐるソクラテスの言説を通じて「悪法も法か」が問われたとき，「法とは何か」をめぐる法哲学的探求は既に成熟した姿を現わしていた．

　かくも永きにわたって，「法とは何か」が問われ続けてきたにも拘わらず，この問題をめぐる論争は終息するどころか，見解は多岐に分裂し対立の溝は深まるばかりである．自然法論と法実証主義が対立するだけではない．それぞれの陣営が内部分裂し，さらにこの古典的な対立軸そのものを否定ないし超克しようとするさまざまな立場も存在する．

　そこから，この問いそのものへの懐疑も生まれた．この問いは原理上正解の存在しない問題であるにも拘わらず，法哲学は正解があるかのごとく幻想して

これを問い続けてきたのではないか.「法とは何か」という問題を仮象問題とし,それを解決する最善の方法は,それについて論議するのを止めることであると断じたグランヴィル・ウィリアムズはこのような批判の急先鋒であった[1].わが国の法哲学界では,碧海純一がもう少し慎重に,かつ一層の理論的洗練性をもって,この問いを「不完全問題」とみなし,法についての実質的情報を求めるものではなく,日常言語的表現を科学的術語に洗練発展させる方法としてのカルナップの「解明（explication）」を「法」という言葉について求めるものであると論じた[2].両者に共通しているのは,真理値をもつ（真または偽でありうる）法の本質規定なるものの可能性を否定し,法概念規定は論者の関心に応じて原理上自由になしうる「法」という言葉の使い方の規約的定義であるとし,真偽ではなく,認識目的上の有効性というプラグマティックな評価が問題になるにすぎないとする唯名論的な立場である.

　法概念論の存在理由と課題の根本的な反省を迫るこの唯名論的視角からの問題提起は,戦後法概念論争の初期を彩る主要な係争点の一つとなった.H・L・A・ハートはウィリアムズに対し,境界事例を法概念の外延に含めるかどうかを決定する規約定義ではなく,誰もそれが法の中心事例であることを疑わない近代国内法システムが提起する一群の謎を統一的に解明するような理論,誰もが「知っているが理解していない」法の特質を解明する理論の提示が法概念論の課題であると応答した[3].加藤新平は碧海に対し,法概念規定が真理値を欠くことは承認しつつ,単なる認識目的上の有効性だけでなく,実践的帰結の適否をも踏まえて判定さるべき妥当性をそれがもちうると応答した[4].

　しかし,その後,一種の手続的自然法論の立場から法内在道徳を説くロン・フラーと法と道徳の法実証主義的峻別を擁護するハートとの論争[5]や,ハート

---

1) Cf. G. Williams, "The Controversy Concerning the Word'Law'," in *Archiv für Rechts-und Sozialphilosophie*, Vol. 38 (1949), pp. 54, 73.
2) 碧海純一「『法の概念』をめぐる論争について」『神戸法学雑誌』6巻3号, 1956年, 同『新版法哲学概論』(全訂第2版) 弘文堂, 1989年, 2章参照.
3) Cf. H. L. A. Hart, "Definition and Theory in Jurisprudence" (first published in 1953), in *do., Essays in Jurisprudence and Philosophy*, Oxford U. P., 1983, pp. 21-48.
4) 加藤新平『法哲学概論』有斐閣, 1976年, 294-306頁参照.
5) Cf. H. L. A. Hart, "Positivism and the Separation of Law and Morals,"in *Harvard Law Review*, Vol. 71 (1958), pp. 593-629; Lon L. Fuller, "Positivism and Fidelity to Law: A Reply to Professor Hart,"in *Harvard Law Review*, Vol. 71 (1958), pp. 630-672.

を主たる標的の一人にしたロナルド・ドゥオーキンの法実証主義批判[6]が大きな注目を浴び，法と道徳との内在的関係の問題が再び法概念論の主要関心になるとともに，法概念論の存在理由と課題に関するメタ理論的反省への問題関心は後景に追いやられていった．法と道徳の峻別を主張する立場と，法と道徳の融合を主張する立場とが再び平行線を辿ったまま対立した．それぞれの立場もまた，その内部において複雑に分岐した．さまざまな理論が法と道徳の関係の諸相に関してそれぞれの観点から分析を精緻化させた．しかし，諸理論の分析が精緻化すればするほど，それらは言わば自己完結化し，そのため相互の断絶は深まり，通約不可能なすれ違いが顕在化してきた．

同じ問題をめぐって対立する主張を提示する諸理論の間には，いずれが正しいのかについて合意はないにしても，何について対立しているのか，何が立場を分けさせる問題なのかについての共通理解はある．しかし，法概念規定をめぐる現代法哲学の諸潮流の分裂には，共通の問題関心そのものが欠如していると思わせるようなすれ違いがある．かかる諸理論は「法とは何か」という同一の問いの形式のもとに，実は全く異なる問題を設定しているのではないか．この懐疑は唯名論的法概念論の問題提起を再び浮上させうるものである．すなわち「法とは何か」をめぐる現代法哲学の論争に意味はなく，それぞれの理論はそれぞれの異なった問題関心に即して異なった「法」の規約定義を与えているのだということを互いに承認し合えばすむことではないか．自分の法概念規定こそ「法の本質」を正しく捉えているとして，他の法概念規定を斥けようとするのは，自己の問題関心に特権的・排他的重要性を付与し，多様な問題関心をもつ人々が多様な視角から法現象を探求する自由を排除しようとする形而上学的な独断と偏狭にすぎないのではないか．

この唯名論的懐疑を再浮上させるような「すれ違い」は，ドゥオーキンの法実証主義批判を，誤った法の理解に基づくものとして斥けるのではなく，むしろ「的外れ」の批判としてかわそうとする一群の法実証主義者の立場によってよく例証されている．以下，この点について少し見ておこう．

ドゥオーキンは法実証主義の核心が，法規範をその内容によってではなく

---

[6] Cf. R. Dworkin, *Taking Rights Seriously*, 2nd Impression, Harvard U. P., 1978 ; do., *Law's Empire*, Harvard U. P., 1986.

「系譜（pedigree）」（法規範の採択発展のされ方に関する一定の事実）によって同定する基準をパスしたもののみに法を限定し，かく同定された法的ルールによって明確にカヴァーされないケースにおいては裁判所は法の適用の名の下に実質的に立法を行っているとする立場にあるとし，ハートの法理論をその典型とみなした．そして，かかる系譜テストによって把捉できないにも拘わらず法的ルールの正当化根拠として措定され，その解釈を導く道徳的「原理」が司法的裁定を拘束する規範として重要な役割を果たしており，その結果，法の同定は制定法や確立した判例など「確定された法」を最もよく正当化しうる公共的な政治道徳の構想が何であるかについての道徳的価値判断に依存せざるをえないとして，法実証主義の立場の破綻を主張した．

これに対し，ハートは『法の概念』第二版に「後記（Postscript）」として収録された彼の遺稿[7]において，ドゥオーキンの言う「原理」には系譜テストで同定できるものもあるとするだけでなく，法の同定基準を定める「承認のルール」は系譜テストだけでなく，立憲主義的制約をなすような正義その他の内容的道徳的価値原理も含みうるとする「柔らかい実証主義（soft positivism）」の立場に自らが立つことを明確にし，ドゥオーキンの法実証主義批判が依拠する法実証主義の性格づけは不当に狭隘であり，自己の理論のような立場には妥当しないと応答した．ハートのこの「柔らかい法実証主義」と同様な立場は他の一群の有力な法理論家たちによっても共有されており，現在では「包含的法実証主義（inclusive legal positivism）」と総称され，ハートが「純粋事実型実証主義（plain-fact positivism）」と呼んだ立場，すなわち法同定基準を系譜テストのような規範生成事実によるものに限定し，道徳的同定基準を排除する「排除的法実証主義（exclusive legal positivism）」と対比されている[8]．

---

7) Cf. H. L. A. Hart, "Postscript" (ed. by P. A. Bulloch and J. Raz), in do., *The Concept of Law*, 2nd ed., Oxford U. P., 1994, pp. 238-276.

8) 包含的法実証主義のハート以外の代表的論客としては，J・コールマン，W・J・ワルチョウ，M・クレイマー，K・E・ヒンマが，また排除的法実証主義の指導的理論家としては，J・ラズ，S・シャピロウ，A・マーモア，J・ウォルドロン，L・マーフィーらの名が挙げられる．ハートの「後記」（前掲註 7）の問題提起を受ける形で，両陣営の論客が法実証主義の再定義をめぐる論議を展開したものとして，cf. J. Coleman (ed.), *Hart's Postscript: Essays on the Postscript to the Concept of Law*, Oxford U. P., 2001. また，この二種の法実証主義の議論の展望として，cf. A. Marmor, "Exclusive Legal Positivism," in J. Coleman and S. Shaprio (eds.), *The Oxford Handbook of Jurisprudence and the Philosophy of Law*, Oxford U. P., 2001, pp. 104-124; K. E. Himma, "Inclusive

包含的法実証主義は法と道徳の区別を，法同定基準の内容にではなくその存在根拠の次元に求める．すなわち，この立場によれば，法同定基準を定める承認のルールが一定の社会的実践の事実上の成立——ハート以来，これは裁判官集団の間における受容と等置されるのが通例である——を存在根拠にしている限り，当該承認のルールが道徳的原理を法同定基準に含んでいても，かかる道徳的基準はその内容的な正当性によってではなく，承認のルールの存在根拠たる社会的事実によってその法的権威を付与されている以上，法と道徳の法実証主義的区別は維持されていることになる．この場合，法と道徳との間に必然的結合関係は依然存在せず，ある法社会の承認のルールが道徳的原理を法同定基準に含んでいるとしても，それは法と道徳の概念必然的結合によるのではなく，その社会の裁判官集団による受容などの「事実的偶発性」によるからである．

　包含的法実証主義がこのような立場をとるのは，あらゆる社会の法に適合するような法の一般的記述モデルの構築を企図しているからである．法的判断と道徳的判断を内在的に結合させるドゥオーキンの法モデルは米国のような社会の法実践の分析としてはかなりの説得力をもつため，包含的法実証主義はそれを否定するのではなく，特例として包摂しうるようなより一般的な記述的法モデルを提示しようとした．法規範の同定がそもそも道徳的基準に依存するか否か，さらに，どのような道徳的基準に依存するかはア・プリオリに決定できる問題ではなく，それぞれの社会の法実践がどのような法同定基準を受容しているかという社会的事実の問題であり，この事実を基礎にした法のあり方を一般的に記述するのが法概念論の課題であるとする見方が根底にある．この見方からすれば，排除的法実証主義のように，「系譜」や「社会的源泉」のような事実的基準のみをすべての法社会に共通の法同定基準としてア・プリオリに設定することの方が，法同定基準の内容の事実依存性・社会的偶発性を否定するものであり，法の存在を社会的事実の問題として捉え観察者的に記述しようとする法実証主義の志向と相容れず，何らかの評価的・実践的な志向性に依存していることになる．

　これに対し，ドゥオーキンの問題関心は法一般を観察者的中立性をもって記

Legal Positivism," in Coleman and Shapiro (eds.), *ibid.*, pp. 125-165.

述することではなく，特定の社会の法実践の参加者がこの実践を最善の相の下に照らし出そうとする解釈的営為を，参加者の観点に自ら立ちつつ反省的に再構成することである．ハートも法実践の参観者の内的観点の考察を社会的ルールの存在条件の解明に必要不可欠としたが，法理論家自身はかかる内的観点を共有することなく，あくまで外的観察者として参加者の内的観点を記述することがその任務であるとした．ドゥオーキンにおいては法理論自体が内的観点に立つべきものとされている．ドゥオーキンの法理論にも一般化志向はあるが，それは観察者的・記述的な一般化への志向ではなく，特定社会の法実践の参加者の観点から出発しながら，政治的責務（遵法義務）の成立根拠という政治道徳上の普遍的問題を解決するために，法の解釈的再構成の共通指針たる「純一性（integrity）」の基底にある「原理の共同体」という社会像を析出する実践的・規範的な一般化への志向である．純一性は正義とは区別され，不正な法も法でありうるとする点で，彼の立場は自然法論とは異なるが，自らの法が超法的道徳と衝突する場合にも一定の政治的責務を成員に課しうるような政治的共同体を構成する条件の一つとして純一性は位置づけられている．遵法義務の根拠という観点から「悪法も法か」を問うソクラテス的伝統にドゥオーキンは回帰していると言ってもよい．彼が法実証主義を排除的法実証主義に限定して理解しようとするのも，コンヴェンショナリズムと彼が呼ぶ立場，すなわち政治権力行使の予見可能性の保障を政治的正統性の条件とする実践的・規範的立場に立脚するものとして法実証主義を位置づけたとき，それが最も重要な意義をもつとし，かかる実践的・規範的観点に立つなら法実証主義は法同定基準から論争的な道徳的基準を排除せざるをえないと考えたからである[9]．

　問題関心がこのように根本的に異なる以上，ハートや包含的法実証主義者とドゥオーキンの間には，「いずれが正しいか」が問題になるような真の対立があるとは言えないのではないか．前者の記述的プロジェクトと後者の実践的プロジェクトは互いに他を否定する必要はなく，異なる問題を探求する企てとして「棲み分け」によって共存すればいいのではないか．実際，包含的実証主義者にはこのような「棲み分け」への意志が見られるが，ドゥオーキンは彼らの

---

[9] Cf. R. Dworkin, *Law's Empire, supra* note 6, chaps. 3, 4, 6.

記述的プロジェクトに価値を認めていない．これは彼の偏狭さ，ないし独善性を示すものではないか．このような懐疑にも拘わらず，法概念規定を単なる記述的一般化として捉える包含的法実証主義の立場は誤っており，これを実践的・規範的・政治的な問題関心に根差したものと捉える実践的プロジェクトの方が的確であると私は考える（もっとも，実践的プロジェクトの遂行の仕方においては，本書第I部で示すように，私はドゥオーキンとアプローチを異にしている）．

　第一に，包含的法実証主義は法実証主義であろうとする限り，排除的法実証主義から本当に区別されうるような理論的独自性をもちえない．法同定基準が道徳的原理を含む場合，いかなる法規範がそれをパスするかは論争的であり，法曹集団の間でも見解が分かれることになる．道徳的な法同定基準の適用の論争性は法曹集団におけるかかる基準自体の一般的受容と両立すると包含的法実証主義者は主張するが，問題はそこにはない．ある裁判官 J_1 は議会が制定したある規範 N が当該社会の道徳的法同定基準をパスしているがゆえに法であるとしてこれを自己の担当事件に適用したのに対し，別の裁判官 J_2 は後の事件において N が当該道徳的基準に反するがゆえに法ではないとして適用を拒否したとしよう．このとき仮に J_1 の道徳的判断が正しいとすると，N は判決に先在してそれを拘束する法規範としての身分をもち，J_2 は法の適用を拒否した不法な判決をしたことになるのか．逆に，J_2 の道徳的判断が正しいとすると，J_1 が法的に無効な規範を適用し，法的には正当化できない判決を下したことになるのか．

　包含的法実証主義者がこれらの問いに肯定的に答えるなら，法規範の法的身分がその内容の是非に関するきわめて論争的な道徳的価値判断に依存することを認めたことになり，自然法論との違いを見出すのは困難である．J_1 と J_2 の道徳的価値判断がともに同じ抽象的な道徳原理の定式の解釈としてなされ，かかる抽象的定式自体の存在根拠は社会的受容の事実にあるから，法の存在は社会的事実の問題であるとする法実証主義の立場は堅持されていると包含的法実証主義者は応えるかもしれないが，自然法論者もまた，抽象的定式としては誰もが受容し解釈適用において先鋭な対立を孕むような原理——例えば，「各人に彼のものを（*suum cuique*）」——を自然法として援用しうる．

法実証主義の立場を堅持しようとするなら，包含的法実証主義者は上記の問いに対して，このような場合にはNの法的身分は当該の道徳的基準自体によってではなく，当該事件においてその道徳的基準を解釈適用する権限をもつ裁判官の判断によって決定されると応えざるをえないだろう．一般化すれば，道徳的基準が判決を拘束する先在的法規範を同定しうるのは，その道徳的基準への適合性についてコンセンサスが確立しているような規範群――ハートの用語を使えば，その道徳的基準の意味の「確立した核（settled core）」に含まれるもの――についてのみであり，適合性の判断が鋭く対立するような場合――ハート流に言えば，その基準の「半影部（penumbra）」に関わる場合――は，かかる道徳的基準は裁判官に自己の道徳的価値判断に従って法規範を改廃する権能を授権していると解すべきであるとする立場に包含的法実証主義は立つことになる．

　そうだとすれば，包含的法実証主義が可能だとする道徳的基準を含む承認のルールは，規範内容の道徳的正当性自体ではなく，一定の準拠集団において成立している道徳的コンセンサスという社会的事実への適合性を法同定基準とし，かかる社会的事実が存在しない場合は裁判官に立法権能を付与するものである．このとき，包含的法実証主義は法規範の「系譜」や「社会的源泉」という社会的事実に法同定基準を限定する排除的法実証主義と同じ立場に帰着している．したがって，法同定基準を事実還元的なものにア・プリオリに限定する根拠，道徳的正当性それ自体はいかなる社会においても法同定基準に含まれてはならないとするア・プリオリな当為判断の規範的正当化根拠を，排除的法実証主義と同様に包含的法実証主義は問われることになる．

　第二に，包含的法実証主義においては，法同定基準を定める承認のルールの存在条件をなす社会的事実として一定の準拠集団による受容が要請されている．ハート以来，かかる準拠集団として中心に置かれているのは裁判官集団である．しかし，なぜ，裁判官集団の受容が決定的なのか．もちろん，包含的法実証主義者は他の準拠集団，例えば一般市民の受容をより重視する立場をとることも可能である．しかし，その場合も，なぜ，一般市民の受容が決定的なのかが問われざるをえない．この承認のルールの準拠集団の選択は社会的事実の記述ではありえず，記述さるべきレレヴァントな事実は何か，いかなる社会的事実が

法創造的効果をもちうるのかについての規範的判断に依存している．例えば，裁判官集団の受容を決定的とみなすのは，政治的圧力から独立した司法部による法の適用が党派政治の力学に左右されない政治的正統性原理としての「法の支配」の基本条件であるとする見方に基づいているのかもしれない．一般市民の受容を決定的とみなすのは，法服従主体の承認に法の妥当根拠を求める伝統的な「承認説」と同様，社会契約説や民主主義の政治思想に立脚しているのかもしれない．いずれにせよ，何らかの規範的・政治的根拠を示さない限り，法同定基準の同定のための準拠集団の選択は恣意性のそしりを免れない．

　以上のような理由から，私は包含的法実証主義の記述的プロジェクトは貫徹不能であり，実践的プロジェクトが包含的法実証主義にとっても不可避であると考える．これに関連して付言すれば，実践的プロジェクトの不可避性を承認する動向は，ドゥオーキンや私のような反法実証主義の立場からだけでなく，法実証主義の内部でも，特に排除的法実証主義の陣営において台頭してきている．「法と道徳を峻別すべき実践的理由」の提示なくしては実証主義的な法概念規定は「法は道徳ではないから」という本質主義的循環論法を超えた理解可能性・擁護可能性をもたないとする自覚がそこに現れており，このような実証主義の動向は，「記述的法実証主義（descriptive legal positivism）」と対比して，「規範的法実証主義（normative legal positivism）」と呼ばれている[10]．規範的法実証主義は法実証主義と反法実証主義との論争を「すれ違い」に終わらせず，同じ問題関心に立脚し係争点の理解を共有する生産的論争に転換させるために

---

10) ジェラルド・ポステマ，トム・キャンベル，ニール・マコーミック，スティーヴン・ペリーらに加え，やや曖昧さを残すがジョゼフ・ラズの名もこの陣営に加えられている．規範的法実証主義を擁護し，排除的法実証主義をそれと結合する近年の試みとして，cf. J. Waldron, "Normative (or Ethical) Positivism," in J. Coleman (ed.), *supra* note 8, pp. 411-433 ; L. Murphy, "The Political Question of the Concept of Law," in *ibid*., pp. 371-409. 規範的法実証主義者に関する文献情報はウォルドロン論文を参照されたい．法概念論と違法義務論との再統合を図るフィリップ・ソウパーはかかる再統合が法と道徳の必然的結合を否定する法実証主義の基本信条と矛盾するとする（cf. P. Soper, "Legal Theory and the Claim of Authority," in *Philosophy and Public Affairs*, Vol. 13, 1989, pp. 209-237）が，この批判は記述的法実証主義にのみ該当する．また，ここに引いたマーフィー論文のように，違法義務と法概念との結合よりもむしろ法に対する批判的姿勢の活性化を実証主義的法道徳峻別論の政治的根拠とする規範的法実証主義の立場もある．なお，法認識の没価値性を強調しつつ，根本規範の仮設により実定法をあたかも規範的妥当性をもつかのように仮構して考察するケルゼンの純粋法学の立場も「規範的法実証主義」と呼ばれることもあるが，これはここで言う「規範的法実証主義」とはまったく異なる．ここで言う規範的法実証主義は法と道徳の区別を擁護する規範的議論を自ら提示しようとするものである．

望ましい理論動向であり，今後の発展が期待される．

　以上，現代法哲学における法概念論争の対立構図の展望と重ね合わせて，法概念論の意義と課題に関して若干のメタ理論的反省を試みた．私見をまとめれば，「法とは何か」を問う法概念論は「法とは何であるべきか」を問う正義論と区別されなければならないが，それ自体一つの実践的・規範的探求であり，正義論と断絶されるのではなく架橋されなければならない．法はあるべきようにはないこともあるが，「在るべき法」と衝突する「在る法」もかかる規範衝突を生じさせうるだけの固有の規範的重みをもつのはなぜか，不正な法でさえ，法である限り，単なる強盗の脅迫にはない規範的比重をもちうるための条件は何か，そのために法と正義の関係はどのようなものでなければならないかを解明することが法概念論の課題である．本書はこの課題に「正義への企てとしての法」という法概念によって応え，その含意を明らかにする試みである．

　第Ⅰ部「法理念論」は，正義を法の内在的理念と捉えることの意義の解明と擁護を試みる．第1章で正義を法の内在的理念とする「正義への企てとしての法」の概念が実定法秩序を神聖化するのではなく，逆にその正義適合性の絶えざる批判的再吟味のための制度的経路を開くことへの法自体のコミットメントを含意し，かかるコミットメントが法の正統性の基盤になることを示す．第2章では，この法概念に立脚して「法の支配」の理念を再生させるために，従来の「形式化」・「実体化」・「プロセス化」のアプローチの限界を超えた「理念化」アプローチに基づく法の支配の「強い構造的解釈」を提示する．

　「正義への企てとしての法」において，法は正義志向性の制約に服しつつ正義の完全な成就とは区別されている．それはあるべきようにはないこともある存在であるが，しかし単なる事実性を超えた規範性をもつ．第Ⅱ部「法存在論」は，法のこのような固有の規範的存在性格の解明を試みる考察から成る．第3章で法を有権的決定の体系に還元するケルゼンの法実証主義が彼自ら批判するリアリズム法学と同様に，法のこの規範的存在性格の解明に失敗していることを示し，第4章で，法存在論的問題関心を強く有していた「解釈学的転向」以前およびその過渡期のドゥオーキンの議論の検討を通じて，法の規範的存在性格の的確な把握の方途を探る．

　以上は本書の原理篇である．ここで示した法概念は絶えざる批判的討議によ

序　法概念論は何のためにあるのか　xi

る自己修正への規範的コミットメントを内在化させたものとして法を捉えている点で，動態的性格をもつ．法を単に自己産出のための授権構造とみるケルゼンの実証主義的法動態論とは異なり，それは価値志向的な動態的性格を法に帰す．本書の後半部は法のこの動態的な自己修正過程を促進し制御し指導する制度機構と価値をより具体的な次元で考察する「法動態論」の試みである．

　第III部「法動態論 (1)」は，第2章でその再生を試みた動態的な「法の支配」の理念を具体化させる制度装置としての立憲民主主義と司法的人権保障の在り方を，米国の問題状況（第5章）と日本の問題状況（第6章）に即して検討する．第IV部「法動態論 (2)」は，法の自己修正過程の中でせめぎ合うさまざまな実体的法価値の意義や射程を，普遍主義的正義概念を法の内在的理念とする立場を基底に置きつつ考察する．自由と平等（第7章），共同体的関係性と責任（第8章），公正競争原理（第9章）に照明を当て，最終章で，「幸福」という切実な人間的価値の追求において法が果たすべき役割とその限界を考察する．「正義は人間を幸福にするか」はプラトンの対話篇『国家』以来問われ続けてきた古くて新しい問題であり，「正義への企て」として法を捉える者は，この問いを「法は人間を幸福にできるか」という問いとして引き受けなければならない．この問いの考察はまた，他のさまざまな法価値に関する本書の考察の総括でもある．

　最後に，ありうべき誤解を避けるために，付言しておきたい．「法は正義への企てである」という命題は「正義は法への企てである」という命題を含意しない．正義を法の絶えざる批判的自己修正の規制理念として位置づけることと，法的制度化こそ正義の完全な実現形態であると想定することとは別である．「正義への企てとしての法」の概念は，正義を法の永続的自己修正の規制理念とするというまさにそのことによって，正義の法に対する超越性が永続的に解消不可能であることを承認しており，したがってまた，法的執行に頼らない自発的協力実践によって人々が正義を追求する可能性と必要性を否定しない．この法概念が意味するのは，法もまた正義への企てに参与しなければならないこと，法のこの企ては法の外部で人々が自発的に遂行する正義への企ての営為と競争的補完関係・相互啓発関係に立つことである．正義への企ての真摯な追求を法が放棄するなら，人々は法に絶望して，その外部にのみ正義を求めて法を放棄

し，法は自己固有の正統性と権威をも失うことになるだろう．

目　次

序　法概念論は何のためにあるか……………………………………… i

第Ⅰ部　法理念論——法とはいかなる企てか

第1章　〈正義への企て〉としての法 …………………………… 3

1　法は強盗の脅迫とどこが違うのか ……………………………… 3
　1) 帰謬法の挑戦　3　　2) ハート・モデルの限界　4
2　法の正義要求 …………………………………………………… 6
　1) 法の規範性と正義要求　6　　2) 正当化を争う権利　8
3　正義の論争性 …………………………………………………… 12
　1) 正義は法的安定性の敵か　12　　2) 正義概念と正義構想　13
4　正義理念の規制力 ……………………………………………… 16
　1) 普遍主義的要請としての正義　16　　2) フリー・ライダー問題　18
　3) 二重基準　19　　4) 権利の公共性　20
　5) 集団的エゴイズム　22　　6) 反転可能性から公共的正当化へ　23
5　結　語 ………………………………………………………… 29

第2章　法の支配——死と再生 ………………………………… 33

1　アンビヴァレンス——堅実と欺瞞 ……………………………… 33
　1) 静かで確かな批判　33　　2) 批判性と超然性の葛藤　35
2　政治的両義性——理性の支配と恐怖からの自由 ……………… 38
　1) 二つの政治的モデル　38　　2) 制限政府論の優位？　40
　3) 再統合の必要性　43
3　民主政における法の支配——形式化・実体化・プロセス化 ……… 45

1) 形式化プロジェクト——形式的法治国家論と手続的自然法論　45
　　2) 実体化プロジェクト——「実定化された自然権」論と「実体的自然法の編入」論　47
　　3) プロセス化プロジェクト——参加代表促進論と熟議の民主政　48
　4　正義への企て——理念化プロジェクトに向けて ………………… 54
　　1) 法概念論的基礎　54　　2) 法の支配の〈強い構造的解釈〉　57

第Ⅱ部　法存在論——法はいかにして存在しうるのか

第3章　法の存在根拠は決定か正当化か ……………… 71
　　　　——ケルゼンを突き刺すルール懐疑の毒牙

　1　二つの法実証主義 ……………………………………………… 71
　　1) 法実証主義とは何か　71　　2) ケルゼンの自己理解　76
　2　司法的決定の終局性とルール懐疑 …………………………… 79
　3　ルール懐疑家としてのケルゼン ……………………………… 84
　　1) 手続的唯我論　84　　2)「規範」と正当化　92　　3) 法的義務　99
　4　「決定体系としての法」から「正当化体系としての法」へ ………102
　　1) 法理論の適格性条件　102　　2) 二つの法的評価次元の区別　104
　　3) 規範概念の再考　109　　4) 法適用義務の解明　109

第4章　法の存在と規範性——ドゥオーキンにおける法の存在性格 …113

　1　重要か？ ………………………………………………………113
　　1) 論争次元の転換　113　　2) 法実証主義のドゥオーキン馴化戦略　116
　2　「現存法」観念の批判と法命題の理論 ………………………122
　　1) ルール・モデル批判から「現存法」観念の批判へ　122
　　2) 法命題の理論の再編　129　　3) 論議実践としての法　137
　3　法の規範性・道徳性 ……………………………………………140
　　1)「悪法」の規範性　140　　2) 法-道徳峻別論再考　144

第 III 部　法動態論 (1)——立憲主義の葛藤

第 5 章　法・政治・論争——立憲主義の法哲学 ……………151
- 1　ボーク論争 ………………………………………………………151
  - 1) ボークの敗北　151　　2)「政治化」批判の欺瞞性　154
  - 3) 真の問題の所在　157
- 2　論争としての法 …………………………………………………158
  - 1) 法適用と法創造　158
  - 2) 憲法はいつ沈黙するか——コンセンサスとしての法の射程　160
  - 3) 法固有の正統性——コンセンサスとしての法の破綻　163
  - 4) 論争的解釈実践としての法の誠実性——「正義への企て」と「純一性」の統合　165

第 6 章　司法的人権保障の現代的課題 ……………………169
- 1　司法権の本質 ……………………………………………………169
  - 1) 司法権の主体としての裁判所——裁判と司法　169
  - 2) 司法権の意義　171
- 2　司法審査 …………………………………………………………173
  - 1) 付随的違憲審査制の意義と限界　173　　2) 司法消極主義　176
- 3　代替的紛争解決手続 ……………………………………………178
- 4　戦後の人権保障理論の発展 ……………………………………180
  - 1) 人権と公共の福祉　180　　2) 内在的制約説　181
  - 3) 二重の基準論　182　　4) 二重の基準論の問題点と今後の課題　184
- 5　新しい人権 ………………………………………………………187
  - 1) 新しい権利主張の噴出　187　　2) 社会的な意義と機能　188
- 6　現代型訴訟 ………………………………………………………190
  - 1) 現代型訴訟の特色　190　　2) 司法部の機能拡大　192

第IV部　法動態論(2)——法価値の現代的発展

第7章　自由と平等の現代的諸相——憲法学との対話 …… 197

1　自由と平等 …… 197
2　平等理念の問題状況 …… 200
　1) 平等理念は無用か　200　　2) 複合的平等論　202
　3) 何の平等か　205　　4) 憲法学への期待　206
3　自由の問題状況 (1)——パターナリズムと自由 …… 207
　1) 個の尊厳　207　　2) パターナリズムと憲法学　209
　3) 国家からの自立　210
4　自由の問題状況 (2)——メディアと表現の自由 …… 212
　1) テレビの憲法理論とトクヴィル　212
　2) 表現の自由における人権と公共財の関係　214
　3) 基本的情報の多義性とメディアの脱階層化　215

第8章　共同体と責任 …… 219
　　　　　——不法行為法における共同体的正義論の意義と限界

1　法哲学的論争状況と不法行為法の危機 …… 219
　1) 共同体論と棚瀬理論の接点　219　　2) 共同体論と棚瀬理論の距離　221
2　配慮と責任 …… 224
　1) 個人責任原理と関係的配慮との関係　224　　2) 関係的配慮の場　227

第9章　公正競争とは何か——法哲学的試論 …… 235

1　序——「公正競争」概念の虚と実 …… 235
2　「公正としての正義」から「正義としての公正」へ …… 237
　1) 公正概念と正義概念との関係　237
　2) 正義基底的アプローチの優位　239
3　公正競争の規範的枠組 …… 242
　1) 競争資源分配の公正化——通時的平等に向けて　242
　2) フェア・プレイの倫理　247

4　結語——〈自由対平等〉図式を超えて …………………………260

第10章　法は人間を幸福にできるか？ …………………………263
　1　法は幸福の侍女か …………………………………………………263
　　　1) 幸福の法哲学　263　　2) 法至上主義への反発　264
　2　利己主義の罠 ………………………………………………………267
　　　1) 法のゲーム化　267　　2) 集団的エゴイズム　269
　3　功利主義の罠 ………………………………………………………271
　　　1) 功利主義の功罪　271　　2) 公共の福祉と人権　273
　4　パターナリズムの罠 ………………………………………………275
　　　1) 幸福と自由　275　　2) 医療における自己決定権　277
　5　卓越主義の罠 ………………………………………………………280
　6　共同体主義の罠 ……………………………………………………281
　　　1) 幸福の共同体と個人権　281　　2) 日本的共同体の現実　282
　7　幸福追求権の現代的意義 …………………………………………284
　　　1) 法の節度と幸福追求権　284　　2) 情報と競争の多様化に向けて　286

あとがき ……………………………………………………………………289
索引（人名・事項）………………………………………………………297

第Ⅰ部

法理念論
法とはいかなる企てか

第1章 〈正義への企て〉としての法

　正義は法の内在的理念である．法学にとって正義理念がもつ根本的な重要性を理解するには，この命題の意味を明らかにすることから出発しなければならない．

　この命題は「不正な法は法ではない」という伝統的な自然法論の立場とは直結しない．それは後者をア・プリオリに排除はしないが，必然的に含意もしない．この命題が直接答えようとしているのは，不正な法も法かという問いではなく，そもそもなぜこのような問いが法につきまとわざるをえないのかという，より原初的な問題だからである．本章ではこの問いを不可避とするような法と正義の関係を明らかにするとともに，正義がその論争性にも拘わらず法の指導理念たりうるのはいかにしてかを考察してみたい．

1　法は強盗の脅迫とどこが違うのか

1)　帰謬法の挑戦

　強盗の脅迫と法は，はたして異なるのか．一体どこが違うのか．この問いは，H・L・A・ハートの主権者命令説批判[1]にも象徴されるように，法の存在構造を理解する上で根本的な意義をもつ．一定の作為・不作為の範型の遵守を人々に指図し，逸脱行動に対しては何らかの制裁を発動するという機序，すなわちハートの言う「威嚇によって支えられた命令」は，法においても重要な役割を

---

1) Cf. H. L. A. Hart, *The Concept of Law*, Oxford U. P., 1961, pp. 18-76.（矢崎光圀監訳『法の概念』みすず書房，1976年，20-87頁）

果たしている．この点では法は「金を出せ，出さないと撃つぞ」という強盗の脅迫と構造的に同型なのではないか．法は国家という一定領域内における「最大最強の暴力団」の脅迫にすぎないのではないか．ベンタム，オースティンの主権者命令説は，この視点を理論的に洗練したものと言える．

　これとの対比で伝統的な自然法論の発想を図式化すれば，次のようになろう．すなわち，主権者命令説の誤謬は，法内容の正当性という問題を捨象して，法をその形式的構造のみによって固定しようとする法実証主義の観点自体にある．形式的構造のみに注目するなら，結局，法を強盗の脅迫と本質的に同視せざるをえない．これはまさに「不合理な帰結」であり，主権者命令説，さらには法実証主義一般が「帰謬法（reductio ad absurdum）」により論駁されたことを示す．法と強盗の脅迫とを我々が区別できるのは，ひとえに後者が不正であるのに対し，前者がその内容において正義に合致していることによる．よって，不正な法は法ではありえない．Q. E. D.

　しかし，法内容の正義適合性を括弧に入れて，法を強盗の脅迫から構造的に区別することは本当にできないのか．興味深いのは，ここに示したような自然法論はそれが批判する主権者命令説的法実証主義と，法の形式的構造については同じ「威嚇によって支えられた命令」のモデルを共有している点である．このモデルを共有するからこそ，正義との内容的合致のみが法を強盗の脅迫から区別することを可能にするという主張が成立する．

　したがって主権者命令説批判は，威嚇命令モデル自体を克服してこの種の自然法論を斥けることにより，法と道徳を峻別する法実証主義を擁護しようとする立場からもなされうる．義務の第一次準則から区別された第二次準則の権能付与機能を重視し，法使用主体の受容という社会的事実を法の存在条件とする観点から，法適用機関によって受容された承認のルールの法同定機能を強調するハートの「第一次準則と第二次準則との結合」としての法のモデルは，まさにこのような狙いをもつ．

2) ハート・モデルの限界

　しかし，ハートのモデルは強盗の脅迫と法の区別に十分成功しているとは言い難い．強盗の実践も集団的・組織的に営まれるかぎり，第一次準則と第二次

準則との結合という特性をもちうるからである．指揮命令系統を確立する権能付与ルール——これは集団の規範を同定する承認のルールにもなる——や，獲物の分配をめぐる争いを裁定できる主体とその手続を指定する権能付与ルールなどを成員が受容することは，強盗集団にとっても可能であるだけでなく，組織効率を高めるためには必要でさえある．もちろん，強盗に脅迫される人々は強盗集団の掟を受容していないが，ハートの法モデルにおいても，法運用機関（officials, とくに裁判所）以外の一般人の受容は，法の常態とはされても，法の存在の必要条件とはされていないのである[2]．

　一般人の法受容を法の存在条件とする「承認説」にハート・モデルを引き戻しても，問題が解消されるわけではない．法受容を拒否するアウトサイダーは依然存在し，彼らの観点からは法は強盗の脅迫にすぎないのではないかという問題がまず存在する．それだけでなく，一般人の受容の実質が問題となる．実定法に服従する大多数の人々が実定法を正義に適ったものとして受容するという事態は，残念ながら人間社会の普遍的現実とは言い難い．少なからざる場合「受容 (acceptance)」は「受忍 (acquiescence)」以上のものではない．人々の受忍は「次善の策」や「必要悪」としての受容という法の正統性認知をなお伴うものだけでなく，違法行為の期待利益と制裁の期待損失との損益計算に基づくものも含む．後者のような受忍が一般人の法に対する態度である場合，法を強盗の脅迫と区別することは難しい．強盗に金を奪われた人も「金か生命か」という選択肢を与えられ，合理的損益計算に基づき生命を選んだわけである．

　もちろん，後者のような受忍を排除して，法の正統性承認を伴うような意味での一般人の受容を法の存在条件として要請することにより，承認説の立場を貫徹することはできる．しかし，このような承認説はすでに一つの自然法論である．それは，ありのままの社会現実の認識にとどまるものではなく，一定の「政治的正義」の原理，すなわち法服従主体の自発的合意を法の正統性根拠とする「民主的」原理に立脚し，それに合致しない実定秩序を法の概念から排除することにより，「不正な法は法ではない」という立場に回帰している．民主主義や社会契約説という政治哲学に立脚して承認説をとる人々にとっては，こ

---

[2] Cf. *ibid*, pp. 113-114.（矢崎監訳，126-127 頁）

のような自然法論への回帰を認めることに問題はないだろうが，法と道徳との区別を維持しようとするハートのような法実証主義者はこの道をとりえない．

　法内容の正義適合性のみが法を強盗の脅迫から区別することを可能にするという自然法論の議論は，一見単純な論法に見える．しかし以上に見たように，これを論駁することは，決して簡単ではない．

2　法の正義要求

1)　法の規範性と正義要求

　法が客観的に正義に適っているか否かから独立に，法を強盗の脅迫から区別することを可能にする法の構造的特性の一つで，しかも法と正義との内的結合関係を示すのは，法の「正義要求」である．ここで言う「要求」とは，一定の規範的地位の承認要求を意味する英語の "claim" や独語の "Anspruch" にあたる．すなわち，法は客観的に正義に適合しているか否かに関わりなく，正義に適合するものとして承認されることへの要求を内在させている．換言すれば，法は単に人々の行動を規制するだけでなく，かかる規制が正義の観点から正当化可能であるという主張に論理的にコミットしている．もちろん「義賊」のように正義の実現者を自任する強盗もいるが，義賊的振る舞いは強盗という実践と偶然的・例外的に結合するにすぎない．強盗が強盗であるためには義賊を気取る必要はない．しかし正義要求をもたない法，正義を気取ろうとさえしない法はもはや法ではない．

　このことは主権者命令説が見落とした法の基本特性，すなわち法は単なる命令ではなく規範であるということに関わっている．これはハートの言う権能付与機能，あるいはハート以前にケルゼン[3]が強調した授権機能を法がもつことに尽きない．かかる機能自体は被授権者の権能行使により変動する法律関係の承認や遵守を，その権能に服すべき人々に要求する命令に代置可能である．ケルゼンもハートも，命令主体の同定が授権準則に依存するという意味で，命令

---

3)　Cf. H. Kelsen, *Reine Rechtslehre*, 2. Aufl, F. Deuticke, 1960, S. 15f., 57f., 150ff., 196-282.

に対する法の規範論理的先行性を指摘するが，これは究極の授権準則が現実の特定の命令主体の意志から独立したものであることを示すにとどまり，命令主体から抽象された命令の意味論的内容としての命法（「立法者 X の決定に従え」）にかかる授権準則が還元不能であることを示すものではない[4]．

　命令ないし命法と規範との根本的相違は，前者が単なる「指図 (prescription, Vorschreibung)」であるのに対し，後者は指図には還元されず，むしろ，指図される行為が一定の「理由 (reason)」により正当化可能であるというクレイムを内在させている点にある[5]．規範の一種としての法は，規範一般のこのような「類的」属性を共有するが，その「種差」の一部は，法がそれによって自らが正当化可能であると標榜する「理由」が正義という価値を核にすることにある（法を他の規範から区別する種差を包括的に列挙するのは本章の目的ではない）．

　法がかかる正義要求を内包することは，それだけでは法の客観的な正義適合性を論理的に含意しない．不正な法も正義を標榜する．しかし，これは瑣末な事柄ではない．不正な法でさえ正義適合性を標榜せざるをえないことが，まさに法にとって構造的制約をなすのである．「金を出せ」と要求する強盗に，「なぜ金を出さなければならないのか．いかなる正当な権原により，君が私から金を要求しうるのかを示したまえ」と反問することは的外れである．失笑さえ誘うだろう．かかる反問が求める正当化が強盗の脅迫には不可能だからではなく，強盗は自己の要求のかかる正当化可能性をそもそも標榜していないからである．しかし，法においては，他者の要求や国家機関の決定に対する同様な反問は決して的外れではありえない．法の正義要求はかかる反問を正当な問いとして尊重すること，正義を志向する理由によってそれに応答することに法をコミットさせているからである．

　これは法が単なる有権的決定の体系ではないことを意味する．ケルゼンのような価値相対主義的法実証主義の観点からは，正義をめぐる論争に正解はない以上，法の関心は正義自体にではなく「正義を決定しうるのは誰か」にある．

---

[4] 実際，ケルゼンは現憲法と法的連続性をもつ限りでの最初の憲法の創設者の意志に従えという命法を，国内法体系の根本規範としている．Cf. Kelsen, *supra* note 3, S. 204-209.

[5] 参照，井上達夫「規範と法命題（二）——現代法哲学の基本問題への規範理論的接近」『国家学会雑誌』99 巻 5・6 号，1986 年，104-112 頁．

かかる有権的決定の主体と手続を確定する授権の連鎖構造に法の核心が求められる[6]．たしかに，有限の時間の中で事を処してゆくのが我々の生の現実の要請である以上，私的紛争であれ政治的対立であれ，特定の係争点を永遠に未決定状態に置くことはできない．意見の分かれる問題について社会は反対者をも拘束する集合的決定を下さざるをえず，かかる決定をなす権能の主体とその行使の手続を定めることは法の重要な機能の一つである．

しかし，決定権の所在の問題に正義を還元することが法の関心なのではない．価値相対主義ないし決断主義は，その哲学的難点[7]は別としても，法が内包する正義要求の理解として不適格である．法が要求しているのは自己の決定が正義に基づくことの承認であって，正義が自己の決定に基づくことの承認ではない．「決定されたから正しい」のではなく「正しいから決定された」というのが法の内在的クレイムである．「決定されたから正しい」という主張は自己の決定を正当化しうる理由の不在を認めることに等しく，法がかかる主張をなすとしたら，集団的に組織された強盗の脅迫と法が本質的に変わらないことを自認することになるだろう．

右側通行か左側通行かという問題に象徴されるような，いわゆる「調整問題 (coordination problem)」[8]に関しては，複数の等価な調整方式の間の法による選択は「恣意的」で，「決定されたから正しい」と言えるように思われるかもしれない．しかし，この場合も可能な調整方式には制約がある．法は自己の選択が単に決定権能をもつ主体によってなされたことだけではなく，当該の調整問題の正しい解決であること，すなわち「パレート最適点」まで，あるいは少なくとも未調整状態よりも「パレート優位」な点にまで事態を改善しうる正しい社会選択の一つであることをクレイムしているのである．

2) 正当化を争う権利

「正しいから決定された」という法のクレイムは，単に一定の機関に決定権能を付与するだけでなく，かかる機関の決定に服することを要求される人々に，

---

6) Cf. Kelsen, *supra* note 3, S. 357-444.
7) 参照，井上達夫『共生の作法――会話としての正義』創文社，1986年，10-24頁．
8) Cf. D. Lewis, *Convention: A Philosophical Study*, Harvard U. P., 1969.

その決定の正当化理由の開示・説明を求める権利や，十分な正当化理由を欠くとみなされる場合に，その決定に異議・不服を申し立てて争う権利を承認することに法をコミットさせる．聴聞権や，裁判を受ける権利から，複数審級，再審，行政訴訟，情報公開，政府を批判する言論の自由の保障，批判的民意を立法改革につなげる議会民主制や参加民主主義の諸制度，違憲審査制，さらには良心的拒否や市民的不服従など非暴力的抵抗に対する人道的処遇まで，人々の「正当化を争う権利」の法による制度的保障の様式と強度は時代と社会によって異なる．しかし，人々の正当化要求や異議申し立てを一切黙殺・圧殺し，単に有権的決定への服従を人々に強要するだけの政治体制は，不正である以前に正義要求自体を放棄しているとみなされるべき点で，強盗の脅迫と変わらない．法は自己の正義適合性の承認を要求するというまさにそのことによって，自己の決定の不正を批判する人々の声に理由をもって応答する責任を引き受けざるをえないのである．

　法のこの正義要求はジョゼフ・ラズが法に帰した「権威（authority）」の要求と緊張関係をもつが，完全に矛盾するとみなす必要はない．ラズによれば，法の権威要求は法が行為の理由としての妥当性だけでなく，自らに対抗する反対理由の考慮に基づいた行動を制約する「排除理由（exclusionary reason）」としての妥当性をもクレイムすることに存する[9]．かかる排除理由としての権威要求を法が内包するか否かは異論の余地があるが，仮に法がかかる権威要求をもつとしても，反対理由に対するその排除力は絶対的ではなく，考慮対象となりうべき反対理由の種類またはウェイトを限定するものと解すべきである[10]．さらに法の権威要求は裸の服従要求ではなく，正当化された権威としての承認の要求であり，法が自己の権威要求の正当化理由の存在をクレイムせざるをえないからこそ，理由の考慮の限定を正当化する「二階の理由（a second-order reason）」としての排除理由が要請されるのである．排除理由はそれが保護する一階の行為理由と対抗する他の一階の反対理由との衡量から独立していると

---

9) Cf. J. Raz, *The Authority of Law*, Oxford U. P., pp. 3-33.
10) ラズは，法は一つの法規の排除力を制約しうる対抗理由を法自体によって承認されたものに限定するという見解をとる（*ibid.*, p. 33）が，法が「正当な事由がない限り」といった一般的な「付帯条項（proviso）」をしばしば明示的に含み，また解釈によって付加されることもあることを考えれば，この限定の「限定性」にも限界がある．

しても，排除理由自体の妥当性・比重を論駁・制約しようとする他の二階の対抗理由との衡量の必要性からは免疫されえない．法の権威要求も正義要求としてのみ可能であり，その正当化理由は批判的吟味に服さざるをえない[11]．

かかる正義要求を内包する法は「正義への企て」として性格づけることができる．正義要求は正義適合性を含意せず，法は自己の正義要求の実現に失敗しうる．しかし，まさにそれゆえに正義要求は達せられざる正義の実現に向けての不断の自己改革の営為に法をコミットさせる．法は正義をめぐる論争を打ち切る有権的決定の体系ではなく，正義を標榜するがゆえに正義適合性の批判的再吟味に開かれた試行的決定の体系である．

この批判開放性の要請は立法・行政に課されるだけでなく，司法にも貫徹される．再審可能性のない確定判決のような「終局的」に見える決定でさえ，当該ケースにおいてその執行を排除できないとしても，法外在的のみならず法内在的正当性の観点からも，その内容を誤ったものとして批判する自由は人々に留保されており，将来の同種同様の事例においてその先例的価値を否認することは可能である[12]．厳格な先例拘束性原理をもつ法社会においてさえ，「識別（distinguishing）」などの解釈操作によって，実質的先例変更は行われるのである[13]．確定判決の不正や誤謬の度合いが著しい場合は，立法による判決の遡及的廃止や，裁判官の弾劾・罷免さえ問題になりうる．もちろん，司法の独立や権力分立原理は司法への外的介入の例外性・謙抑性を要請するが，かかる原理そのものが，その時々の政治的諸党派の力関係や社会的偏見から独立して人々（とくに異端者・少数者）の権利や自由を公正に保障するという「正義の守護者」としての司法への役割期待に依存しており，司法がかかる期待を公然と裏切る場合は，その独立性特権も意義を失う．

L・フラーは「人間行動を準則の支配に服せしめる企て」として法概念を規定し，そこから，法の明確性・無矛盾性・一般性・不遡及性・公知性・履行可能性・持続性・公権力の実態との合致など，権力行使の予見可能性（あるいは

---

11) ラズ自身，法の権威要求の客観的正当化可能性をア・プリオリに保障する一般的理由の不在を理由に，一般的遵法義務の存在を否定し，市民的不服従・良心的拒否の正当化可能性も承認する．Cf. Raz, *supra* note 9, pp. 233-289.
12) 参照，本書第3章.
13) Cf. Raz, *supra* note 9, pp. 183-189.

行動の事前調整による制裁等の不利益の回避可能性）の保障を中核とした一群の形式的制約条件を「法内在道徳（internal morality of law）」として導出した[14]．しかし，これまでの議論はこのような法概念の不十分さも示す．組織的強盗集団，例えば農村を周期的に略奪する山賊集団も，自己の略奪経済の持続可能性を保障するために，すなわち被略奪集団の生産資源・生産能力・生産意欲を枯渇させないために，自らの物資供出命令にかかる「法内在道徳」に従った準則の形式を課すことができるだろう．法を強盗の脅迫から区別しようとするなら，単に「人間行動を準則の支配に服せしめる企て」としてではなく，「人間行動を正しい準則の支配に服せしめる企て」，すなわち「正義への企て」として，法を捉える必要がある．

　正義への企てとしての法も権力の恣意の排除をめざすが，それは単なる権力行使の予見可能性・制裁の回避可能性の保障によってではなく，正義の観点から権力行使の正当化可能性・批判可能性・修正可能性を保障することによって，恣意の支配に対置された法の支配を樹立することを企てる．予見可能性等は自己目的ではなく，それを裏切ることが不公正であると言える場合，すなわち期待の正当性が承認される場合にのみ，正義への企てとしての法の配慮の対象となる．予見可能性を損なうような判例変更や違憲判決，立法改革も，それが不正な決定の修正をめざすものなら，そしてまた不正の被害者の救済さるべき権利が他の人々の正当な期待権を覆しうる比重をもつならば，この法概念の下では「法の支配」からの逸脱としてではなく，むしろその貫徹として理解される．

　以上において，正義が「法の内在的理念」であるということの意味を法の正義要求に即して考察してきた．しかし法の内在的理念としての「正義」の意味については，まだ「正しさ」という一般的了解以上の解明を与えていない．「正義への企て」としての法の概念の含意をより明確にするには，正義という理念をより立ち入って検討する必要がある．

---

14) Cf. L. Fuller, *The Morality of Law*, 2nd ed., Yale U. P., 1969.

3　正義の論争性

1)　正義は法的安定性の敵か

　正義は論争的な理念である．正義とは何かをめぐる見解の多様性と収斂の困難性は，正義判断を原理上主観的・恣意的とみなす価値相対主義的懐疑と並んで，正義理念を無内容とみなす懐疑を生んできた．これらの懐疑への一般的な反論については旧稿[15]で試みたので，ここでは立ち入らない．しかし，正義の論争性が正義への企てとしての法の観念を空虚化するかという問題には触れておく必要がある．

　正義への企てとしての法は，法的決定の正当化を争う権利を法服従主体に承認することにコミットしていることを先に見たが，正義の論争性はこのコミットメントの意義・存在理由を無化するどころか，むしろ強化するものである．たしかに，人々の正義観の多元的対立を理由に正義への志向性は法の客観性や法的安定性と相容れないとし，正当化を争う権利の法にとっての意義を否認ないし軽視する傾向も，法実証主義的思考様式の一面として一定の影響力をもつ．しかし，実定法秩序は正義の論争を超越した高みに鎮座しているわけではない．それは人々の対立競合する正義観に対して中立たりえず，異論の余地のある何らかの正義観を採択せざるをえない．法服従主体から「正当化を争う権利」を剝奪することが，「実定化された正義」への彼らの服従の調達を容易にするという想定は，正義の論争性の自覚よりもむしろ，正義をめぐる人々の見解の対立の深刻さの過小評価に根差す．法は正義をめぐる論争の傍観者ではなく当事者である以上，自己の正義判断への人々の異論に応答する責任を引き受けることなしに，人々の忠誠を要求することはできない．

　法的安定性要求の根底には，正義の論争が暴力の闘争に転化することへの危惧がある．かかる危惧自体は重要である．しかし，暴力闘争への転化を余儀なくするのは正義論争の開放ではなく，むしろその抑圧である．批判者や「不満

---

15)　参照，井上・前掲書（註7），第1-3章．

分子」をして暴力に訴えさせないためには，言論に訴えさせなければならない．暴力闘争として横溢する危険を秘めた対立の奔流を「運河へ放流（canalize）」するためにこそ，法は正義の論争の場を制度的に保障する必要がある．正義への企てとしての法は，この意味で，力の争いを言葉の争いに転化する企てでもある．戦争を「他の手段による政治の継続」と見たクラウゼヴィッツの『戦争論』の思想に対抗して言えば，法とは他の手段による闘争の継続である．

　もちろん，この法概念も力を不要とするわけではない．法が自発的服従を常に調達できるわけではなく，強制力の発動も必要であることをそれは否定しない．しかし，この法概念においては，法は力の争いの勝者による言葉の支配ではなく，言葉の争いの勝者をして力を支配せしめる企てなのである．たしかに現実政治においては，しばしば「勝者の裁き」が法の衣をまとって行われる．そこから法へのシニシズムも生まれる．しかし，かかる裁きの合法性が疑われるという事実自体が，力による正義の支配ではなく，正義による力の支配への企てとしての法の概念の根強さを示している．

2）　正義概念と正義構想

　もっとも，問題はこれで解消したわけではない．正義の論争性は正当化を争う権利の法的重要性を示すとしても，正当化理由に関しては，共通指針の不在を示すのだろうか．正義観の多元的対立は，正義への企てとしての法の概念が法の正当化理由に対してはいかなる規制力ももたないことを示すのだろうか．もしそうだとすれば，法が制度的に保障する言葉の争いの勝者を決めるのは，武力でないにしても，結局「数と利の力」，すなわち集票力と利益誘導力にすぎず，「理の力」ではありえないのではないか．

　この問いに答えるには，「正義概念（the concept of justice）」と「正義構想（conceptions of justice）」との区別が必要である．正義概念は正義という理念の意味そのものであり，正義構想はこの理念の様々な場面（分配・制裁・補償・交換など）における適用基準——例えば「各人からはその能力に応じて，各人へはその労働に応じて」など——を明示・特定し，その正当化を試みるものである．正義の論争性は正義構想の多元的対立を意味するが，共通の正義概念の存在を前提している．異なった正義の諸構想は正義という同じ概念につい

て異なった適用基準を提示するからこそ，真に対立競合しうるのである．異なった概念の構想，例えば，正義の一構想と愛の一構想が異なるのは当然であり，いずれが正しいかを争うのは意味がない．正義と愛はもちろん対立しうるが，正義の構想と愛の構想は対立しえない．対立しうるのは「正義と愛の関係」という同じ複合的概念についての異なった諸構想である．

　正義構想の多元的分裂にも拘わらず共通の正義概念が存在するとしても，具体的な立法論や解釈論が正義概念だけでなく，特定の正義構想に依拠せざるをえないことに変わりはない．したがって，正義への企てとしての法に内在する正当化理由の制約を同定するアプローチとして，以下の三つのものが考えられる．第一はいわば理念的規制論で，共通の正義概念からかかる制約を導出する方法である．第二は文脈的構想論と呼ぶべき方法で，特定の法体系について，それが特定の正義構想にコミットしていることを示し，後者からかかる制約を導出する．第三は普遍的構想論と呼んでおくが，特定の正義構想が最善のものであることを示し，これを法的正当化一般の制約原理とする方法である．

　最後の方法が最も野心的なものであり，自然法論に接近する．ただ，自然権論だけでなく，功利主義や法の経済分析における富の最大化原理などをかかる特権的な正義構想として選択する立場も含まれる．また，この特権的な正義構想はあくまで法の指導理念として設定されるもので，これを法の妥当根拠とみなし，それに反する法は法ではないとまで主張する必要はない．しかし，この方法は自然法論と同様，法的正当化の制約原理の同定を，競合する正義構想のいずれが優れているかという一般的な政治道徳問題に全面的に依存させている．正義構想の多元的対立を理由にこの方法の可能性をア・プリオリに否定するのは誤りであるが，正義構想の対立の執拗性は，多元的社会において公共的な受容可能性をもつ法的正当化の制約原理を同定するためには，この方法だけでは不十分であることを示している．

　第二の文脈的構想論を最も洗練された形で展開しているのはロナルド・ドゥオーキンの「純一性としての法（law as integrity）」の理論[16]である．法の経

---

16) Cf. R. Dworkin, *Law's Empire*, Harvard U. P., 1986.（小林公訳『法の帝国』未来社，1995年）ドゥオーキンの言う法の "integrity" とは，「統合（integration）」とは異なり，一貫した道徳原理によって自己を律する個人に帰せられる「誠実性」ないし「廉直性」という意味での "integrity"

済分析も富の最大化原理などを規範的一般論としてだけでなく，特定法体系，例えば英米のコモン・ローの実証分析として提示する場合は[17]，この方法の一類型とみなしうる．この方法も特定法体系の政治道徳的基盤の理解が対立する場合は，正義構想の比較査定問題を避けえないが，特定法体系との整合性という評価の「足場」をもつため，普遍的構想論よりも論争の文脈的制約が強まると言えるだろう．ただし，ここで言う整合性とは，ドゥオーキンが明らかにしているように，当該法体系の諸決定の無批判的反映ではなく，その基本的な制度や確立した伝統の理解可能性・支持可能性を高めうるようにそれらを的確に意義づけ，原理的に整合化し，その政治道徳的潜勢力を発展させるという意味での解釈的整合性である．評価の「足場」と言ったが，これは解釈中立的な「アルキメデスの支点」ではなく，それ自体解釈に依存している．

　文脈的構想論は魅力的な選択肢であるが，ここでは第一の理念的規制論に照明をあてたい．この方法の可能性がこれまで正当に評価されてきたとは言い難いことや，文脈的構想論を展開するには法の一般理論の枠を超えて個別法体系の解釈問題に立ち入らなければならないこともあるが，主な理由は二つある．第一に，文脈的構想論は，法一般に通底する正義構想の有無に拘わらず，各法体系がそれぞれ何らかの正義構想——実体的正義のみならず手続的正義も含む[18]——にコミットしたものとして全般的に整合化されること，すなわちドゥオーキンの言う「純一性（integrity）」をもつことを法一般の内在の理念として要請する．しかしなぜ「純一性」が必要なのかを理解するには，後述する（本章29-30頁参照）ように，理念的規制論を発展させる必要がある．第二に，

の徳性が，一貫した公共的政治道徳の構想によって政治的諸決定を規律しようと努める社会の法に拡大投影された観念である．「純一性」という小林氏の訳語は耳慣れないかもしれないが，誠実性と原理的一貫性・整合性のニュアンスを伝える苦心の訳語である．私は「全一性」という訳語を本書第5章の旧稿において以前使用したが，この大著の訳業に敬意を表し，また読者の混乱を避けるため，小林氏の訳語に従いたい（本書第5章の訳語も「純一性」に統一した）．

17)　Cf. R. Posner, *The Economics of Justice*, Harvard U. P., 1981. (馬場孝一・他訳『正義の経済学』木鐸社，1991年) ただし，ポズナーも富の最大化原理の応用である情報費用節減による差別の合理化が，米国憲法の下では人種的少数派への分配的公正の考慮によって制約されることを認めている．Cf. *ibid.*, pp. 385-386.

18)　ドゥオーキンは決定結果の評価に関わる実体的正義を「正義（justice）」，決定過程への影響力の分配に関わる手続的正義を「公正（fairness）」と呼び，両者を純一性から区別している（*supra* note 16, pp. 164-167）が，本章で言う正義は前二者を包摂し，かつ後述のように，純一性の基礎にもなる．

文脈的構想論をとっても，何を当該法体系の基盤をなす正義構想とみなすかは見解が対立する．制度史的与件への事実的適合性だけでなく，かかる与件の意味の倫理的最適化能力が基盤的正義構想には要請され，その選択が政治道徳的次元の評価を孕む以上，論争性を免れないことは当然である．そうであるからこそ，正義という理念そのものが基盤的正義構想の諸候補に課す共通の制約を明らかにすることは，論争の射程を限定し，その比較査定の基本的指針を理解するために必要である．

4　正義理念の規制力

1)　普遍主義的要請としての正義

　理念的規制論の核心は，異なった正義構想に通底する正義概念として何を理解するかに存する．一般には，ペレルマンの議論[19]に象徴されるように，多様な正義の基準定式が「Xに応じて」という形式的構造を共有することから，事例と措置を類型化し，同一類型に包摂される事態に対しては同一類型の措置をなすことの要請が正義の概念的共通項とみなされ，「等しき事例は等しく扱われるべし」という古典的定式がその表現として解釈されている．しかし，単なる類型化としての正義概念は類型化の基準については何ら指針を提示できない．これを「空虚公式」とか「無意味なトートロジー」として斥ける批判[20]は行き過ぎで，それがフラーの法内在道徳と同様，人間行動を準則の支配に服せしめる機能，特に権力行使の予見可能性を保障する機能をもつことは無視すべきでない．しかし，法的な決定や要求の正当化理由の制約原理を提示しえない点で，それは正義への企てとしての法の規制理念とするには不適格である．

　同じく「等しきは等しく」という古典定式によって表現されうるが，この類

---

19) Cf. Ch. Perelman, *The Idea of Justice and the Problem of Argument*, Routledge & K. Paul, 1963, pp. 1-60.
20) Cf. A. Ross, *On Law and Justice*, University of California Press, 1958, pp. 274f. また「等しきは等しく」を平等理念の一般定式とした上で，その空虚性を批判するものとして，cf. P. Westen, "The Empty Idea of Equality," in 95 *Harvard Law Review* (1982), pp. 537-596. 彼の議論に対する批判的検討として，本書第7章第2節(1)を参照．

第1章 〈正義への企て〉としての法　17

型化要請よりもはるかに強く，かつ的確な正義概念の理解として，普遍主義的要請を挙げることができる[21]．これは，当事者の個的同一性による規範的判断の差別化の排除の要請である．もう少し厳密に言えば，普遍化不可能な条件，すなわち何らかの特定存在者（個人だけでなく特定集団も含む）に究極的に言及することなしには記述しえない条件への包摂の有無を，規範的判断の正当化理由から排除することの要請である．

　この普遍主義的要請の論理的に洗練された定式化としてはR・ヘアーの「普遍化可能性（universalizability）」理論[22]を挙げることができるが，思想的には，「正義（la justice）」ないし「公正（rectitude）」を体現するがゆえに個別主体の特殊利害を志向しえないという意味での「意志の対象の一般性」を本質とするルソーの「一般意志」の概念や[23]，意志の格率の普遍法則化の可能性を倫理的判断の条件として要請するカントの「定言命法」の第一式に[24]，その古典的表現を見ることができる．現代的理論の中でも，正義原理を選択する原初状態の当事者から自己の性・人種・階級・資産などの特殊情報を剥奪するロールズの「無知のヴェイル」の条件は，当事者が自分の境遇，ないし自分が関心をもつ特定主体の境遇への影響という観点のみから正義原理を選択する偏頗性の排除を狙いとしており，普遍主義的要請として再構成しうる[25]．

---

21) この要請を正義の共通概念とすることを支持する議論については，参照，井上・前掲書（註7），27-110頁．
22) Cf. R. Hare, *The Lauguage of Morals*, Oxford U. P., 1952, pp. 80f., 153-158; do., *Freedom and Reason*, Oxford U. P., 1963, esp. Part I; do., *Moral Thinking*, Oxford U. P., 1981.
23) Cf. J. Rousseau, 《Du contrat social》, *Oeuvres complètes III*, Édition Gallimard, 1964, pp. 371-375. （井上幸治訳「社会契約論」平岡昇編『ルソー』〔世界の名著36〕中央公論社，1978年，252-257頁）「意志を一般意志たらしめるのは，投票者を結合する共同利益で，投票者の数ではないことを理解しなければならない．それは，この制度において，各人は自分が他人に課する諸条件に，必然的に従うべきだからである．これは利益と正義（la justice）のみごとな一致であって，これが共同討議に公平（équité）という性質を与えるのである」（*ibid.* p. 374.〔井上訳255-256頁〕傍点は私の付加）．
24) Cf. I. Kant, *Grundlegung zur Metaphysik der Sitten*, hrsg. v. K. Vorländer, Felix Meiner Verlag, 1906, S. 42-47 (Akademie-Ausgabe: S. 421-424).
25) Cf. J. Rawls, *A Theory of Justice*, Harvard U. P., 1971, pp. 130-142. ロールズは無知のヴェイルを普遍化可能性より強い要請と理解しているが，特殊情報一般の排除の要請は「たらいの水と一緒に赤子を流す」面がある．特殊情報自体は原初状態でもレレヴァンスをもち，排除さるべきは「誰の」特殊情報かについての情報である．無知のヴェイルから余計な夾雑物を除き普遍化可能性に即して再構成する試みとして，cf. R. Hare, "Rawl's Theory of Justice," in N. Daniels (ed.), *Reading Rawls*, B. Blackwell, 1975, pp. 81-107.

カントは普遍主義的要請を倫理的判断一般の条件とし，ヘアーは価値判断一般，さらには述定一般の意味から帰結する論理的要請としたが，愛をはじめ普遍化不可能な倫理的価値も存在する以上[26]，これは不適切である．むしろ，一般意志の対象の一般性要請を正義と結合させたルソーや，正義原理の選択条件として無知のヴェイルを導入したロールズにおけるように，倫理的価値一般ではなく，政治社会の構成原理たる正義という価値を特色づけるものとして普遍主義的要請を位置づけるべきである．

　普遍主義的要請は単なる類型化・準則化ではなく，正しい類型化・準則化を求める．それは恣意的な差別となる不正な類型化・準則化の排除を求め，その判別テストとして，類型選択・準則選択自体の普遍化可能性を，すなわち，普遍主義的理由による正当化可能性を要請する．ここで言う普遍主義的理由とは，当事者の個別的同一性（どの個人，どの集団か）に無差別に適用される理由，したがってまた特定主体の利害に左右されない理由である．かかる普遍主義的理由の資格をもつ原理は単一ではない．多様な正義の諸構想はそれぞれにかかる理由となる原理を明示し擁護する．普遍主義的要請としての正義概念は，それだけでは普遍的構想論が求めるような普遍妥当性をもった正義構想を特定しない．それは多様な正義構想がまさに正義の構想と言えるための条件を設定する．しかし，この条件は類型化要請のような弱いものではなく，多様な正義構想が共通に不正として排除すべきものを特定し，我々の実践や論議様式に対して強い規範的制約を課す．以下，その重要な含意を（包括性を標榜することなく）敷衍してみたい．

2）　フリー・ライダー問題

　第一に，いわゆる「只乗（free riding）」が排除される．フリー・ライディングとは何らかの制度が提供する便益は享受しながら，その制度を維持するのに必要な負担は他者に転嫁する行為である．単なる「合理的選択」や相互性によっては只乗が排除できないことは，囚人のディレンマが示している．他者が只乗するか否かに関わりなく只乗は常に有利な支配戦略であり，パレート最適

---

[26]　参照，井上・前掲書（註7），49-99, 115-119頁．

でない帰結に導くとしても，当該プレイヤーの利得最大化の見地からは「合理的（rational）」な選択である．また他者が只乗を自制することを保証できないなら，自分が自制してフリー・ライダーに搾取される危険を引き受けることを各人に要求することは相互性に反しさえする．また，自分が只乗しない保証を他者が有していないがゆえに他者も只乗せざるをえないという知識が自分自身の只乗の理由になり，このことがまた他者にとっての只乗の理由となるという循環が成立する．その結果，只乗を欲する者が誰もいなくても誰もが只乗せざるをえず，囚人のディレンマは発生してしまう．いわゆる反復ゲームによる解決も同じプレイヤーが再会する蓋然性の小さい匿名化された大規模社会では有効ではない．

したがって，只乗を排除するには，自己の利得最大化や他者の選択から独立した「定言的」理由が必要である．只乗してはならないのは只乗が不正だからである．なぜ不正か．フリー・ライダーが便益を享受できるのは，それを提供する制度の維持コストを他者が負担しているからである．すなわち只乗は他者に只乗させないことによってのみ可能である．フリー・ライダーは，「只乗は許される」という自己の行動の正当化理由を，同様な状況に置かれた他者に適用することを拒否せざるをえない．正義の普遍主義的要請はまさにこれを排除する．

3）　二重基準

第二に，「二重基準（double standard）」が排除される．ここで言う二重基準とは元来の意味におけるそれ，すなわち異なった基準の御都合主義的な使い分けであって，憲法訴訟論において，「二重の基準論」と俗称されているものとは異なる．後者は精神的自由の経済的自由に対する優位，あるいは民主的政治過程を保障する政治的権利の優位など，立場によって異なるにせよ何らかの一貫した優先原理に立脚しており[27]，本来の意味での二重基準ではなく，むしろ「二段階審査論（two-tier scrutiny doctrine）」と呼ぶべきものである．本来の二重基準的実践はかかる一貫した優先原理を欠く．それは，典型的には，ある

---

27)　参照，松井茂記『二重の基準論』有斐閣，1994 年．

基準が自己・自集団に有利な帰結をもたらす場合にはそれを援用しながら，不利な帰結をもたらす場合には無視して他の基準を使用する操作である．その亜型は単一基準の適用にも見られる．すなわち権利・権能の付与の要件や義務の要求水準を自己ないし自集団についてだけ緩和したり，逆に特定の他者・他集団に対してだけ加重するというような操作である．フリー・ライダー的行動様式は後者の亜型的二重基準の一例とも言える．

　二重基準の不当性は基準の使い分けそれ自体にではなく，かかる使い分けを首尾一貫して正当化しうる普遍主義的理由——当事者の同一性に依存しない理由——の不在に，すなわち正義の普遍主義的要請への抵触にある．二重基準は予見可能性を志向する類型化要請には必ずしも反しない．例えば，決定権者が自分の氏族（あるいは自分の党派・階級・民族等）には基準Aを使用するが，他の人々には基準Bを使用することが事前に分かっていれば，基準の使い分け方は類型化されており，予見可能性は保障される．二重基準が排除さるべきなのは予見可能性や類型化要請に反するからではなく，類型選択・基準選択の理由が不正だから，適用されるのが自分（自集団）か他者（他集団）かという個別的同一性における差異から独立した普遍主義的選択理由を欠くからである．

4）　権利の公共性

　第三に，単なる「既得権益（vested interests）」は「権利（rights）」と区別される．権利は「正」をも意味する欧米語（right, Recht, droitなど）の訳語であることに象徴されるように，正義構想の一定類型を特色づける概念である．正義構想の要素である限り，権利も普遍主義的要請を満たさなければならない．「権利」という日本語は「権柄」・「権力」を意味する「権」と，「利」から成り，「正」との連関を見失わせる不適切な訳語であると言われるだけに[28]，この点は再強調する必要がある．権柄ずくで獲得された利益，政治力によって誘導した利益は既得権益としていかに強固に主張されようとも，正義の条件を充足しない限り，すなわち普遍化可能でない限り，それだけでは正当な権利たる地位をもたない．もちろん，これは必要条件であって十分条件ではなく，十分条件

---

28)　柳父章『翻訳語成立事情』岩波新書，1982年，149-172頁．

の特定は正義構想論の課題であるが，必要条件として強い制約力をもつ．

例えば，自宅の南側の隣家が増築する際に日照権を主張して増築規模の縮小を要求する者は，自らが増築する必要に迫られた際，あるいは既成事実として先に増築した場合も，北側の隣家からの同様な要求を受け入れる用意がなければならない．さらに近隣を超えて自分が要求するレヴェルの日照権の承認が普遍化した場合の帰結（都市における土地利用の不効率化による土地・家屋の高騰など）の受容可能性の吟味も必要である．それが受容できないならば，普遍化帰結が受容可能になるレヴェルまで，自己の権利要求を（区画制限や日照必要事由・必要度の限定などにより）調整・縮減しなければならない．この意味で正義としての権利は公共性の制約を内在させている．

日本でも現在，「既得権」の反公共性が問題になることが多いが，その際，全体福祉の最大化を求める功利主義と個人権理論という異なった正義構想の対立以前に，権利に内在する公共的制約としての普遍化可能性を様々な「既得権」が充足しているか否か，「既得権」は本当の権利かという問題があることに留意する必要がある．自分（たち）さえ潤えば，あとは野となれ山となれという態度は功利主義的な公共の福祉概念に反するだけでなく，権利の公共性にも反する．このような普遍化可能性による公共性の吟味は，実は「既得権」についてだけでなく，運動論に流れがちないわゆる「新しい権利」の主張に対しても必要である．実際，日照権も現在はほぼ「既得権」化しているが，かつては新しい権利として主張されたものであった．

既得権益は政治的実力に左右されるという恣意性だけでなく，時間に左右されるという恣意性をもつ．後者は当然に不正というわけではないが，正義と一定の緊張関係をもつ．例えば，ノージックの歴史的権原理論に継承発展されたロック流の自己所有的権利論は[29]，権利の普遍化可能性よりも時間的な既得性を重視しているように見えるかもしれない．それによれば無主物に対して先に労働投下した者は，後から来た者によるその物への同様な労働投下を排除してそれを専有できるからである．「早い者勝ち（first come, first served）」という

---

29) Cf. R. Nozick, *Anarchy, State and Utopia*, Basic Books, 1974, Part II.（嶋津格訳『アナーキー・国家・ユートピア』上・下，木鐸社，1985・89年）なお，日本の法哲学界におけるロック＝ノージック的リバタリアニズムの所有論の精力的な批判的継承発展の試みとして，参照，森村進『財産権の理論』弘文堂，1995年，同『ロック所有論の再生』有斐閣，1997年．

時間的優先原理は，誰であれ先にきた者に資源・機会を分配する点で普遍化可能性の外観をもつが，それを徹底すれば先行者が圧倒的に有利以上，自分が先行可能性をもつ場合にのみ受容可能な原理であり，先行機会の不公平な初期分配を是正するための何らかの限定を付さない限り，真の普遍化可能性をもつとは言い難い．

　実際，ロック＝ノージック的権利論の場合も，先行者はとりたいだけとれる自由を享受できるわけではない．同種同質のものが他者のためにも十分に残存するという要請や浪費の禁止という「ロック的付帯条件（Lockean Proviso）」の制約が課されており，ノージックもこれを他者の境遇を劣化させないという制約に一般化・希薄化して継承している[30]．これを功利主義的に解釈する余地もあるが，その場合，この種の「義務論的」な権利論の内的整合性にひずみが生じうる．むしろ専有機会の公平性を保障することにより労働による所有獲得原理の普遍化可能性を確保する試みと解すべきだろう．この場合，ロック的付帯条件は正義の構想としての権利概念の内在的制約の一部ということになる．

5）集団的エゴイズム

　第四に，集団的エゴイズムが抑制される．個別的同一性に立脚する差別としてのエゴイズムは個人のであれ集団のであれ，正義の普遍主義的要請に反するが[31]，普遍化可能性のない反公共的既得権益は政治的組織力をもつ諸種の利益集団の特殊権益をなすことが多い．これに示されるように，集団のエゴイズムは個人のエゴイズムよりも横暴である．これはばらばらの個人よりも集団の方が政治力が強いことによるだけではない．一個人の利益は「私利」であり，他者の利益との公平な調整に服する必要があるということは比較的自覚されやすいのに対し，集団の利益はそれが一般社会から見ていかに反公共的な特殊権益だとしても，集団内部の人間にとっては「仲間みんなの利益」だから私利ではないという疑似公共性を帯びてしまい，自制がなくなることによる．その結果，例えば，一般の消費者・生活者・納税者を搾取する様々な業界のカルテル・談合・新規参入妨害などの不正な競争制限実践が「共存共栄」の掟として神聖視

---

30) Cf. Nozick, *supra* note 29, pp. 178-182.
31) 参照，井上・前掲書（註7），57-59頁．

され,それに反逆する同業者を「商道徳に悖る」者として糾弾し,妨害・制裁するというような倒錯も生まれる[32].

かかる実践が不正なのは,単にそれが競争制限だからではない.市場介入的規制でも,労働条件規制・品質規制・安全規制・環境規制などのように,特定の既存業者集団の保護や特定の新参業者の排除を目的としないものは,ある種の(すべてのではない)リバタリアン的正義構想には反するだろうが,正義概念そのものに反するわけではなく,それらを擁護する正義構想も考えられる.上記のような実践が正義概念に反するのは,「我々仲間うち」だけの共存共栄という普遍化不可能な特殊利益が差別や圧力行使の基礎になっているからである.かかる競争制限が「弱者保護」の美名で合理化される場合もあるが,求められているのは弱者一般の保護ではなく「仲間の保護」であり,自分たちの競争制限行為によって搾取される本当の弱者(例えば,カルテル価格によって家計に打撃をうける貧困者層)は無視されている.

共存共栄・弱者保護といったシンボルによる欺瞞的な自己合理化は,政治・行政に保護された利益集団の既得権益にも多かれ少なかれ見られる.かかる集団的エゴイズムの擬似公共性の呪縛を打ち破るためには,正義の普遍主義的要請を真面目に受けとめることが必要である.

6) 反転可能性から公共的正当化へ

最後に,以上に通底する普遍主義的要請の根本含意に触れておく.それは立場の「反転可能性 (reversibility)」の要請に関わる.これはキリスト教の黄金律や「汝の欲せざる所,人に施すことなかれ」という儒教的訓戒にも通じる.普遍主義的要請は当事者の個別的同一性による規範的判断の差別化を排除するが,これは自他の立場が現状と反転したとしてもなお首尾一貫して受容しうる規範的判断のみが正義の判断としての身分をもつことを含意する.「反転」という言葉は二者関係の反転を連想させるが,それには限定されない.日照権の例でも見たように,AのBに対する規範的主張は,AのBに対するのとパラレルな関係をAに対して有するCがAになすことをAが受容できる場合の

---

[32] 参照,岡田与好『経済的自由主義』東京大学出版会,1987年,56-64頁;本書250-253頁.

み，正義の門をくぐれる．また，反転が現実には起こらない場合でも，否，そのような場合にこそ，反転可能性要請は批判的意義をもち，反実仮想的な反転状況（「もし私が君（彼）だったら」）において自己の規範的判断の受容可能性を吟味する倫理的想像力の行使を我々に要請する[33]．

さらに，反転さるべき「立場」は単に自他の環境的条件（社会経済的地位だけでなく身体的特徴などの「外的」な主体属性も含む）だけでなく，自他の視点を構成する選好・理想・世界観などの主観的条件にも及びうる[34]．正義理念に対する実証主義的・相対主義的批判者は，しばしば正義を自己の独断を他者に押し付ける狂信の合理化とみなすが[35]，正義に対するこれほど甚だしい曲解はない．正義の普遍主義的要請は，自己の独断の他者への強制の要請ではなく，逆に，自己の独断が「他者の身になったとしても」受容可能か否かの自己批判的吟味の要請である．「他者の身になる」ということは，その他者の客観的条件にだけでなく，その他者の視点にも我が身を置いてみることである．

これは自己の視点を捨てて他者の視点を受容するという自己放棄を意味しない．また「共同体論（communitarianism）」がリベラリズムに――私見によれば不当に――帰した「負荷なき自我（the unencumbered self）」という自我観[36]，すなわち自己のアイデンティティに浸透した価値観を一切欠くがゆえに自己固有の視点をもたない自我の観念に依拠することでもない．それは自己の視点に深くコミットしつつも，あるいはむしろそうなればこそ，他者をもまた他者自身の視点に深くコミットした存在として承認し，自己の視点のみならず他者の視点からも――また他者の視点のみならず自己の視点からも――受容可能な共通の正当化理由を同定し，自己の他者に対する規範的主張をかかる「公共的理由（public reason）」に基づかしめること，すなわち「公共的正当化」を要請しているのである．

公共的理由ないし公共的正当化については種々の議論が展開されているが[37]，

---

33) 参照，井上・前掲書（註7），86-88頁．
34) Cf. J. Mackie, *Ethics : Inventing Right and Wrong*, Penguin Books, 1977, pp. 83-98 ; Hare, *Moral Thinking, supra* note 22, pp. 107-116. 参照，井上・前掲論文（註5），122-123頁．
35) Cf. Ross, *supra* note 20, pp. 274f.
36) Cf. M. Sandel, *Liberalism and the Limits of Justice*, Cambridge U. P., 1982.（菊池理夫訳『自由主義と正義の限界』三嶺書房，1992年）
37) Cf. J. Rawls, *Political Liberalism*, Columbia U. P., 1993, pp. 212-254 ; F. D'Agostino, *Free Public*

ここで提示した正義の観点から重要なのは次の点である．第一に，公共的正当化は自他の異質な視点の単純な混淆折衷や無原則な妥協ではない．すべての視点をアマルガム的に融合したり，足してその数で割ったような見解は，すべての視点にとって受容可能などころか，どの視点をとってもナンセンスなものになるだろう．自他双方の視点から受容可能な公共的理由は普遍化可能性の帰結として要請されている以上，自他が相互の要求の首尾一貫した正当化理由として承認しうるものでなければならない．

　第二に，公共的理由は様々な個人的理由を独立変数とする関数ではなく，個人的理由の使用を制約する原理である．自己の視点からのみ受容可能な「特異 (idiosyncratic)」な理由，自己中心的な理由はいかにその個人にとって「自明」だとしても，他者に対する要求を正当化する公共的理由にはなりえない．各個人は自己の視点から受容可能な理由のうち，他者に対して援用しうるものとそうでないものとを区別することを要請される．ルソーの特殊意志・全体意志・一般意志の区別[38]もこの観点から再解釈できる．それは意志主体が誰か（部分か全体か）の区別や，意志の集計方式の区別ではなく，同じ主体の意志の質の区別である．同じ主体が自己の利害関心に自閉する特殊意志と共通利害関心の公正な配慮を志向する一般意志とを併有するが，法を創造する政治的意志決定への参与においては後者のみに立脚することを要請される．万人の特殊意志をいかに集計しても，それは全体意志にすぎず，政治的決定を正当化する公共的理由たる地位をもたない．

　第三に，公共的正当化の成否は現実的な合意調達力の関数ではない．公共的理由は自他双方の視点から受容可能でなければならないが，他者への要求を自己中心的理由ではなく公共的理由によって正当化することの要請自体は，それを拒否する個人をも拘束する．現実にはかかる個人が多いにも拘わらず，否むしろ多いからこそ，公共的正当化が要請されるのである．自他の視点からの受容可能性とは，まさに自他の視点から受容可能な理由によって自己の要求を正当化する責任を引き受ける「道理をわきまえた (reasonable)」主体にとって

　　Reason, Oxford U. P., 1996 ; G. Gaus, *Justificatory Liberalism : An Essay on Epistemology and Political Theory*, Oxford U. P., 1996.

　38)　参照，註 23.

の受容可能性である．それは単なる事実上の受容や受容蓋然性ではなく，規範的制約を組み込まれた受容可能性——受容すべき理由があるという意味での"acceptability"——である．すなわち合意調達の可能性が公共的正当化を制約するのではなく，逆に公共的正当化の可能性が合意と拒否の適切な理由を制約するのである．

このような公共的正当化の要請にとりわけ敏感であったのは，リベラリズムの正義構想である．特に，その主要な論客であるロールズの「正義の善に対する優位」の観念，すなわち善き生の特殊構想に対する正義の独立性と制約性の要請は，善の理想が分裂競合する多元的社会における公共的正当化の原理を模索するものであり[39]，さらに彼の「政治的リベラリズム」への転向，およびリベラリズム内部からのそれへの批判も公共的正当化の理解をめぐって展開している[40]．しかし，リベラルな「正義の善に対する優位」の要請を批判する共同体論も，権力行使の正当化の基盤として「共通善（the common good）」の概念を援用せざるをえない[41]．かかる共通善概念の公共的正当化可能性には疑念があるが[42]，それは別として，共同体論も単なる善の一構想ではなく，一定の善の構想によって正義を規定しようとする一つの正義構想である限り，公共的正当化の要請を無視できないことを共通善の標榜は示している．

さらに，マイケル・サンデルの二つめの主著[43]に見られるような「共和主義（republicanism）」ないし「公民的共和主義（civic republicanism）」に傾斜した共同体論においては，利益集団民主主義を超えた「公民的徳性（civic virtue）」，すなわち公共的価値を配慮する能力と責任意識の再生をめざす以上，かかる公民的共和主義の思想資源たるルソーの一般意志概念にも内在する普遍化可能性の要請に定位した公共的正当化への配慮が必要になるはずである．残念ながら，サンデルは公民的徳性の陶冶の政治経済的条件として小自営生産者保護や，地

---

39) 参照，井上達夫『他者への自由——公共性の哲学としてのリベラリズム』創文社，1999年，第1・3章．
40) 参照，註37．
41) Cf. Sandel, *supra* note 36, pp. 179-183.
42) 参照，井上・前掲書（註39），第4・5章．
43) Cf. M. Sandel, *Democracy's Discontent : America in Search of a Public Philosophy*, Harvard U. P., 1996.

域的コミュニティの活性化などを説くものの44），かかる自営業者層や地域社会などが，反公共的な既得権に固執したり偏狭なパローキアリズムや集団的エゴイズムに陥る危険に対しては無頓着であり，かかる危険への歯止めとしての普遍主義的正義理念に依拠した公共的正当化要請の重要性を十分自覚しているとは言えない45)．リベラリズムの正義構想を無責任な利己主義や放縦を許す価値中立性の追求として斥けるその批判も，リベラルな正義構想の共通関心が多元的社会における公共的正当化の追求にあることを正当に評価するものとは言い難い．

これに関して付言すれば，カール・シュミットは「公開の討議において理性的真理と正義にかなった規範とを発見する議会（das in öffentlicher Diskussion die vernünftige Wahrheit und die gerechte Norm findende Parlament)」という理念を，単なる人民主権的民主政とは異なるリベラルな市民的法治国の議会制の核心とみなした46)．彼がかかるリベラルな議会制理念に下した性急な死亡宣告のドイツにおける忌むべき帰結は別として，公開の討議による公共的価値形成の追求がリベラリズムの伝統に属するというその理解が的確であることは，ジョン・スチュアート・ミルの自由論や代議制論47)を読む者には明らかである．他方，ルソー的伝統を摂取し大規模国民国家にも適用可能な形にそれを発展させようとする共和主義の立場からも，公共性を歴史的与件たる共通善としてではなく民主的討議過程により創出されるものとして捉え，特殊意志から一般意志への主体の視点の変容を重視する潮流が伝統志向的共同体論と対抗している48)．公開の討議過程の公共性形成機能を重視するこのような観点は「熟議の民主政（deliberative democracy)」とも呼ばれるが，これはリベラリズムの独

---

44) Cf. *ibid*, Part II.
45) サンデルは結論部分で自閉的集団の偏狭さを乗り超えるために，帰属共同体や忠誠を多元化した「複合的に位置づけられた自我（multiply situated self)」の必要に簡単に触れるが，そのための条件を立ち入って考察してはいない（*ibid*., p. 350)．開いた複合的共同性が，普遍主義的正義理念だけでなくリベラルな個人権の尊重を不可欠の条件とすることを論じるものとして，参照，井上達夫『現代の貧困』岩波書店，2001年，第2章．
46) Cf. C. Schmitt, *Verfassungslehre*, 8. Aufl., Duncker & Humblot, 1993 (erst hrsg. in 1928), S. 315. (尾吹善人訳『憲法理論』創文社，1972年，393頁，訳語は若干変更)
47) Cf. J. S. Mill, *Three Essays on Liberty, Representative Government, the Subjection of Women*, ed. by R. Wollheim, Oxford U. P., 1975.
48) Cf. B. Barber, *Strong Democracy: Participatory Politics for a New Age*, University of California Press, 1984.

占物でも共和主義の独占物でもなく，両者に通底する公共的正当化の希求に根差す[49]．

しかし，重要なのは，単なる討議への参加が公共性形成を自動的に保証するわけではないことである．討議が参加者の間での「ビジネスもどきの打算と商議（geschäftliche Berechnungen und Verhandlungen）」，すなわち，利益集団政治的な交渉と取引に変質することをシュミットは現代民主政下の議会制の宿命とした[50]．シュミットのこの宿命論が独裁や全体主義的統合の正当化に導くことを抑止する道は二つある．宿命への居直りと宿命の克服である．前者は利益集団多元主義の道で，この宿命論を受け入れつつもその評価的意義を反転し，これを民主政の正常な在り方とみなし，独裁や全体主義に対する唯一実現可能な代替的政治体制として積極的に肯定することである．しかし，この居直りは民主政の公共性喪失の不可避性というシュミットの呪文を復唱するものでしかなく，まさにそのことによってこの公共性喪失を不可避化するという自己実現性をもつ[51]．

したがって，選ぶべきはもう一つの道，すなわちこの宿命論そのものの克服を図る道である．そのためには，単に民主的討議への参加を草の根レヴェルにまで拡充するというだけでは不十分で，何よりも討議の指導理念としての正義の再生が必要である．討議の参加主体が，その視点の多様性を保持しつつも，自集団・自党派・自階級等の利害・価値関心に自閉せず，公共的価値を模索し，かつその制約を引き受けうるためには，自己と他者の視点を越境・往復することによって，自己の主張を支えるものとして自らがコミットした論拠のうちに非公共的理由と公共的理由とを識別し，政治的決定をめぐる他者との討議においては後者にのみ訴える節度を陶冶する必要がある．普遍主義的正義理念の反転可能性要請はこのような節度の理念的基礎をなす．反公共的既得権の権利性の否認や，集団的エゴイズムの抑制など，利益集団民主主義の克服に直結する

---

49) 「リベラルな共和主義」の観点から熟慮の民主政を憲法理論の場面で発展させる試みとして，cf. C. Sunstein, *The Partial Constitution*, Harvard U. P., 1993.
50) Cf. Schmitt, *supra* note 46, S. 319.（尾吹訳 398 頁，訳語変更）
51) 利益集団多元主義のかつての唱導者自身によるディレンマの自覚と克服の試みとして，cf. R. Dahl, *Dilemmas of Pluralist Democracy*, Yale U. P., 1982 ; *do., Democracy and Its Critics*, Yale U. P., 1989.

既述の正義理念の含意も，この正義の節度に由来する．

5 結　　語

　以上，法の正義要求の意味と，法が志向する正義の理念，すなわち単なる類型化要請と区別された普遍主義的正義理念がもつ規範的含意とを考察してきた．正義要求は法をして人々の正当化を争う権利の承認にコミットさせる．また正義理念は所与の法準則の機械的適用要請（法適用の正義）などではなく，法の指導形象として実定的法準則自体に対する批判的再解釈や改革の指針ともなり，法解釈が孕む実質的価値考慮・利益考慮や立法論に関わる政治的討議に，普遍主義的・公共的正当化可能性の観点から原理的な規律・制約を課す．正義への企てとしての法の概念は，いかなる正義構想を採択するかとは独立に，法に対してこのような強い理念的規制力をもつ．

　この法概念は正義を法の妥当根拠としてではなく法の妥当要求に内在するコミットメント，法の投企（プロジェクト）として位置づけ，また自然権など特定の正義構想に依拠せず，正義理念自体からこの投企が法に課す自己規律を導出している点で，伝統的な自然法論とは異なる．しかし，それは法がその批判者からでさえ，強盗の脅迫あるいは制度化された略奪とは異なる何かとして敬意を払われるための基本的な条件を示す．

　本章は特定の正義構想の展開を目的としてはいない．しかし，以上の議論は正義構想論に対しても重要な含意をもつ．二点だけ指摘して締め括りとしたい．第一に，文脈的構想論の前提である法の「純一性（integrity）」の要請は，一つの法社会の制度史の文脈的制約を超えた観点から最善とされる正義構想への合致の要請とは異なるという意味で，正義と区別される．しかし，かかる「最善」の正義構想と純一性が志向する文脈的に制約された「最適」の正義構想とは衝突しうるとしても，普遍主義的正義理念自体は純一性の理念的基礎をなす．純一性は，法を根本的に矛盾対立する党派的イデオロギーの精神分裂的複合体と見る立場（批判法学）や，各人が自己の視点から「最善」とする正義構想を追求するための単なる手段とする見方（法道具主義），さらには立法過程を牛耳るその時々の政治利益集団の勢力関係に応じた無原則な取引妥協の産物の寄

せ集めと見る立場（シュミットの呪文あるいは利益集団多元主義）などを斥けて，一つの政治社会全体の「誠実性（integrity）」，すなわち首尾一貫した共通の政治道徳の構想によって自らの政治的諸決定を規律しようと努める社会の持続的な意志と営為を具現したものとして法の実践を解釈することを要請する．

では，なぜ政治社会は誠実でなければならないのか．「同胞愛（fraternity）」や「連帯責務（associative obligations）」の性格をもつ政治的責務の成立条件だからとするドゥオーキンの説明は[52]，純一性（誠実性）を体現する「原理の共同体（a community of principle）」が志向する正義・公正・平等の配慮といった普遍主義的原理と，自己が属する共同体の構成員に対してのみ負うという政治的責務の特殊主義的差別性との緊張を解消できていない．首尾一貫した共通の政治道徳原理を追求する社会の誠実性としての法の純一性は，普遍主義的正義理念が含意する二重基準の排除や公共的正当化可能性の要請に即応するものであり，かかる正義理念を基礎とすると理解するのが適切である．特殊主義的な政治的責務は純一性に依存するものというより，多国家分立という世界秩序の現状からくる純一性への外在的制約と見る方が問題が明確化されよう．

第二に，リベラルな権利志向的正義構想は，功利主義と共同体論という二大批判者をもつが，いずれの批判も権利志向的正義構想の反公共性に照準を定めている．功利主義から見れば，この構想の核である集合的目標追求に対する拒否権としての個人権概念は，社会の総体的福祉の最大化という公共性の要請に反する．共同体論から見れば，この個人権概念とその基礎にある正義の善に対する優位の観念は，社会の共通の善の理想を追求する公共的責任意識の基盤を分裂解体させるものである．このような批判は，権利志向的正義構想も普遍主義的正義理念に立脚する以上，既述のように権利の公共的正当化可能性とその帰結としての権利の内在制約にコミットしていることを無視ないし過小評価している．

責任の一半は権利志向的正義構想にもある．例えば，権利を民主的決定に近似的に反映される功利主義的計算から他者への分配に関わる「外的選好（external preferences）」の算入を排除する手段とした一時期のドゥオーキンの

---

52) Cf. Dworkin, *supra* note 16, pp. 195-224.

議論は[53]，民主的決定を自分が何をどれだけ欲しいかという「個人的選好」の関数とみなすものであり，また排除される外的選好が差別や偏見だけでなく，他者の人権の尊重など公共的価値を志向する判断一般をも含む以上，権利の没公共性という誤解を招きうるものである．外的選好一般ではなく不正な選好の排除に焦点を置くべきであった．

しかしまた，功利主義や共同体論の公共性観念が真に公共的正当化可能性を備えているかも批判的検討の余地がある．選好の強度のみに注目し，その質ないし理由を問わないという功利主義の無差別性は，ルソー的に表現すれば，まさに一般意志ではなく特殊意志の総和としての全体意志に政治的決定を還元するものであり，全体の名において個人や少数者を犠牲にするという問題以前に，その全体なるものが公共性を欠くという問題を孕んでいる．共同体論も，善き生の特殊構想の多元的競合が不可避かつ穏当でさえある状況において，共通善の政治が社会の支配集団の文化的偏見の強要を超えた公共的正当化可能性を有しうるかという問題や，公民的徳性の苗床としての中間的共同体の偏重が集団的エゴイズムに潜む反公共的な政治的能動性の問題を捨象しているという難点を抱えている．

さらに付言すれば，「配慮の倫理（an ethic of care）」の観点から「権利の倫理（an ethic of rights）」を批判するギリガンのようなフェミニズムの側からの議論についても，普遍主義的な権利の倫理が異質な他者の視点への配慮に立脚することの無理解，特殊主義的関係性の中での濃密な配慮が外部への配慮の欠如と表裏一体になる危険の軽視など，同様な問題が指摘できる[54]．

以上，対立競合する正義の特殊構想に通底する普遍主義的正義理念が「空っぽの箱」ではないこと，競合する既存の正義構想を批判的に再検討し，比較査定する上で，この正義概念が重要な指針となりうることを示した．〈正義への企て〉としての法はより良き正義構想の具現を志向するものであり，この志向は挫折しうる．しかし，挫折する場合でもその志向が誠実なものとみなされうるために満たさるべき法の自己正当化の制約条件を，この基底的な正義概念が

---

53) Cf. Dworkin, *Taking Rights Seriously*, 2nd Impression with Appendix, Harvard U. P., 1978, pp. 234-239.
54) この問題については，参照，井上『現代の貧困』（註45），130-133, 166-175頁，本書第8章．

設定する.

　正義は万能の価値ではない．衡平・法的安定性・平和などを正義と根本的に対立競合しうる価値と見るのは誤りであるが[55]，正義の普遍主義的要請と真に衝突競合する価値，すなわち個別的同一性による差別化に依存した価値の存在も私は承認している[56]．しかし，正義が固有の射程と限界をもった価値だからこそ，それは人間の倫理的実践一般に解消されない法実践の固有性を理解する鍵になる．正義の限界が法の射程をいかに限界づけるか．この問題は本書第8章や第10章で別途考察される．しかし，まさに法の限界を自覚するための前提として，本章で探究した法と正義の内的連関が理解されなければならないのである．

---

[55] 法的安定性によって正義を制約する見解への批判は本章第3節(1)で試みた．衡平が正義の一種であることについては，参照，井上・前掲書（註7），51, 92, 140頁，「正義よりも平和」という思想の批判として，参照，同書，5-7頁．

[56] 参照，註26．

第2章　法の支配
――死と再生

1　アンビヴァレンス――堅実と欺瞞

1)　静かで確かな批判

　米国留学中に太平洋戦争を迎え，敵国民として身柄を拘束された鶴見俊輔は，その時米国の留置場で会ったドイツ人学者パウル・レーザーについて，次のような回想を43年後に寄せている[1]．

　　レーザーは小柄な老人で，かるいスウェターのようなものを着ていた．19歳の私には，ずいぶん年よりに見えたが，今思うと，それほどの年ではなく，髪に白いものがまじっていたとは言うものの，初老というところだった．
　　フランクフルト・アム・マインの文化人類学の教授だったそうで，ナチスの迫害をのがれて，米国にやってきたところを，入国書類に手ちがいがあって，この留置場（東ボストン移民局）にいれられた．
　　ナチスについてきくと，
　　「リトラクティヴ・ロオを実行するのが困る」
　　と言葉すくなくこたえた．その時に犯罪とされていなかった行為について，あとになって法を改めて罪ということにし，さかのぼってその行為を罰するということであり，これでは，法に意味がなくなり，安心してその国に住め

---

[1]　鶴見俊輔『思想の落とし穴』岩波書店，1989年，311-312頁．

ないというのだった.

　すでにドイツと米国との戦争ははじまっており，米国の新聞や雑誌はナチスの残虐を派手な言葉を使って非難しているなかで，パウル・レーザーが，このように静かに，確かな定義を用いてナチスの批判をしたことが，印象にのこった.
　……
　戦争中の昭和 17 年から戦後の昭和 60 年まで日本でくらしてきて，日本の知識人にかけているのは，パウル・レーザーにあったようなおだやかでしっかりしている批判だと私は思う.
　……
　その時その時の政治の潮流にのって，あれこれとふたしかなことを言うのとはちがう，考え方である．右，左にかかわらず，こういう考え方が社会の根底にあることが大切だ.

　19 歳と言えば血気盛んな年頃である．それにも拘わらず，この初老のドイツ人学者の「おだやかでしっかりした批判」の意義を感得した鶴見の早熟には驚くべきものがある．後年の反省を過去の記憶に移入したのではないか，「遡及法」ならぬ「遡及印象」ではないかと疑いたくなるほどである.
　権力の暴虐を「派手な言葉」によってではなく「静かに，確かな定義を用いて」批判する，このような姿勢に〈法の支配〉の精神が脈打っている．「派手な言葉」によって他者の権力悪を断罪する者は，その熱情によって自己の権力悪を放縦化させ，隠蔽する．ナチスの残虐を非難する当の米国が日系米人を強制収容所に送った．この熱情はさらにまた原爆投下や大都市空襲のような非戦闘員に対する無差別大量虐殺にも導く．遡及法の禁止と同様，デュー・プロセスや法の下の平等，非戦闘員への無差別攻撃の禁止などは，「ファシズムに対する民主主義の闘い」，「一切の隷従と搾取からの人類の解放」，「戦争一般の廃絶」などの熱い理想に比べれば，興ざめするほど散文的で技術的な準則である．法の支配は，政治が派手な言葉によって人々の熱情を搔き立て「大義」の実現へと動員するときにこそ蹂躙しやすいこれらの散文的な準則に固執することによって，他者の権力悪を断罪する者自身に迫る権力悪の誘惑に対し，サイレー

ンの声に抗するためのオデュッセウスの自縛のような批判的自己抑制の防護柵をめぐらす.

　したがってまた,法の支配は「その時その時の政治の潮流にのって,あれこれとふたしかなことを言うのとはちがう」何かである.それは社会変革実践としての政治を排除するものではないが,政治的変革が一つの恣意的権力の専制から他の恣意的権力の専制への交代以上の何かであるための条件を確保しようとする.それは政治的変革理想を異にする者が互いに殲滅しあうのではなく競争的に共存するための条件でもある.しかし単なる民主政に還元されるものではなく,むしろ民主政が多数の専制に堕することを抑止する条件をなす.だからこそ,社会が先鋭な政治的イデオロギーの対立を内包するとき,「右,左にかかわらず,こういう考え方が社会の根底にあることが大切」なのである.

2) 批判性と超然性の葛藤

　しかし,このようは法の支配は,きわめて難しい綱渡りを試みるものでもある.その「静か」で「確かな」,また「おだやかでしっかりしている」姿勢は,危うい均衡を維持しようとする緊張の上に成り立っており,その均衡の可能性に対する懐疑にさらされてきた.一方で,法の支配は時々の党派政治の対立を超えた正統性基盤に立脚しようとする.他方で,それは権力の暴虐に対する実効的な批判的抑制原理たろうとする.この二つの側面は果たして両立可能だろうか.

　時局的な政治的対立を超越した正統性基盤を求めるなら,結局,それは実定法の物神崇拝に,すなわち,政治的イデオロギー対立を不可避的に孕む実定法の道徳的な評価問題を棚上げして,実定法をその実定性ゆえに受容する体制順応主義に,「悪しき秩序も無秩序に優る」という法的安定性の神聖化に帰着するのではないか.このとき,法の支配が権力に対する批判的抑制原理であるというのは欺瞞的虚構であり,その実相は体制化された権力が政治的中立性の仮面によって自己を合理化するためのイデオロギー装置にすぎないのではないか.法を生成・維持・発展させる政治的主体を消去して,自己完結的・自己準拠的に自己を生産するシステムとして法を描くシステム理論の言説などは,法の支配の理念が孕む実定法秩序の物神化を,まさに拡大再生産することで暴露して

いるのではないか[2].

　他方，権力の批判的制御原理として法の支配の理念を貫徹しようとするなら，それは政治的中立性をもはや標榜しえないのではないか．体制化した権力が法を抑圧の合理化装置として操作することを実効的に制御しようとするなら，行政権力を法によって統御するだけでなく，立法権力の恣意を統制する実体的な政治道徳原理を法の支配の理念の中に読み込まざるをえないのではないか．民主的立法にも司法による人権保障の制約を課す違憲審査制は，このような法の支配の立憲主義的貫徹だが，それは憲法の解釈適用という形をとるものの，きわめて論争的な政治道徳的価値判断に依存せざるをえないのではないか．法言語の意味の不可避的な不確定性を考えれば，論争的な政治道徳原理への依存は，通常の法令の解釈適用においてさえ避けられないのではないか．だとすれば，法の支配は「右，左にかかわらず」受容しうる共通の正統性基盤などではなく，その規範的意義が解釈者の政治的イデオロギーによって左右されるものではないか．それは政治的イデオロギー対立を超越的に包容することなどできず，むしろ，かかる対立によって引き裂かれてしまうのではないか．

　歴史的現実はこのような懐疑を支持するように見える．例えば，法の支配の砦としての自己認識に基づき司法が違憲審査権を積極的に行使してきた米国において，奴隷制を地域的に限定するミズーリー協定を違憲とするドレッド・スコット判決（1857年）や労働時間規制を違憲とするロックナー判決（1905年）などに象徴される保守的司法積極主義が，現存する社会的な差別・抑圧・搾取の構造を変革する努力を，デュー・プロセスのような法の支配のレトリックを操作して挫こうとした時代があった．ニュー・ディールの社会改革を進めたリベラル派は，かかる保守的司法積極主義を批判し，民主的基盤をもつ政治部門の司法に対する優位を主張したが，自らの勢力基盤が連邦裁判所に拡大ないし

---

[2] ただし，ルーマンの『近代の観察』（1992年）について，村上淳一は「『自己準拠性』ないし『自己塑成性』の観念によってシステムの閉鎖性を一面的に強調するものと見られたルーマンが，自己準拠と他者準拠の間の『振動』という発想を示すに至ったのは，注目すべき自己修正というべきであろう．法システムについて言えば，ルーマンは『利益衡量』に対するかつての拒否的態度を変更している」と指摘する．しかし他方，他者準拠としての利益衡量は法システムにおける自己準拠的（没道徳的・実証主義的）解釈と整合的な場合のみ許され，「顧慮さるべき利益の判別に道徳的基準を用いる余地はないということになる」とされる．参照，村上淳一『現代法の透視図』東京大学出版会，1996年，79-80頁．

移行する時期になると，人種別学を違憲としたブラウン判決（1954年）や人工妊娠中絶規制をプライヴァシー権侵害として違憲としたロウ判決（1973年）などに象徴されるように，自らの政治的改革ヴィジョンを即効的に実現する手段として司法の違憲審査権を積極的に擁護する方向に転換し，逆に保守派が民主的政治部門の優位の名の下に司法審査権の制限を主張するに至っている．このような歴史過程は，法の支配の理念が，左右の政治対立を超えたものであるどころか，それぞれの政治的イデオロギー集団が，自己の勢力の保持や拡張を合理化する手段として御都合主義的に利用する符牒でしかないという印象を与える．

実際，批判的法学研究の指導的論客であるダンカン・ケネディは次のように断定している．「裁定とは〔原理の法廷ではなく〕イデオロギーの法廷である……司法的意見や，それに先行する法曹の議論は，彼らが作るルールが左右するイデオロギー的な利害関係によるだけでなく，その内容によっても，イデオロギー的文書ないしテキストである……とりわけ，リベラルと保守派が上級審の裁定に関心をもつのは，それが，彼らが自らの〔政治的〕プログラムを法として確立できるために十分なだけ中間派や腰の定まらない反対派を転向させようとするそれぞれのプロジェクトを追求する場であるからであり，彼らが自らのイデオロギー的な立場を『覇権的』なものにしようと努める場だからである……ある裁判官・弁護士・法学者はリベラルなルールのためにリベラルな議論をし，彼らの相手方は保守的ルールのために保守的議論をする……両陣営とも，法と政治の区別に，すなわち，法において展開された彼らのイデオロギー的立場はイデオロギーではないとする言説規約に，絶えず顔を向けて自己の位置を定めている」[3]．

以上の懐疑と批判は次のように要約できるだろう．法の支配は，実定性の物神化によって体制的権力を批判免疫化する機能をもつか，さもなくば，法的議論をイデオロギー闘争の代用品に転化する機能をもつ．いずれの場合も，法の支配は，政治闘争のアクターが「政治的に中立な法的議論」の仮構に自己の党派性を隠蔽して正統性を欺瞞的に調達することを可能にする装置である．法の

---

3) Duncan Kennedy, *A Critique of Adjudication: fin de siècle*, Harvard U. P., 1997, pp. 69-70.

支配が血気盛んな青年の理想ではなく大人の知恵だというのは正しい．しかし，これが意味するのは，法の支配が批判的節度や謙抑性という大人の美徳を体現しているということではなく，むしろ，それがかかる美徳の外観の下に放縦な権力欲を隠蔽する大人の偽善を蔓延させるということだ．

　法の支配に対するこのような批判を致命的とみなす人々は少なくない．この理念はいまや暴かれた欺瞞として，汚辱の内に葬られるべきなのだろうか．

2　政治的両義性——理性の支配と恐怖からの自由

1)　二つの政治的モデル

　法の支配の欺瞞性を批判する者はこの理念を政治的中立性の標榜，脱政治的正統性基盤の追求と捉えている．しかし，これがそもそも誤解なのである．法の支配は，実定法の物神化でも，法の脱政治性の虚構でもなく，人間の愚かさ・弱さ・残酷さの歴史的経験を通じて模索され，発展させられてきた一定の政治社会の構想である．法の支配の「静か」で「確か」な，「おだやかでしっかり」した批判精神は，政治的中立性を気取るものではなく，むしろ一定の政治理念への確固たるコミットメントに立脚するものである．

　しかし，このような観点から法の支配を捉え直しても，問題が消えるわけではない．法の支配がコミットする政治理念は一定の政治的文脈において重要な機能を果たす一方，この政治理念そのものが両義性と操作可能性を孕んでいるからである．ジューディス・シュクラーは，政治理念としての法の支配のこのような確かさと危うさを考える手掛かりを我々に与えている．

　法の支配に帰せられる静かで確かな批判精神は，我々の常識的理解において二つの原像をもつ．情熱の奔流に対する理性の沈着と，恣意的暴力に対する制度の抑制である．シュクラーによれば，政治思想史の伝統においても，法の支配はアリストテレスに由来する「理性の支配（the rule of reason）」のモデルと，モンテスキューに由来する「制限政府（limited government）」のモデルという二つの異なった原型をもつ．彼女は「それらに意義を与えた政治的な諸目的と背景が忘れられたために，それらの意義はいまやぼやけてしまい，不整合

を来すに至った」とし,その結果,「法の支配はいまや,知的には,政治的虚空の内に置かれている」と断じる[4].

理性の支配としての法の支配は,そのアリストテレス的原型においては,法的判断を行う主体の特別な性格を決定的条件とする.それは「他者の要求を,あたかもそれが自分自身のものであるかのように承認する心理的能力」,「自己と他者,あるいは対立する他の二当事者を差別しない」で偏頗無く公正に扱う正義の徳性であるが,かかる徳性は,実践的三段論法のような理性的推論によって,情熱や欲動に惑わされない判断を遂行する能力に依存する.知性と倫理的徳性とが一体化したこのような理性を備えた主体の存在は,「ほとんどの体制を苦しめる自己破壊的諸性向を抑止する効果」をもち,社会に多大の利益を与えることを彼女は認める.しかし,かかる理性の支配が実効性をもちうるのは,「それが社会の成員のごく限られた一部にのみ,一部の人間関係にのみ適用される社会統制形式だからである.奴隷と女性は正義の規範によっても法規範によっても統治されなかった」.一握りの特権的な「法的正義の施主」が「諸々の不確実性をもつ社会統制」とは異なる理性的論議に従った秩序形成の責任を担いうるのは,「〔強圧的な〕統制が家政領域の支配者たちに委ねられる」からである[5].

彼女のこの主張は次のようにパラフレイズできるだろう.理性の支配はその説得力の基盤として一定の知的・倫理的エートスの共有を前提しているがゆえに,かかるエートスの独占を標榜する社会階層の内部秩序原理としてのみ適用され,その外部では,力と恣意の支配を放縦化させることになる.単に,理性の支配は理性的存在と非理性的存在を支配の主体と客体として階層化させるというお馴染みの論点が反復されているのではない.理性の支配の主体だけでなく客体も理性的存在に限定されるのである.理性の支配に服しうるのは理性的論議に参与する能力をもつ存在だけである.かかる能力を欠くとみなされた存在は,理性の支配としての法の支配の保護対象から除外され,恣意的な力や欲動の支配領域に託される.したがって,シュクラーによれば,理性の支配とし

---

4) Cf. Judith Shklar, "Political Theory and the Rule of Law," in *do., Political Thought and Political Thinkers*, ed. by Stanley Hoffmann, The University of Chicago Press, 1998, p. 21.

5) Cf. *ibid.*, pp. 23-24.

ての法の支配は，古代アテネの家父長制的奴隷社会とだけでなく，米国の奴隷制，ナチス・ドイツの体制，南アフリカのアパルトヘイトなど，法治国家と権力国家を併存させる近現代の様々な「二重国家（dual states）」と両立する[6]．

かかる理性の支配モデルは知的・倫理的理想として包括的な射程をもつがゆえに，その人的適用範囲が政治社会の特定階層に限定されるのに対し，モンテスキュー的な制限政府モデルは一つの限定的な目的しかもたないがゆえに，万人を保護範囲に包摂するとされる．その目的とは「恐怖からの自由（freedom from fear）」，すなわち，「社会において軍事力を保有する者たちの実際の残虐行為や暴力の威嚇によって創出される絶えざる恐怖」から人々を保護することである．この目的の実現はアリストテレスの「理性」のような例外的徳性を必要としない．必要なのは「君主の暴虐な衝動も，議会の恣意も，個人を縮み上がらせたりその日常生活において不安を抱かせたりするように侵害することができないような仕方で，権力が権力によって抑制されるような，適切に均衡化された政治システム」であり，宗教的信念や成人の同意による性的関係などの脱犯罪化であり，刑罰権力の乱用を抑止するための無数の手続的防御装置である[7]．

2) 制限政府論の優位？

この二つの法の支配のモデルのうちシュクラーが共鳴するのは，明らかに制限政府モデルである．ただ，彼女は普通裁判所による行政権の統制を中心に理解された英国のコモン・ローの伝統とこのモデルを等置するダイシーの立場に対しては，その形式性・偏狭性・瑣末性を批判し，また，このモデルを「自生的秩序（spontaneous order）」の理論へと拡張するハイエクの立場に対しては，伝統尊重のスタンスに隠されたその抽象性・非歴史性・反証不可能性を批判し，また制限政府の確立における意図的設計の重要性を指摘する．彼女によれば，ダイシーは「戦争と政治の軍事化の本性とその帰結」に関してはモンテスキューがもっていたような歴史的洞察と憂慮を欠き，ハイエクも全体主義を構成的合理主義という認識論的誤謬の一例として処理するだけで，軍事的諸階級とそ

---

6) Cf. *ibid.*, p. 22.
7) Cf. *ibid.*, pp. 24–25.

の価値観の存続がファシズム，ナチズム，スターリニズムなどの形成に果たした役割を見ようとしない[8]．

　要するに，彼女にとって自由の擁護とは，普通裁判所の管轄権の問題や，人間の知識の限界が制度設計の可能性に対してもつ論理的帰結の探求に還元されるものではなく，なによりも先ず，人間性に巣くう暴力衝動と残虐さを直視し，それが生み出す恐怖がわれわれの自由を萎縮させ，凍死させることを抑止するような制度機構を構想することなのであり，法の支配の意義はそこにある．法の支配を自由市場経済社会の法秩序と等置して，それが階層的差別や搾取を隠蔽すると批判し，利益集団政治の跋扈をかかる法秩序の一般性・中立性の虚構の欺瞞性を暴露するものと捉えるロベルト・アンガーの議論も，彼女によれば，評価的立場こそ逆転してはいるものの，ダイシー＝ハイエク流の形式的・抽象的な法の支配の理解に規定されており，人間の暴力性を前にした「人格的自由の壊れやすさ」を理解していないのである[9]．

　形式化・抽象化の欠陥を，彼女は理性の支配モデルの現代的展開についても見出す．ロン・フラーとロナルド・ドゥオーキンの理論がこの文脈で標的にされる．法の一般性・公知性・不遡及性・明確性・無矛盾性・履行可能性・持続性・公権力の行動との合致を「法内在道徳」とするフラーの立場は，人間の社会的行動全般を包摂する合理性の観念に依拠するが，その法内在道徳は実質的な倫理的議論を欠いた形式性ゆえに，南北戦争以前の米国の奴隷社会だけでなくナチスの二重国家とも両立するとする．鶴見はナチスの遡及法を批判するレーザーの言葉に印象づけられたが，シュクラーはエルンスト・フレンケルの二重国家論に依拠して，当時のドイツの「法曹カーストは彼らが管轄する法の『内在道徳』が冒されない限り，新設裁判所や警察や虐殺機構の活動を完全に無視しえた」とする[10]．

　フラーと異なり，ドゥオーキンは平等理念を基盤に捉えた実体的な権利へのコミットメントを法の中に読み込もうとし，そのために法的ルールの正当化根拠をなす包括的な政治道徳機構の発見ないし反省的再構成を裁判官に要請する．

---

　8)　Cf. *ibid.*, pp. 26-29.
　9)　Cf. *ibid.*, pp. 29-32.
　10)　Cf. *ibid.*, pp. 33-34.

これはドゥオーキン自身が彼の裁判官モデルに「ヘラクレス」の名を与えたことが示唆するように、きわめて高度の理論構築力と原理的推論能力を司法に期待する野心的な理性の支配モデルであるが、シュクラーによれば、それは司法的判断を高度に論争化させることによって、かえってその合理性への公衆の信頼を揺るがす。法的議論自体の合理性のみにドゥオーキンは注目するが、それだけでは司法部の判断が他の国家機関の判断に優越することを示せない。最終的な決着は帰趨の不確実な政治的闘争によって付けられることになるが、かかる闘争は他の国家機関以上に司法部を弱らせ、司法部が政治システム全体に与えうる合理的な力を減じる効果をもつ。理性の支配はアリストテレスにおいて法的判断の合理性だけでなく、かかる判断に実効的な説得力を付与する政治的文脈に依存していたが、「政治における説得過程と強制的な社会統制に関する十分匹敵しうるだけの説明」なしに法的議論の合理性のみを抽象的に考察している点に、彼女はドゥオーキンの議論の弱さを見出す[11]。

以上のようなシュクラーの議論は、積極的自由と消極的自由の区別に関するアイザイア・バーリンの議論を彷彿とさせる[12]。理性の支配モデルは自己支配としての積極的自由と、制限政府モデルは強制の欠如としての消極的自由と一定の対応関係にある。理性の支配が階層的な差別や抑圧に導くというシュクラーの批判は、自己支配の主体たる真の自我（理性的自我）と客体たる経験的自我（欲望に囚われた自我）との分離が様々な専制の合理化に導くとするバーリンの積極的自由に対する批判と符合しているし、彼女の制限政府モデルの重視はバーリンの消極的自由の重視と通底している。もっとも、シュクラーの「恐怖からの自由」の概念は人間の暴力性に対する自由の脆弱性について、バーリンの消極的自由概念よりも深い洞察を含んでいると言ってよい。また、それは自由市場経済の効率性よりも根源的な政治的価値に関わっている。法の支配を法による政治の解消としてではなく、あくまで政治的自由の秩序構想の問題として捉え直すことが、この理念の再生の道であることを指摘した点に、彼女の

---

11) Cf. *ibid.*, pp. 34-36.
12) Cf. I. Berlin, "Two Concepts of Liberty," in *do.*, *Four Essays on Liberty*, Oxford U. P., 1969, pp. 118-172.（小川晃一・他訳『自由論』みすず書房、1971年、297-390頁）バーリンの自由論の批判的検討として、参照、井上達夫「自由の秩序」同編『新・哲学講義7　自由・権力・ユートピア』岩波書店、1998年。

議論の重要な意義がある．

3) 再統合の必要性

　しかし，恐怖からの自由を保障する制限政府モデルに法の支配を限定するシュクラーの立場にも重大な陥穽がある．第一に，「恐怖」という概念を法の支配の基盤に捉えることは，我々が執着し保全を欲する現状を自然的与件とみなし，それを侵犯し攪乱する力のみを統制さるべき暴力として捉え，現状そのものを作為的に再生産している構造的な権力の暴力性に目を閉ざす罠に我々を陥らせる危険がある．これはキャス・サンスティンらが指摘する「現状中立性 (status quo neutrality)」の誤謬の一様態である[13]．我々が他者の恣意的暴力によって侵害されることを恐怖する我々の権利領域・安全性領域の法的保障は，その他者にとっては彼の生存と安全を脅かす制度的暴力でありうる．失業して貧苦にあえぐ者が他者の財物を強奪したとき，一つの暴力が遂行されるが，彼が法を破ることなく子を飢餓状態に置いた場合にも，刑罰権力など国家の組織的暴力の威嚇が機能している．制限政府が市民に保障する自由と安全の領域は国家暴力が介入しない領域ではなく，むしろ国家暴力の制度化された介入によって保護された領域である．したがって制限政府の正統性は暴力性の最少化にではなく，それが制度化された暴力によって保護する権利分配の正統性に依存する．

　第二に，実定法の物神化という批判から法の支配を擁護しようとするなら，制限政府モデルはこの権利分配の正統性に関して所与の実定法規定に還元されない評価原理に立脚しなければならない．しかし，「恐怖」という心理学的概念自体はこのような評価原理を提供しない．一夜にして億万長者から無一文に

---

[13] Cf. Cass Sunstein, *The Partial Constitution*, Harvard U. P., 1993, pp. 3-7, 69-92. 野崎綾子も現状中立性批判の視角から「日本型司法積極主義」の問題性を鋭く剔抉している．サンスティンの議論の詳細は，参照，野崎綾子『正義・家族・法の構造変換――リベラル・フェミニズムの再定位』勁草書房，2003年，第4章．現状中立性の想定に対する批判はフェミニズムの「個人的なものは政治的である（The personal is political)」というテーゼとも通底している．Cf. Susan Okin, *Justice, Gender, and the Family*, Basic Books, 1989, pp. 124-133. このテーゼの有力な提唱者の一人であるフランシス・オルセンと東京大学でのスタッフ・セミナーで議論した際，彼女の視点とサンスティンの現状中立性批判の相同性を私が指摘すると，彼女は「私がサンスティンに教えたのだ」と主張していた．

転落する投機家は地獄に落ちるような恐怖を味わうだろう．強健かつ勇敢な人は他者の暴行にほとんど恐怖を感じないかもしれない．しかし，それにも拘わらず，投機家は損失から保護される権利をもたず，勇敢な人は暴行から保護される権利をもつ．ガードマンを雇う資力をもつ投機家の損失補塡はするが，一般市民を暴行から実効的に保護しない政府は，いかに「制限的」であろうと，また「恐怖」の総量や分配がどうであろうと，不公正であり，法の支配に服しているとは言えない．このような規範的識別はシュクラーが理性の支配モデルに帰した正義への志向性を要請する．かかる志向性と結合してはじめて法の支配は，体制的権力や所与の分配構造の神秘化・合理化を超えて，権力に対する批判的統制原理になりうるのである．

　第三に，シュクラーは正義を志向する理性の支配モデルの実効性が一定の政治的文脈に依存するとするが，それは伝統的には正義判断を遂行する理性的主体が階級的同質性をもった一定のエリート集団に限定され，社会の他の部分がその集団の権威を受容しているか，それに反逆できないような階層社会の政治構造である．かかる構造が崩れた民主的社会では正義志向性は法的判断を論争化させざるをえない．ドゥオーキンに対する彼女の批判が示すように，シュクラーは民主社会で不可避な正義をめぐる政治道徳的論争の司法的判断への導入は法の支配を掘り崩すとみなす．ここで彼女は致命的なディレンマに陥っている．階層社会への復帰か，政治道徳的価値判断に依存しない三段論法的な「論理」のみで法的判断を導出するふりをする概念法学への退却かである．このディレンマが致命的なのは，二つの選択肢のいずれも不可能だからである．階層社会への復帰は民主社会では政治的に不可能であり，概念法学への退却は方法論的・認識論的に不可能である．

　シュクラーの議論に対する以上の批判的検討は，法の支配の理念の再生のために我々が応答すべき問題が次のものであることを示している．「恐怖からの自由」としての法の支配は，我々が攪乱されることを恐怖する現状の正義適合性を理性的吟味に開く「理性の支配」に裏打ちされていない限り，権力に対する批判的統制原理としての機能を法の支配から奪う．しかし，いかなる部分集団も自己の理性の特権的優位を標榜しえない民主社会では正義適合性判断は鋭い論争の的となる．正義を志向する理性の支配としての法の支配を，正義の論

争化が不可避な民主社会において，法的判断への公共的信頼を保持しうるような仕方で貫徹することは果たして，またいかにして可能か．以下では，この問いに取り組むための基本的な視点を提示してみたい．

3 民主政における法の支配——形式化・実体化・プロセス化

1) 形式化プロジェクト——形式的法治国家論と手続的自然法論

法の支配の正義志向性と民主的正統性を両立させる試みは様々な形でなされてきた．ここで先ず，従来の諸説の一応の類型化的な整理と検討を試みておく．

第一に，形式化のプロジェクトがある．実質的価値判断は人民の立法権力に委ね，法の支配を人民の価値選択が法の形式において定式化され執行されるための条件の整備に限定する立場である．法の支配の形式化に対しては，それが民主政のみならず反民主的な権力構造とも両立することが批判されるが，この立場は，まさに権力構造に対して法の支配を中立化させる形式化に，法の支配の人民主権原理に対する謙譲性の保障を求める．これにもさらに二つのアプローチが区別できる．

一つは形式的法治国家の民主的解釈である．この思考範型によれば，人民の権利を侵害する国家作用を立法府が定立する法規範によるものに限定する「法律の留保」や，特別裁判所の禁止や行政機関の非終審性などの形式的な法治国家原理は，立法府の民主化という政治的条件の下では，人民意志の支配を国家作用に対して貫徹させる機能をもつとして，再評価される．正義の判定は人民意志に全面的に委ねられ，法の支配は人民意志の支配の制度的保障に徹することによって正義志向性と民主的正統性を併有できるとされる．

もう一つは形式的ないし手続的自然法論である．これは人民意志に実質的価値選択を委ねつつも，人民意志の法的定式化や執行手続がもつべき「法の形式」の内に，権力行使の恣意性に最小限の歯止めをかける規範的制約を読み込もうとする．「人間行動を準則の支配に服せしめる企て」としての法観念から既述の法内在道徳を導出するフラーの理論は[14]，このような試みとして位置づ

けられる．そこでは権力行使に対する最小限の規範的制約は権力行使の予見可能性ないし行動の事前調整可能性の保障として総括しうるほどに希薄化されている．シュクラーはそれをナチ的二重国家とも両立すると批判したが，この批判は公正ではない．法内在道徳はたしかに希薄化されているが，そこに含まれる公権力と法令との合致の要請を他の内在道徳とともに貫徹するなら，かかる二重国家は排除されるだろう．人民意志に対する独立の規範的制約としての法の支配の機能を保持しつつ，その制約をあえて予見可能性・事前調整可能性の保障にまで希薄化することで，法の支配を民主政と両立させる試みとしてフラーの理論を再解釈することができる．

このような形式化のプロジェクトの致命的欠陥は，法の支配が民主社会で期待されている最も重要な役割，すなわち人民意志の支配が多数の専制に転化する民主政の内在的危険性に対する抑止機能を果たせないことである．議会立法に規範的制約を課さない形式的法治国家がかかる抑止機能をもたないことは明らかだが，フラー流の法内在道徳もかかる機能を果たすには希薄すぎる．多数者の少数者に対する差別や抑圧は予見可能・事前調整可能な形で「構造化」されうる．多数者と少数者の地位の転換可能性は，かかる転換が期待できない構造的少数者には救いにならない．また，多数者と少数者の区別の多次元性も，多数の専制を恐れる必要性を解消する福音にはならない[15]．白人プロテスタントが多数派である社会において，黒人プロテスタントは宗教的多数者であるがゆえに人種的少数者として差別や抑圧を受ける恐れはないなどと想定するのは危険かつ無責任な願望思考であろう．白人同性愛者にとって自己の人種的多数者性は彼ないし彼女が同性愛者として差別迫害されることを防止しない．多数の専制の主体は単一の実体としての多数者であるとは限らず，争点ごとに政治的に編成された権力としての多数者でもありうる．

多数・少数の区別の多次元性は，むしろ誰もが脆弱な少数者性を何らかの点でもちうること，したがって多数の専制を抑止する法の支配は誰にとっても不

---

14) Cf. Lon Fuller, *The Morality of Law*, Revised ed., Yale U. P., 1969.
15) 少数者保護を重視する「リベラル・リーガリズム」を多数者・少数者の「対抗軸の複雑・多様化」を理由に批判するものとして，参照，旗手俊彦「法の帝国と参加民主主義——from Liberal Legalism to Deliberative Democracy as Postliberalism」井上達夫・嶋津格・松浦好治編『法の臨界Ⅰ　法的思考の再定位』東京大学出版会，1999 年，165-186 頁.

可欠の意義をもつことを含意する．法の支配の形式化は，かかる抑止機能を失うことによって，その民主政への謙譲の構えにも拘わらず，法を政治的に編成された多数者の偏見や党派的利害の合理化装置に転化させ，法に対する公共的信頼を掘り崩してしまう．

2) 実体化プロジェクト——「実定化された自然権」論と「実体的自然法の編入」論

　形式化プロジェクトのこの欠陥が，民主社会における法の支配の第二のモデル，実体化プロジェクトを動機づけている．これは実定憲法が政治的に編成された多数者の立法権力によっても侵害しえない基本的な人権を確定し，司法審査制によってそれを制度的に担保していると解釈し，かかる実体的な人権原理を核とする正義構想を立法に対する制約とする実質的意味での立憲主義として法の支配を捉える．それによれば，民主的正統性が法の支配を制約するのではなく，逆に，立憲主義的な法の支配が民主政を制約するのであり，個人・少数者の人権保障と抵触するような政治的決定は民主的であったとしても正統性をもちえない．かかる人権思想は近代の自然権原理と結合しているが，それが民主社会において公共的に信頼可能な法的判断の基礎となるのは，実定憲法秩序自体がこの思想にコミットしているからである．

　この実体化プロジェクトにも種々の形態がありうるが，基本的には「実定化された自然権」論と「実体的自然法の編入」論とに大別できよう．前者は民主的立法をも制約する人権を憲法条文に明定されたものに限定するが，かかる人権規定を憲法改正権力によっても廃棄できないものと措定することで，その自然権性を留保する．後者は「本憲法中に特定の権利を列挙した事実をもって，人民の保有する他の諸権利を否認しまたは軽視したものとして解釈することはできない」とする合衆国憲法修正第9条[16]に示されるような「枚挙されざる権利（unenumerated rights）」の存在想定に立つ．もっとも両者の間には連続性がある．既存の人権規定の解釈を通じて新しい人権の確立が図られうるし，ま

---

16) この規定を人民の枚挙されざる権利の承認としてではなく，連邦憲法に含まれない権利を州憲法で規定する州の権限を承認するものとみなす「保守的」な解釈もあるが，これはやや「苦しい」解釈と言うべきだろう．

た,「枚挙されざる権利」の確定においても,単に哲学的な権利論によるだけでなく,実定憲法秩序全般との整合性の論証によって正当化が図られうる[17].

実体化プロジェクトは,従来,その基盤にある自然権思想を価値相対主義・実証主義・功利主義・法の経済分析等々の立場から批判されてきた.しかし,民主的正統性と法の支配との関係の観点から重要なのは,それが重要かつ論争的な政治道徳上の問題に関して決定する権能を司法府をして憲法解釈の名の下に人民から簒奪させるという批判である.司法審査制の母国たる米国では,この批判は既述のように伝統的に繰り返されてきたが,ドイツのような抽象的審査制をとる所においても,1990年代半ば以降,連邦憲法裁判所の一群の論争的な判決を契機に,この種の批判が先鋭化している[18].

3) プロセス化プロジェクト――参加代表促進論と熟議の民主政

民主主義の優位の観点から実体化プロジェクトを斥けつつ,形式化プロジェクトの欠陥をも克服しようとする人々が追求する第三のプロジェクトが,プロセス化である.これは司法審査制と結合した立憲主義的人権保障を民主的政治過程に対する外在的・実体的な制約としてではなく,民主的政治過程そのものの健全な作動の条件として,そしてその限りでのみ承認する.現代法理論において,このプロジェクトは様々な形で展開されている.

プロセス化の典型とみなされているのはジョン・イリィの「参加志向的・代表補強的」司法審査論である.彼は「基本的価値の発見」という役割を裁判所に否認する一方,言論・集会の自由のような精神的政治的自由の規制を経済的自由の規制よりも厳格な合憲性審査に服せしめるいわゆる「二重の基準」論を民主的な政治変革経路の障害の除去という観点から正当化し,「孤立し切り離された少数者」の差別抑圧に対する厳格な審査も民主的政治過程における「少数者の代表の促進」という観点から正当化している[19](日本の憲法学界の慣例

---

17) ロナルド・ドゥオーキンはこの観点から,枚挙された権利と枚挙されざる権利との区別を無意味として斥けている. Cf. Ronald Dworkin, "Unenumerated Rights: Whether and How Roe Should be Overruled," in *The University of Chicago Law Review*, Vol. 59(1992), pp. 381-432.

18) この論争については,参照,服部高宏「法と政治の力学と憲法裁判――ドイツ連邦憲法裁判所批判を手がかりに」井上・他編・前掲書(註15),103-120頁.

19) Cf. J. H. Ely, *Democracy and Distrust: A Theory of Judical Review*, Harvard U. P., 1980. (佐藤幸治・松井茂記訳『民主主義と司法審査』成文堂,1990年)

に従い「二重の基準」論という言葉を使ったが,正確には「二段階審査(two-tier scrutiny)」論と呼ぶべきである.「二重基準(double standard)」という言葉は原理的一貫性のない御都合主義的な基準の使いわけが通義であり,本章第4節においても,この否定的意味において「二重基準」という言葉を用いる.違憲審査における「二重の基準」論はこの意味での「二重基準」とは無関係で,ある一貫した優先原理に立脚している.無用の誤解を避けるために,日本の憲法学者の方々に「二段階審査」論への用語の変更をお願いしたい).しかし,少数者の代表促進は単なる政治参加の機会の平等を超えて,社会的な偏見や差別を排除する実質的な平等保護を含み,さらにはドゥオーキンの言うような「平等な尊敬と配慮への権利」にも依拠しており,結局,イリィは民主的プロセスの名の下に実体的な基本権ないし価値原理を取り込んでいると言える[20].また彼は有名なハーラン・ストーン最高裁判事によるカロリーヌ・プロダクツ判決脚註4(その第2節と第3節)の司法審査論に依拠しているが,この判決自体は経済的自由規制立法への司法の謙譲性の名の下に,独占・寡占権益を求める業界の政治的圧力による立法を容認するものであったこと[21]に象徴されるように,彼の民主的プロセスの理解には利益集団多元主義をも許容する傾向がある.

　プロセス化のもう一つの流れは,利益集団多元主義を排して,共同討議による公共的価値の探求の場としての民主的政治過程を再生させようとする「熟議の民主政(deliberative democracy)」に立脚する.これは「公民的徳性(civic virtue)」と集団的自己統治を強調してリベラルな個人主義を批判する現代の「公民的共和主義(civic republicanism)」の影響を受けているが,生の多様性・寛容・自律といったリベラルな価値を完全に放棄しているわけでもない.

---

20)　参照,同書,135-136, 141-142, 253, 258-270 頁.
21)　「このケースで合憲とされた制定法は全く無原則な特殊利益立法の事例だった.ストーン判事がかくも軽々しく真に受けた『公益』と称するものによる正当化は明らかなインチキであった……判決の帰結は合法的で有益な企業の財産を収用し,労働者や貧しい人々から健康で栄養があり安い食物を取り上げ,42パーセントが砂糖であるような甘ったるいコンデンス・ミルクを乳児食として利用させて子供の健康を害することだった……二段階審査論は厳格な司法審査を受ける選ばれた憲法的範疇の創造を促進する以上のことをした.それは利益集団政治の諸力を連邦裁判所という躓きの石から解放することもしたのである」.Geoffrey Miller, "The True Story of Carolene Products," in Philip Kurland et al (eds.), *1987 The Supreme Court Review*, The University of Chicago Press, 1988, pp. 398-399.

フランク・マイケルマンには公民的共和主義の側面が濃厚だが[22]，キャス・サンスティンは「リベラルな共和主義」の観点から熟議の民主政の再生を図っている[23]．また，ユルゲン・ハーバーマスも私的自律と公共的自治の「共同起源的（co-original）」統合を図る「法の手続的パラダイム」の一環として，熟議の民主政を発展させている[24]．この立場は，「憲法判断を行う裁判所の役割を熟議の民主政の後見人（custodian）として構想」し，民主的政治過程の結論を先取りするのではなく，この過程が組織的な集票力と集金力による利益集団の特殊権益追求の場に頽落した場合に，裸の「利」と「力」を超えた「理由（reasons）」による正当化可能性を吟味する共同の熟議を促進するために，「憲法の適用が共和主義的理想と憲政実態とを切離する断絶を埋め合わせると想定される限りで」，司法の積極的介入を要請する[25]．この立場は法の支配を「理性の支配」と捉えつつ，その追求の主舞台を司法ではなく民主的政治過程に求め，司法の役割を後見的補佐に限定するものである．

　熟議の民主政の一類型だが，司法審査制を人民主権原理と統合するユニークな試みとして，ブルース・アッカーマンが展開している「二元主義（dualism）」がある[26]．これは所与の憲法枠組の下で日々営まれる代議制的立法過程としての「通常政治（normal politics）」と，この憲法枠組自体を変革する「創憲政治（constitutional politics）」とを区別する．憲法規範が通常の立法に優位するのは前者が自然権のような実体的価値を体現しているからではなく，憲法規範の創出過程たる創憲政治が通常政治よりも高次の民主性，すなわち「我ら人民（We the People）」自身による規範創出という特性を備えているからである．この特性は創憲過程への「大衆参加（mass participation）」だけでなく，この参加実践が「群衆のスタンピード」ではなく草の根レヴェルにまで

---

22) Cf. Frank Michelman, "Law's Republic," in *The Yale Law Journal*, Vol. 97 (1988), pp. 1493-1537.
23) Cf. Sunstein, *supra* note 13, pp. 17-39, 132-149, 232-290.
24) Cf. Jürgen Habermas, *Between Facts and Norms : Contributions to a Discourse Theory of Law and Democracy*, tr. by William Rehg, MIT Press, 1996, esp., pp. 238-328. 本書をめぐるシンポジウムとして，cf. Michel Rosenfeld and Andrew Arato (eds.), *Habermas on Law and Democracy : Critical Exchanges*, University of California Press, 1998.
25) Cf. *ibid.*, pp. 274-277.
26) Cf. Bruce Ackerman, *We the People 1 : Foundations*, Harvard U. P., 1991.

及ぶ国民的な「熟議（deliberation）」の遂行である点に存する．通常政治については，アッカーマンは当初これを利益集団多元主義モデルで捉えていたが[27]，サンステインらの批判[28]を受けて，熟議の要素を通常政治にも認めるに至った．しかし，熟議の主体が我ら人民自身ではなく，その代表機関たる選良に限られている点で，通常政治は依然として創憲政治に従属させられる．熟議する主体としての「我ら人民」が現出する創憲政治は，単に所定の憲法改正手続に従った通常の改正行為ではなく，憲法秩序の同一性危機に関わるような例外的・革命的実践であり，米国憲政史においては，連邦結成期，南北戦争後の「再建期（Reconstruction）」，ニュー・ディール期と三度あったとされる．

この二元論の観点からは，通常政治の産物たる立法を違憲として覆す裁判所の司法審査は，反民主的であるどころか，創憲政治で表出された「我ら人民」の判断への忠誠に依拠するものとして正当化される．さらに，ニュー・ディール期においてF・ロウズベルト大統領と衝突した裁判所の保守的司法積極主義でさえ，「我ら人民」の新しい判断が明確になる前における「我ら人民」の既存の制憲意志への忠誠として，またニュー・ディール改革が新たな創憲政治の遂行とみなされうるために超えるべきハードルを設定するものとして是認されることになる[29]．

以上のような熟議の民主政の諸理論は，民主政と理性の支配との結合を願う人々にとっては魅力的である．それは民主政が多数の専制や利益集団政治に堕する危険に対して理性の制御を設定しながら，この「理性」を自然権原理のような先在的・超越的規範として実体化するのではなく，熟議としてプロセス化することで，形式化プロジェクトに向けられる規範的無力性の批判と実体化プロジェクトに向けられる反民主的超然性の批判とをともに克服できるかに見える．しかし，このメリットは表見的なものにすぎない．

第一に，熟議の民主政は民主的立法への司法的介入を実体化プロジェクトよりも謙抑化するとは限らない．例えば，熟議の民主政を含むプロセス化プロジ

---

27) Cf. Ackerman, "Neo-Federalism?" in Jon Elster and Rune Slagstad (eds.), *Constitutionalism and Democracy*, Cambridge U. P., 1988, pp. 153-193.
28) Cf. Sunstein, "Constitutions and Democracies: an Epilogue," in Elster and Slagstad (eds.), *supra* note 27, pp. 331-336.
29) Cf. Ackerman, *supra* note 26, pp. 103-104.

ェクト一般に対して，表現の自由の保障が政治的言論に限定されてしまうという批判がリベラルな実体化プロジェクトからなされるのに対し，前者からは非政治的表現も民主的な判断形成の情報基盤となる限り保障されると反論される．ここで問題なのは，理由が違うだけで同程度に積極的な司法的介入がなされうるという点だけでなく，理由そのものの介入性である．

　リベラルな実体化プロジェクトにおいては，表現内容の質的序列化は表現の自由を保障すべき理由から排除されるが，熟議の民主政においては，まさに公共的問題に関する熟議の促進への貢献度という観点からの表現内容に対する質的評価が司法的介入の根拠となる．マイケル・サンデルがその第二の主著で展開した共和主義的な表現の自由論は，表現の質的差別による正当化を明示的に要求しているが[30]，この傾向は熟議の民主政も孕んでいる．リベラルかつ「実体化」的な司法審査は，一定の表現行為，例えば性的描写を含む文学作品に対するある民主的規制立法を，それが依拠する当該表現行為の質的評価の妥当性には立ち入らず，かかる質的評価に依拠して規制すること自体を理由に違憲とするのに対し，熟議の民主政は民主社会にとって文学作品がもつ政治的な価値ないし重要性の判断を誤ったとしてその民主的立法を違憲とする司法審査を承認しうる．この場合，民主的立法府の価値判断に対する謙譲性の欠如は前者よりも後者において甚だしい．「熟議の民主政の後見人（custodian）」として「民主政からの民主政の保護」を図る裁判所は，民主政に対する自己の責任を一定の基本的な人権の保障に限定する「リベラルな裁判所」よりも，民主政に対するパターナリスティックな干渉・介入に走り易いとさえ言えるだろう．

　第二に，民主的政治過程が「多数の専制」でも「スタンピード」でも「利益集団政治的バーゲニング」でもなく，「熟議」の遂行であると言えるための条件を熟議の民主政モデルは明示する必要があるが，この条件は単なる参加機会の平等を超えた何らかの公共的な価値の制約を含まざるをえない．参加の平等は多数の専制や利益集団政治とも両立するからである．熟議と結合される共和主義的な「公民的徳性」も，単なる政治参加への能動性に還元されない公共的価値追求を含まない限り意義を失う．反公共的な特殊権益の固守拡大を図る利

---

30)　Cf. Michael Sandel, *Democracy's Discontent : America in Search of a Public Philosophy*, Harvard U. P., 1996, pp. 55-90.

益集団も高度の参加意欲と政治的能動性を示すからである．しかし，熟議の民主政が措定する公共的価値は，その論争性と民主的決定に対する先行的制約性において実体化プロジェクトが措定する実体的価値と異ならないのではないか．

ハーバーマスは実体的理性と区別されたコミュニケーション的合理性を規範性と事実性の緊張を包容できるように構造化した法の手続的パラダイムに熟議の民主政を取り込んでいるが，彼の次の言明は「熟議」概念の公共的価値への依存性を端的に示している．「立法過程の政治において優先性をもつ問題は，いかにしてある事柄が万人の平等な利益になるように規制されうるかである．規範形成は第一次的には正義の問題であり，何が等しく万人のためになるか（what is equally good for all）を述べる諸原理に服する．人倫的問題（ethical questions）と異なり正義の問題（questions of justice）は特殊な集合体とその生活形式に内在的に連関していない．具体的な法的共同体の法は正統性をもつためにはその法共同体を超えた普遍妥当性をもつ道徳的標準（moral standards）と少なくとも両立可能でなければならない」[31]．この視点は善き生の特殊構想から独立した正義を公共的正当化の基礎とするリベラリズムの立場と通底しさえするだろう[32]．このような価値の先行措定はプロセス化や「手続パラダイム」を超えている．

たしかに，彼はフェミニズムを例にして，正義の具体的基準の発展は裁判官や代議士に委ねられるのではなく，不正を受ける当事者自身の政治的参加実践を通じて発展させられるとするが[33]，かかる参加実践を既得権固守やゴネ得を図る圧力団体の政治運動や「道徳的多数派（Moral Majority）」のような狂信的かつ偏狭な「原理主義的ポピュリズム」から区別するには，政治的要求の公共的正当化可能性の有無を判定する価値原理の先行措定が必要である．民主的

---

31) Habermas, *supra* note 24, p. 282.
32) リベラリズムの公共性観念については，参照，井上達夫『他者への自由——公共性の哲学としてのリベラリズム』創文社，1999 年，同「他者に開かれた公共性」佐々木毅・金泰昌編『公共哲学 3 日本における公と私』東京大学出版会，2002 年，143-168 頁．ハーバーマスによる正義問題と人倫問題の区別に対する批判，および彼の応答として，cf. Richard Bernstein, "The Retrieval of the Democratic Ethos," in Rosenfeld and Arato (eds.), *supra* note 24, pp. 287-305; Habermas, "Reply to Symposium Participants," in *ibid.*, pp. 384-389.
33) Habermas, *supra* note 24, pp. 418-427; *do.*, "Paradigms of Law," in Rosenfeld and Arato (eds.), *supra* note 24, pp. 24-25.

プロセスがかかる公共的価値原理を生み出すのではなく，逆に民主的プロセスの公共性がかかる価値原理に依存するのである．かかる価値原理は民主的プロセスとは独立に導出され，擁護されなければならない．

かかる価値原理の民主政に対する先行的制約性を否定するなら，熟議の民主政は「勝てば官軍」の実力説的決断主義に還元されてしまう．実際，アッカーマンは「二元論の憲法は民主的であるのが第一であり，権利保護は二次的である」として基本的人権に関する「我ら人民」の改憲権力の限界を否定し，キリスト教原理主義運動が創憲政治において勝利を収め，合衆国憲法第一修正の言論の自由・宗教の自由を廃止してキリスト教を国教化し他の信仰を禁止する憲法修正を行ったという「仮想的事例」においても，反対勢力が次の創憲政治において勝利を収めるまでは，このような憲法修正に最高法規としての妥当性を承認する[34]．創憲政治がかかる性格をもつとするなら，人民主権はそこで貫徹されるかもしれないが，それに帰せられた単なる大衆動員を超えた「熟議」の要素は，形式化プロジェクトと同程度に規範的に無力化され，多数の専制を抑止する機能をもはやもちえない．

以上，法の支配のプロセス化が形式化と実体化の限界を本当に克服しているかという観点から熟議の民主政を批判的に検討した．しかし，民主的政治過程を熟議の場とし法の支配と民主政との統合を図るという狙いそのものは魅力的である．法の支配のプロセス化の限界を克服して熟議の民主政の狙いを発展させるにはどうすればよいか．次節でこの課題に応えて「法の支配」の理念を再生させる私自身の構想を提示し，本章を結びたい．

4　正義への企て——理念化プロジェクトに向けて

1)　法概念論的基礎

私の構想は二つの理論的次元から成る．政治哲学的次元と法概念論的次元である．政治哲学的な試みは，基本的人権の司法的保障による少数者保護を民主

---

34) Cf. Ackerman, *supra* note 26, pp. 13-15.

政における司法府の主要任務とするリベラルな実体化プロジェクトが，熟議の民主政と矛盾するものではなく，むしろ民主的政治過程を公共的価値の共同探求たる熟議の場とするために不可欠の条件であることを，民主政の理念・プロセス・主体・制度に関する一つの包括的な理論に基づいて示す「批判的民主主義」の構想である．これについては別稿[35]の参照を乞い，本章では法概念論的次元の試みとしての法の支配の「理念化」プロジェクトを提示したい．

　カール・シュミットは市民的法治国家の法概念を解明するために，「法律の留保（der Vorbehalt des Gesetzes）」を「法律による（durch Gesetz）」留保と「法律の根拠による（auf Grund eines Gesetzes）」留保とに区別した[36]．前者は立法に何ら規範的制約を課さない形式的法治国家論を反映するが，後者は法の一般性要請の制約を「法律」概念の中に組み込んでおり，この一般性要請は法の下の平等を含意する正義理念に基づかしめられる．「個別的な命令の前に平等は存しないが，これに対し，法治国的意味における法律は……正義の理念によって支配され，その平等が正義を意味するのである．正しく理解された平等の概念は，正しく理解された法律の概念と不可分に結びついている」[37]とし，次のように結論する．「理性の法律や法律における理性への自然法的な信仰は著しく消失してしまった．市民的法治国を，転変する議会の多数派の絶対主義への完全な解消から守っているものは，ただ法律のこの一般的な性格に対し事実上なお残存している尊重の念だけである」[38]．

　リベラル・デモクラシーの最大の論敵の一人でありながら，その構成原理の理念的な力に対して鋭い洞察を示すというシュミットの逆説的な特色がここにもよく現われている．彼の論調は悲観的だが，ルソーの一般意志やカントの定言命法にも淵源する正義理念と法概念とのこの結合関係の内に，熟議の民主政の上述の問題を解決し，民主政における法の支配を再構築する一つの鍵がある．それが示唆しているのは，権力行使に対して形式化プロジェクトの条件より強い批判的統制力をもった法の支配の原理を，実体化プロジェクトの自然権思想

---

35)　参照，井上達夫『現代の貧困』岩波書店，2001年，第3部．
36)　Cf. C. Schmit, *Verfassungslehre*, 8. Aufl., Duncker & Humblot, 1993 (erst hrsg. in 1928). (尾吹善人訳『憲法理論』創文社，1972年，174-195頁)
37)　同書，192頁．
38)　同書，194-195頁．

に依存せず，法の内在的理念としての正義概念，しかも対立競合する正義の特殊構想が共有する正義概念に依拠して導出し，これを単なる参加保障や民主的プロセスの結果としてではなく，民主的な熟議の内容を規範的に制約する規制理念とする立場である．これを理念化プロジェクトと呼んでおこう．これはプロセス化プロジェクトと異なり，民主的政治過程に対する先行的な規範的制約として法の支配を位置づけるが，その原理を，党派的に対立し民主的政治過程の中で支持を求めて競争する様々な正義の特殊構想の次元ではなく，それらがその競合的解釈であるところの共通の正義理念の次元に求めることにより，法の支配の公共的正統性と民主政に対する謙譲性・開放性とを担保する．まず，この理念化プロジェクトの法概念論的基礎を以下のテーゼの形で要約しておきたい[39]．

正義への企てとしての法

　不正な法も法でありうるが，正義要求（正義による正当化可能性へのクレイム）を欠く法は「強盗の脅迫」（威嚇によって支持された命令）と区別されえず，もはや法ではない．法はフラーの言う「人間行動を準則の支配に服せしめる企て」に解消されず，むしろ「人間行動を正しい準則の支配に服せしめる企て」，すなわち正義への企てである．

正当化を争う権利

　法の正義要求は法の規律の正義適合性に対する被規律者からの批判的審問に応答する責任を，すなわち法服従主体に法的決定の「正当化を争う権利」を承認する責任を法に課す．この権利の保障形態には聴聞権，裁判を受ける権利，複数審級，再審制度，行政訴訟などから，言論の自由，参政権，違憲審査制，良心的拒否や市民的不服従などの非暴力的抵抗権に至るまで様々な水準があるが，法服従主体に正当化を争う権利を一切否認する支配体制は正義要求そのものを放棄しているとみなされ，もはや法秩序の名に値しない．

---

39) ここで要約する私見の基礎となる法概念論を展開したものとして，参照，本書第1章．

理念的規制論

　批判的審問に対して法が自己を正当化する理由は正義理念に適合しなければならない．もちろん正義の具体的基準を発展させる正義構想は様々に分裂対立しているが，これらの諸構想の対立が正義をめぐる対立であると言えるために，それらが服すべき共通の正義理念の制約がある．「等しきは等しく扱わるべし」という古典的定式によって表現されるこの理念は，単なる類型化要請・所与の準則への服従要請・予見可能性要請などではなく，普遍主義的要請，すなわち普遍化不可能な理由（個的同一性における差異に依存した理由）による差別の排除を意味する．この普遍主義的要請はフリー・ライディングの禁止，二重基準的差別の禁止，「既得権益（vested interests）」と区別された「権利（rights）」の公共性，集団的エゴイズムの抑止など，強い規範的含意をもつが，さらに根本的には，「自分が他者の身になったとしても受容しうる理由による差別か」という自他の立場の「反転可能性（reversibility）」のテストに立脚する公共的正当化の要請を含意する．どのような正義構想に立脚しようと，法の正当化はかかる普遍主義的要請の制約に服する．

2）　法の支配の〈強い構造的解釈〉

予見可能性保障から正義審査保障へ

　以上の法概念論的観点から，実体的自然権に依拠せずに，形式化プロジェクトよりも強い規範的意義と権力に対する批判的統制力を法の支配に付与することが可能になる．形式化プロジェクトは手続的自然法論として強化された場合でさえ，実体的自然権から独立した法の支配の構造的諸原理に対して，予見可能性・事前調整可能性の保障を基礎にした弱い意義しか付与できないが，正義への企てとしての法概念に依拠する理念化プロジェクトは，法の正当化を争う権利や法の普遍主義的正当化可能性の保障という強い意義をこれらの構造的諸原理に与える．前者を法の支配の「弱い構造的解釈」，後者を「強い構造的解釈」と呼びたい．「人の支配」＝「恣意の支配」を排除するものとして「法の支配」を位置づける点で弱い構造的解釈と強い構造的解釈は共通しているが，人間的恣意の支配の排除を前者は権力発動の予見可能性の保障と，それによる法服従主体の行動の事前調整の可能性の保障に求めるのに対し，後者は権力発

動の普遍主義的正当化可能性の保障と，そのための市民の側の「正当化を争う権利」の保障に求める．

法の支配の構造的諸原理として，ここでは，ハートが主権者命令説を批判するために挙げた法の諸特性のうちから 2 つ[40]，また，フラーが法内在道徳として挙げた 8 つ[41]，計 10 の原理を選んで，それぞれについて，弱い構造的解釈と強い構造的解釈——以下，単に「弱い解釈」と「強い解釈」と呼ぶ——の対比を見ておきたい．この 10 の原理はあくまで，例示的列挙であって制限的列挙ではないことを予めお断りしておきたい．そうは言っても，10 項目にわたる説明は多少長くなってしまうが，この 10 の原理群に関する以下の対抗解釈の例示によって，弱い解釈に対する強い解釈の特質，後者を貫く独自のライトモティーフは十分明らかにされると思う．

ハート的原理の批判的再解釈

拡大され組織化された「強盗の脅迫」としての主権者の命令に還元できないものとしてハートが注目した法の特性のうち，法の支配との関係で最も重要なものは，授権法の立法者意志に対する先行性と，立法の自己拘束性である．前者は，何らかの前法的な仕方で同定された生(なま)の人間意志によって法が創造されるものではなく，逆に，人間の事実上の意志と立法意志とが区別されうるためには，いかなる主体によって，いかなる手続で発動された意志が法創設効果をもつのかを規定する授権法が先在しなければならないとする．後者は，法が立法者自身を拘束するところに，法と単に威嚇によって支持された命令との決定的な相違があるとする．いずれも「法の支配」を「人の支配」から構造的に区別する最も基本的な原理である．問題はこれらの原理の根拠であるが，弱い解釈はそれを立法意志発動の予見可能性の保障に，強い解釈はその普遍主義的正当化可能性の保障に求める．

そこから，これらの原理に付与される意味について，次のような相違が生じる．授権法の先行性は，弱い解釈によれば，誰のどのような意志発動に従えば合法性を獲得できるのかについての予見可能性を保障するに十分な仕方で立法

---

40) Cf. H. L. A. Hart, *The Concept of Law*, Oxford U. P., 1961 (2nd. ed., 1994), chap. 4.
41) Cf. L. L. Fuller, *supra* note 14, chap. 2.

主体と立法手続が明確に同定されていることを要請するのに対し，強い解釈によれば，それにとどまらず，授権根拠自体の非恣意性すなわち普遍主義的正当化可能性を要請する．例えば，立法権者の地位の世襲制は，弱い解釈によれば，予見可能性を申し分なく保障するものとして承認されるのに対し，強い解釈によれば，特定個人の子孫という普遍化不可能な要件に授権根拠が依存しているために，授権根拠を法の支配ではなく人の支配に還元するものとして排除されることになる．カリスマ的指導者に立法権を授権する個人崇拝についても，崇拝された個人が明確に同定できるなら，弱い解釈には反しないが，崇拝対象が明確に同定できても崇拝根拠が普遍化不可能な個人的愛着や自己同一化である場合，強い解釈には反する．

　立法の自己拘束性は，弱い解釈によれば，立法者が自己の立法を正規の改正手続によって変更することなく侵犯することにより，合法性獲得条件についての予見可能性を人々から奪うのを排除することを要請するのにとどまる．これに対し，強い解釈によれば，立法の自己拘束性は，立法が立法過程を支配する政治勢力の特殊利害の隠蔽合理化ではなく，支配的政治勢力自身の「首を締め」，かかる勢力にもコスト負担や犠牲を公正に課すような普遍主義的正当化可能性の保障を意味する．したがって，一般社会へのコスト転嫁によって支配的政治勢力に利権を供与する「只乗」的立法や，既存の立法がかかる勢力の「首を絞める」帰結をもつ場合にはいつもそれを改廃するような御都合主義的・二重基準的法変更は，立法の自己拘束性を蹂躙するものである．また，強い解釈によれば，立法の自己拘束性は，多数者が被差別少数者を抑圧する手段として民主的立法を利用する危険性に対し，多数者に「自らが少数者の立場に置かれてもなお受容しうる立法か」という反転可能性の吟味を要請することにより歯止めをかける原理としても位置づけられる．本書第1章で示したように[42]，立法の普遍主義的正当化可能性要請はかかる反転可能性の吟味を含意するからである．

---

42) 本書第1章第4節(6)参照．

フラー的原理の批判的再解釈

　ここでフラーが提示した諸原理の方に目を向けよう．彼は「人間行動を準則の支配に服せしめる企て」としての法の観念に立脚し，かかる企てが最低限達成されうるための条件として，法の一般性・明確性・無矛盾性・秘密法の禁止・遡及法の禁止・最低限の時間的持続性（朝令暮改の禁止）・遵守可能性・法令と公権力の合致という八つの原理を法内在道徳として挙げたが，「人間行動の準則化」を強調する彼の法観念は，これらの原理について予見可能性・行動の事前調整可能性の保障を核にする弱い解釈とよく整合する．弱い解釈によれば，これらの原理はそれぞれ，法令の規則的適用可能性・要件効果の明確性・適用遵守における異なった法令の両立可能性・法令の公布・要件該当事実に対する立法の時間的先行性・立法の周知化と履行のための時間供与・履行の現実的可能性・超法規的権力行使の排除を要請するものと解釈される．これに対し，単なる「準則の支配」ではなく「正しい準則の支配」に人間行動を服せしめる企て，すなわち「正義への企て」としての法の観念に立脚するなら，同じこれらの原理に対して，次のような強い解釈が加えられることになる．

　法の一般性の原理は単に法令の規則的適用可能性だけでなく法令の正当化根拠の普遍化可能性をも要請するものとして強く解釈される．特定の個人ないし集団の特殊権益の擁護としてしか正当化しえない法はいかに「一般性」の形式をまとい，規則的適用が可能であるとしても「法の一般性」の理念に反する．特殊利害を志向し得ない「一般意志」というルソー的理念と結合した古典的な「法の一般性」理念の意義を，強い解釈は再生させる．

　法の明確性は強い解釈によれば，単に法令の要件効果の明確性だけでなく，その立法趣旨，すなわち正当化根拠が明確であること，しかも，法令の正当化根拠が論争的な正義構想に依拠している場合でも，あくまでそれが正義理念を志向するものとして理解しうるものであることを要請する．例えば「公園に乗り物は入るべからず」という法令は，それが公園をすべての人が安全に利用できるようにすることを立法趣旨としていることが明確である限り，「乗り物」という概念が判断を要する境界事例を含むとしても，この趣旨に照らして，身体障害者の車椅子や乳母車などの公園への立ち入りを禁じるものでないことは明らかであり，この法令は強く解釈された明確性要請に反しない．他方，「車

椅子と乳母車，幼児の三輪車は公園に立ち入るべからず」や「韓国製と中国製のオートバイは公園に立ち入るべからず」というような法令は要件をきわめて明確に規定しているが，その立法趣旨がいかなる正義志向的な正当化根拠に基づくものかが理解不能であるがゆえに，強い明確性要請に反することになる．

　法の無矛盾性は強い解釈によれば，一つの法令の適用・遵守が他の法令への違背にならないことだけでなく，異なった法令の正当化根拠をなす諸原理が全般的な整合性をもつことを要請する．一つの法規の正当化原理を他の法規（その正当化原理）が否認するなら，法はもはや正義への真摯な企てとはみなされえなくなるからである．ロナルド・ドゥオーキンが法的ルールを正当化する「原理」の法的地位を示すものとして援用した「リッグズ対パーマー事件」の法理は[43]，この強く解釈された無矛盾性原理の例証でもある．被相続人を殺害した相続人の相続欠格を定める法規がないにも拘わらず，裁判所が「何人も自己の悪行によって利得すべからず」という「非実定的」原理に訴えてかかる相続人の相続権を否定したのは，相続法が，遺言によって指定された自己の相続人たる地位を確保するという利己的目的のため被相続人を殺害した相続人に，まさにその犯行への「報償」として相続権を与えることによって，殺人を断罪する刑法の立脚する道徳原理を掘り崩してしまうことを避けるためである．

　秘密法の禁止は，予見可能性の保障のためにはすべての法令の公布を要請するものと解すれば足りるが，普遍主義的正当化可能性の保障のためには，法令の正当化根拠をめぐる審議過程や判断根拠になっている立法資料が市民による批判的吟味を可能にするような形で十全に開示されることをも要請するものと強く解釈されることになる．これは，例えば現代日本政治の文脈では，特殊権益の跋扈の舞台となっている「与党審査」[44]のような非公開かつ無答責な仕方での法案調整過程の排除をも要請する．

　遡及法の禁止は予見可能性保障の観点からは，まさに要件該当事実に対する立法の時間的先行性が確保されれば満たされたことになろう．しかし，強い解釈によれば，この原理は既存の法令の立法趣旨・正当化根拠として一般に理解

---

43) Cf. R. Dworkin, *Taking Rights Seriously*, 2nd Impression, 1978, pp. 23-31.
44) 与党審査の問題点については，大山礼子『国会学入門』第2版，三省堂，2003年，110-150, 253-258頁参照．

され受容されているものにしたがって市民が自立的に法令を解釈し，それにしたがって行動する実践を妨げるような法令の運用の変更の禁止をも要請する．先の「公園に乗り物は立ち入るべからず」という法規の例を再び使えば，「だれもが安全に公園を利用できる条件を確保すること」がその立法趣旨であることが共通理解として確立し，それにしたがって車椅子や乳母車などが公園の中に入るのを他の利用者も当然のことと受容していたにも拘わらず，当局が突然「厳格文理解釈」の方針を打ち出して，車椅子等も含めすべての乗り物の立ち入りを排除し，車椅子等の利用者も含む「違反者」すべてに所定の制裁を課すよう取締りを強化するようなことは，強く解釈された遡及法禁止原則に反する．このような運用変更は，取締まり強化開始時点を予告して予見可能性を保障したとしても，強い解釈によれば許されない．なぜなら，それは当初の立法趣旨を前提として人々が当該法規に付与していた普遍主義的正当化可能性の信認を裏切るものだからである．

　朝令暮改の禁止は，弱い解釈によれば，立法が広く社会に周知され履行されうるための時間的余裕を確保するのがその狙いであるが，強い解釈は，朝令暮改が通常は普遍主義的正当化の不可能な特殊権益を追求するための御都合主義的法変更の試みであることに注目し，かかる法変更を排除するものとして，この原理を位置づける．例えば，ある規制が一定の公益を規制目的に掲げているが，その規制が特定業界に有利な経済効果をもつことが規制導入の真の政治動機であり，そのため当初の経済条件が変動し当該規制が当該業界に不利な帰結をもつようになるや否や，直ちに別の公益を掲げて規制の改変が試みられるというのは現実の政治過程において珍しくない．このような特殊権益感応的・二重基準的な法変更を排して，特定集団の特殊権益に対する効果だけでなく広く社会一般に与える影響が明確になるまで十分な時間当該立法を実施してみた上で，特殊権益擁護を超えた普遍主義的正当化可能性を示すような成果が本当に得られたかどうかという観点から立法帰結を公正に査定し，かかる査定に基づいて法の修正発展を行うことを要請するのが，強く解釈された朝令暮改禁止原則の趣旨である．

　遵守可能性要請は弱い解釈によれば「法は不能を強いず」の法諺の通り，法的責務の対象を人間が現実に履行しうるものに限定する．予見可能性保障は国

家機関の反応の予見に応じて人々が行動を事前に調整することを可能にするのが狙いであり，履行不能な責務を法が人々に課すなら，人々は責務違背の制裁を避ける行動をとることができず，予見可能性保障の狙いが無意味になってしまうからである．これに対し，強い解釈は法を単なる責務を課す決定の体系としてではなく，かかる決定の正義適合性を絶えず批判的に吟味する論争実践を制度的に保障するものと見る．法は単なる服従ではなく，「正義への企て」という共同投企への参与を人々に要請する．この観点からは，法の遵守可能性とは，法的責務の履行可能性だけでなく，正義への企てとしての法の実践に人々が参与するために「正当化を争う権利」を行使することが現実的に可能でなければならないことを意味する．すなわち，かかる権利を具体化するために一定の救済手段を法が提供しながら，人々がそれを現実に利用した場合にさまざまな不利益が課せられ，かかる救済手段の利用が現実的に不可能になる状況を法が放置ないし創出することを排除するのが，強く解釈された遵守可能性原理の要請である．この要請が全く満たされないならば，法は「正義への企て」への参与を人々に呼びかけておきながら，この呼びかけに応じた者を「罰する」という根本的な欺瞞を犯すことになるだろう．したがって，強く解釈された遵守可能性原理を表現するものとして，「法は欺かず」という法諺を導入することが適切だろう．搾取虐待される「不法就労者」のために人権相談の窓口を法務省・労働省・自治体などが設けながら，不法滞在にも適用される違法行為通知義務が相談にあたる公務員には課されたままであるため，かかる窓口が救済を求める人々にとっては「罠」になりうるというような事態[45]，さらにより一般的には，司法インフラの貧弱さなどにより訴訟が大きなコストや犠牲を覚悟せずには不可能であるというような事態は，まさに「法が欺く」典型例である．

　例示的解説の最後の項目として，法令と公権力の合致に触れておく．弱い解釈によれば，これは予見可能性を損なうような超法規的権力行使の禁止を意味する．強い解釈は，権力行使が合法的になされる場合にも見られる法の「普遍主義的な建前」と権力の「特殊主義的な本音」との乖離の制御の要請としてこの原理を理解する．すなわち，法令が自己の普遍主義的正当化可能性を示すた

---

[45]　この事態の問題性の指摘として，桂木隆夫「日本社会と外国人受け入れ問題」井上達夫・名和田是彦・桂木隆夫『共生への冒険』毎日新聞社，1992年，245-248頁参照．

めに一定の「公共的立法目的」を建前として掲げながら,現実には不正な差別や特殊権益保護を政治的動機として制定され,その政治的動機が法令の運用実態に具現することは,現代民主主義諸国の現実の政治過程で頻繁に起こっている.いわゆる「中立的法言語による差別」,すなわち,公衆衛生など公共的目的を掲げながら,そのための規制の不利益を特定の被差別少数者のみが受けるように標的をしぼった一般的基準の操作は[46],米国の移民排斥立法の常套手段であり,「過当競争による品質・サーヴィス・安全性の低下から消費者を保護する」ことを口実にした規制によって寡占勢力の既得権保護を図るというような「特殊権益の公共性偽装」も我が国を含む産業民主主義諸国のありふれた現実である.ナチ・ドイツやアパルトヘイト体制下の南アフリカ共和国のような,法治国家と権力国家があからさまに分離する「二重国家」的体制だけでなく,現代の「健全」な民主主義諸国の政治過程をも毒するこのような法と権力実態の乖離を排除するために,一般的要件の差別的・標的化的操作や,「公共的」規制目的の実現に不必要な特殊権益保護のための規制手段等に対する司法的統制を,法の下の平等という憲法原則の解釈の実質化や,いわゆる LRA 基準の活用などにより強化することは,強く解釈された「法令と公権力の合致」要請に即応するものである.

民主的討議の活性化と公正化の条件としての法の支配

　以上,法の支配の構造的特性を示す 10 の原理に則して,弱い解釈との対比で,強い解釈のもつ意義の解明に努めた.法の支配を何らかの特定の正義構想と直結させるのではなく,対立競合する正義構想に通底する普遍主義的正義理念に依拠させることにより,正義構想をめぐる民主的な討議過程・批判的再吟味過程を凍結するのではなく,むしろ促進しつつ,この過程が単なる数や利の力による権力闘争ではなく,共に正義を志向する人々の間の公正な言説競争であり,その産物たる立法がこの言説競争の敗者に対しても正統性をもつための

---

46) 中国系移民排斥を狙った cubic air law(一人当たりの占有空間が一定体積以下の下宿屋は公衆衛生等の観点から望ましくないとして下宿人に罰金や禁錮刑を課したカリフォルニア州の法令で,大家族主義で住む中国人の居住家屋が標的にされていた)などは,その典型である.Cf. C. J. McClain Jr., *In Search of Equality: the Chinese Struggle Against Discrimination in Nineteenth-Century America*, California U. P., 1994, pp. 65-69.

条件を保障する役割を，強い構造的解釈が果たしうることがある程度は示せたのではないかと思う．民主政において法の支配に託されているのはまさにこのような役割である．参考までに，以上の説明を表にまとめておく（章末）．取り上げた10の原理はあくまで例示的列挙なので，この表は末端がオープンになっていることに留意されたい．法の支配の理念化プロジェクトに共鳴しその精神を会得された読者に，新たな構造的原理の強い解釈をリストに付加してこのプロジェクトを発展させていただきたいという願望もそこにある．なお，付言すれば，法の支配の構造的原理には予見可能性保障を基礎にした弱い解釈がそもそも不可能で，正義への企てとしての法の観点から強い解釈を加えるしかないものもある．例えば，「自然的正義（natural justice）」の一つとして挙げられる「何人も自己の事件の裁判官たりえず」という原理などである．これらの原理も含めて，法の支配の強い構造的解釈を洗練発展させる企てへの参加を，共鳴的読者に呼びかけたい．

　なお，法の支配の「強い構造的解釈」を提示するこの理念化プロジェクトは，司法審査制と結合した立憲主義的人権保障制度を法の支配の望ましい好条件として是認するが，その本質的・必然的要素とはしない．それは，このような制度を欠いた法社会においても妥当する法の支配の理念的基礎を示す．多数の専制に対する防御は，反転可能な公共的正当化の要請を立法過程を支配する多数者に課すこと，すなわち，多数者が少数者になったとしても受容しうるような理由による立法の正当化の要請に求められる．権力分立原理については，立法権と司法権の分立は特に立法の自己拘束性の，立法権と行政権の分立は特に法の一般性の，司法権と行政権の分立は法令と公権力の合致や遵守可能性の，それぞれ制度的保障として求められる．ただ，理念化プロジェクトの観点からは，かかる権力分立原理はシュクラーの言う「恐怖からの自由」の保障に解消されず，法の正当化を争う権利や法の普遍主義的正当化可能性の保障により正義を志向する「理性の支配」を担保する狙いをもつ．

　以上，正義への企てとしての法の概念に立脚する理念化プロジェクトの骨子を素描した．「正義」，「普遍主義的要請」，「理性の支配」――こういった一連の言葉は現代思想に瀰漫するポストモダン的心性にとっては，「おぞましい禁

句」であろう．しかし，実定法秩序や体制的権力を超越的真理として批判免疫化する言説にそれらを還元してしまうのは短絡であり，この手の短絡思考習慣自体が我々の批判的構想力を枯渇させる言説権力と化しているとさえ言える（もっとも，ポストモダンの指導的論客であるジャック・デリダが「法は脱構築可能だが，正義は脱構築不能である」とする視点を示すに至ったのは不完全ながら望ましい方向への発展の一歩である）[47]．既に明らかなように，理念化プロジェクトがこれらの言葉にこだわるのは，法の支配を権力の自己合理化装置から，批判的審問の法廷に権力を絶えず引き出す理念へと転換するためであり，権力行使の正当性をめぐる論争の参加者に，自己の主張を自己の視点だけでなく他者の視点からも受容しうるべき公共的な理由に基づかしめることを要請するためである．かかる理由を要請する正義理念に依拠してはじめて，民主的政治過程も剝き出しの権力闘争や数と利によるバーゲニングの場から，熟議の場へと転換することが可能になる．

---

47) Cf. J. Derrida, "Force of Law: the 'Mystical Foundation of Authority'," in *Cardozo Law Review*, Vol. 11 (1990), pp. 920-1045 (堅田研一訳『法の力』法政大学出版局，1999年)．デリダの「望ましい発展」に対する私の批判的留保として，井上達夫『普遍の再生』岩波書店，2003年，序文 xi, xvii 頁参照．正義の脱構築不能な要素を明確に同定するためには正義概念と正義構想の区別が必要であり，法の脱構築可能性を単なる実定法へのイデオロギー批判に終わらせないためには前章と本章で示したような「正義への企てとしての法」の批判的自己修正力の解明が必要であるが，デリダの「法」論はこれらの点に対して何ら示唆を与えていない．

構造的原理としての法の支配――二つの解釈モデル

法の支配の構造的原理	弱い解釈 ＝予見可能性・事前調整可能性の保障	強い解釈 ＝正当化を争う権利と法の普遍主義的正当化可能性の保障
授権法の立法者意志に対する優位	授権規範による立法主体・立法手続の明確な同定	授権根拠の普遍化可能性要請（世襲制・個人崇拝の排除）
立法の自己拘束性	正規の改正手続によらない法変更の禁止	立法者のfree ridingと二重基準的（御都合主義的）法変更の禁止，少数派に対する「反転可能性」のない差別・抑圧の禁止
法の一般性	規則的適用可能性	法令の正当化根拠の普遍化可能性
明確性	要件効果の明確性	正当化根拠の理解可能性
無矛盾性	適用遵守における両立可能性	正当化原理の全般的整合性
秘密法の禁止	法令の公布要求	立法の正当化根拠に関わる審議過程の公開と立法資料の情報開示
遡及法の禁止	要件事実に対する立法の時間的先行性	立法趣旨からの類推可能性・市民の自立的法解釈の保障
最低限の時間的持続性（朝令暮改の禁止）	立法の周知条件・履行条件の保障	特殊権益感応的・二重基準的な法変更の禁止，立法帰結の是非の公正な査定の要求
遵守可能性	履行可能性 （法は不能を強いず）	法的救済手段の利用者に対する障害除去・不利益処分の禁止 （法は欺かず）
法令と公権力の合致	超法規的権力行使の禁止	立法の正当化理由と政治的運用動機の乖離の排除 （中立的法言語による差別や特殊権益の公共性偽装の排除）

第 II 部

法存在論
法はいかにして存在しうるのか

第3章　法の存在根拠は決定か正当化か
　──ケルゼンを突き刺すルール懐疑の毒牙

1　二つの法実証主義

1)　法実証主義とは何か

　法実証主義の概念は必ずしも明確ではないが，この名で呼ばれる諸法理論の基本的性格は一応次のようなテーゼによって示されよう．すなわち，妥当する法的標準とそうでないものとを区別するための道徳から独立したテストが，あらゆる法体系について存在する．ある標準がこのテストをパスするか否かは，当該社会の成員の諸行態（信念や意識等も含めて）に関する事実にのみ依存し，その標準の内容の道徳的または政治的な正当化可能性には依存しない[1]．
　H・ケルゼンの法理論もこのテーゼを共有するものと見てよい．たしかに彼は法的標準の妥当性が規範的なものであることを力説するが，法的標準の規範的妥当性の究極の前提とされる「根本規範（Grundnorm）」が妥当性を付与さるべき法的標準の同定のための必要十分条件として定めているものは，ルール

---

[1]　現代の最も洗練された法実証主義者の一人であるJ・ラズは，彼が「強い社会的テーゼ（the strong social thesis）」とか「源泉テーゼ（the sources thesis）」と呼ぶ次のようなテーゼをもって，彼が支持するようなタイプの法実証主義のバックボーンであるとしている．すなわち「ある法理学的理論が受容可能なのは，法の内容の同定と法の存在の決定のためのその理論のテストが，価値中立的なタームによって記述され得る人間行態の事実にのみ依存し，道徳的論証に訴えることなく適用され得る場合のみである」（Cf. J. Raz, "Legal Positivism and Sources of Law," in *The Authority of Law*, Oxford U. P., 1979 (cited as *AL*), pp. 39f.）．
　　このテーゼは法についての一階のテーゼとしてではなく，法理論の適合性条件に関する二階のテーゼとして定式化されているが，本文で示したテーゼとほぼ等価と見て差支えない．

を創造する人間行態についての事実だからである[2]．法的標準に規範的妥当性を承認することと先のテーゼを採ることとは論理的に両立可能である[3]．別の観点から言えば，法命題が真理条件において人間行態に関する事実言明に還元されるという主張は，法命題が意味において後者に還元されるという主張を含意しない[4]．

　法実証主義のこの基本的テーゼを，法適用過程の見地から考察するならば，少なくとも二つの相対立する解釈が可能である．すなわち，

(I) 裁判所がそれを適用する法的義務を有する法的標準と，裁判所が裁量によって適用し得るにすぎない非法的標準とを区別する事実的テストが存在する．

(II) 法的標準は，判決に先立って与えられ裁判所がそれを適用する法的義務を有するという性質のものではない．裁判所は「先在する法(pre-existing law)」を発見するのではなく，裁判所が法を創造するのである．法的標準とそうでないものとを区別するテストは，裁判所による採択という事実である．

　テーゼ (I) が承認しテーゼ (II) が否認する裁判所の法適用義務に「法的」という形容を付したのは，この義務が，もし存在するならば，通常の市民の法的義務と同じ性格をもつということを含意していない．「法的義務」という言葉は，ここでは，法という制度の存在の内在的帰結として成立し，それゆえ，法理論が説明できねばならない義務という緩やかな意味で用いられている．

　法実証主義の基本テーゼは，従来多くの場合暗黙裡にテーゼ (I) として解

---

2) Cf. H. Kelsen, *Reine Rechtslehre*, 2. Aufl, Franz Deuticke, 1960 (als *RR. II* angeführt), S. 200-204 et passim. もっともケルゼンの法理論においては，ルール創造行為の事実は効力発生のための必要十分条件ではあるが，効力存続のための十分条件ではない．「実効性 (Wirksamkeit)」が効力存続要件として必要である．しかし実効性もルールを適用・遵守する人間行態の事実に存するから，このことは本文のテーゼをケルゼンが共有していることをむしろ証示している (Cf. Kelsen, *RR. II*, S. 10ff., 215-221).

3) Cf. J. Raz, "Legal Validity," in *AL*, pp. 152f.

4) Cf. R. M. Dworkin, "No Right Answer?" (cited as 'NRA'), in P. M. S. Hacker and J. Raz (eds.), *Law, Morality and Society*, Oxford U. P., 1977, pp. 70f.; "Appendix: A Reply to Critics," in *Taking Rights Seriously*, 2nd impression, Harvard U. P., 1978 (cited as *TRS*), p. 348.

釈されていたようだが，法実証主義を裁量理論と結びつけ，裁判における法的推論の視角から法実証主義を批判したR・M・ドゥオーキンが，テーゼ（I）のような法実証主義の定式化を明示的に与えた[5]．ドゥオーキンの批判によって惹起された現代英米法理学界における法実証主義論争は，テーゼ（I）またはその変型を支持する陣営と，法実証主義的テストによってカヴァーされえないにも拘わらず，裁判所がそれを適用する法的義務を有する標準が存在すると主張するドゥオーキンのような立場との間で闘わされている[6]．

かかる論争の両陣営はともに，判決に先在し，裁判所がそれを適用する法的義務を有する法的標準——その同定がいかなる道徳的考慮にも依存しないことを主張するにせよ否認するにせよ——の存在を前提している．換言すれば，仮に裁判所が裁量権の行使によって立法を行うことがあるとしても，適用義務を裁判所がもつ法的標準の適用行為は，これとは原理的に区別可能なものとして存在するという前提が共有されている．

これに対し，テーゼ（II）として解釈された法実証主義は，先在する法的標準を適用する義務という観念そのものを排斥し，その結果として，立法と法適用の区別を否認する．この点で実証主義的法理論としては（I）よりも一層ラディカルである．あらゆる法は「裁判官立法（judge-made law）」であり，それゆえ「事後法（*ex post facto* law）」であるとしたJ・C・グレイの法理論が[7]，

---

5) Cf. R. M. Dworkin, "The Model of Rule's," in 35 *The University of Chicago Law Review* (1967), pp. 14-46 (esp. pp. 17f.).
6) この論争の概要を知るための最適の文献は，ドゥオーキンが主要な批判者に逐一応えている次の二つであろう．Dworkin, "Social Rules and Legal Theor'y," in 81 *The Yale Law Journal* (1972), pp. 855-890；'Appendix: A Reply to Critics', in *TRS*, pp. 291-368. なお本章では立ち入れないが，ドゥオーキンは，彼の主張の認識論的基礎を反省し，法命題の意味論的・認識論的身分に関する理論としても彼の主張を再定式化しており，興味深い問題を提起している．Cf. Dworkin, "NRA," in Hacker and Raz (eds.), *op. cit.*, pp. 58-84；"Can Rights be Controversial ？" in *TRS*, pp. 279-290；"Introduction" to Dworkin (ed.), *The Philosophy of Law*, Oxford U. P., 1977, pp. 1-9.
7) Cf. J. C. Gray, *The Nature and Sources of the Law*, 2nd ed., Columbia U. P., 1921 (cited as *NSL*), pp. 84-125. グレイは裁判所＝裁判官の集団が真の法創造主体であるとするが，裁判官の集団が全く恣意的に法を創造しうる絶対的権限を有しているという主張は否定する．すなわち，彼によれば「裁判官は国家の機関にすぎず，国家組織（the organization of the State）が与えた権限のみを有する．そしてそのような組織が何であるかは国家の真の支配者（the real rulers of the Strate）の意志によって決定される」（*op. cit.*, p. 121）．この「真の支配者」は法形式上の主権者とは必ずしも同一ではなく，例えば民主制国家の真の支配者は一人のデマゴーグや政治ボスであるということもありえる（*loc. cit.*）．裁判官の行動がこの支配者の課した制限内にあるか否かの判断は通常は裁判官自身に委ねられているが，「最も肝要な事柄（the most vital matters)」につ

かかる立場の顕著な例であると言えよう．

　一見奇矯に見えるこの立場も，裁判実践における裁判官の創造的活動を考えるならば，無視できない問題を投げかけている．ただし，テーゼ (II) は「裁判官」や「裁判所」の概念に依拠している以上，整合的であるためには若干の限定が必要である．すなわち，これらの概念を法的概念として構成する限り，裁判官たる者に法的問題を終局的に裁定する権能を授ける法的標準が，裁判官の判決行動に先立って存在することを承認せねばならない．ある者が裁判官たりうるのはかかる法的標準によってである[8]．もっとも「裁判官」ないし「裁判所」の概念が政治学的または社会学的概念によって規定されうるなら話は別である．しかし，裁判所の政治的または社会的影響力の変動に関わりなく同一の管轄をもって存続するその権能や，構成員の交代に関わりなく維持される裁判所の同一性——テーゼ (II) の立場で法体系の同一性を説明するには裁判所の同一性に依拠せざるをえない——をこのような仕方で説明しうるか否かは大いに疑問の余地があろう[9]．いずれにせよ，テーゼ (II) は，裁判所に法的問題を終局的に裁決する権能を授与する法的標準以外の法的標準については整合的な主張でありうる．

　テーゼ (I) は裁判所による立法と法の適用とを区別するが，法の適用は常に一義的な明白性をもって機械的に遂行されうるとする主張を前提または含意していない．法的標準の意味はしばしば曖昧であり，その確定は裁判所の「判断」を要するとする主張，およびその判断に際して裁判所は多かれ少なかれ裁

　　いては真の支配者自身が決定する．そして国家組織の「本質そのもの (the very nature)」と矛盾する裁判官の決定は法ではない（*ibid.*, p. 122）．
　　　グレイのかかる主張は，政治学的概念を一切使用せずに法概念を構成することは不可能であるとする立場に導くであろう．しかしいずれにせよ，かかる制約はきわめて不確定なものであり，通常の場合は無制約に近い裁量権を裁判官は有すると考えられている（*ibid.*, pp. 124f.）．なお，参照，註 10．
8) Cf. H. L. A. Hart, *The Concept of Law*, Oxford U. P., 1961 (cited as *CL*), p. 133. かかる標準自体の適用をめぐって論争が起こったときに，裁判所がそれを有権的に裁定するということもありうる．しかし裁判所がこれをなしうるのは，当の標準——これは実際には，訴訟手続，裁判所の組織構成，管轄等に関する様々な標準の複合体であるが——が自らの曖昧な部分についての解釈権を裁判所に与えているからである．
9) ハートは「習慣的服従」の概念によっては主権者の同定は不可能であり，立法権能の持続性を説明しえないとして，オースティンの法理論を批判した（Hart, *CL*, pp. 49-76）が，裁判所の概念を習慣的服従の概念によって規定する試みにも同様の困難があるとする（*ibid.*, p. 133）．

量を行使するという主張は，テーゼ（I）と両立しうる．テーゼ（I）の核心は，裁判所が適用義務のある法的標準の意味の不確定な部分を裁量を伴う自己の判断によって確定する場合と，かかる法的標準が全く存在せず，裁判所が自己の裁量によって適用すべき標準を選択する場合との間には法的にレレヴァントな相違が存在し，しかも両者は社会的事実のみに基づいたテストによって区別されうるとする主張である．

　テーゼ（II）はこの二つの場合の区別自体を否定し，前者のように見える場合でも，実際には裁判所は後者の場合と同じことをしているとする．もっともテーゼ（II）は，裁判官が法の創造において全く恣意的に行動すると主張しているわけではない．裁判官が判例や自ら受容する道徳的諸標準，あるいは政治的権力の意思等に事実上影響されることを承認することはこのテーゼと矛盾しない．ただテーゼ（II）はこれらが先在する法として裁判官を規範的に拘束するということを否認するのである．これらはたかだか裁判官がそこから法を汲み取る源泉，すなわち「法の源泉（sources of the Law）」[10]として扱われるにすぎない．法の源泉が法でないのは，木が机でないのと同様である．同じ木から机もできれば簞笥や揺椅子もできるように，裁判官は同じ法の源泉から異なった法を作ることができる．また仮に木が，加工を受けるまでもなく既に机の

---

10)　この語を本文に示されるような意味で用いたのは，言うまでもなくグレイである（Cf. Gray, NSL, pp. 84, 123ff., 170f., 308f.）．この語を「法源」ではなく敢えて「法の源泉」と訳したのは，前者が法そのものの存在形式という意味で使用されるのが通例だからである．グレイは 'Sources of the Law' を 'the Law' ではないものとしてこれに対置したのである．
　グレイは，通常「法」とみなされている「制定法（statutes）」や「判例（judicial precedents）」や「慣習（custom）」も，「道徳（morality）」や「専門家の意見（opinions of experts）」と同様に，このような意味で「法の源泉」にすぎないとする（Cf. loc. cit.）．しかし彼がかかる法の源泉の裁判所に対する法的拘束力を首尾一貫して否認し切れているか否かは，裁判権能を付与する法的標準は別にしても，なお疑問なしとは言えない．なぜなら，註7で触れたように，グレイは「真の支配者」によって決定された国家組織の「本質そのもの」に矛盾する裁判所の決定は法ではないとしたが，このような「本質」はしばしば成文憲法や憲法慣習に体現されるからである．しかし本章ではグレイの法理論そのものではなく，少なくともその一側面として抽象できるテーゼ（II）を問題にしているのであるから，この点に立ち入る必要はあるまい．
　なお，グレイが判例も法の源泉にすぎないとしている点は若干コメントを要するかもしれない．「すべての法は裁判官立法である」というテーゼは「すべての法は判例法である」というテーゼと異なることに注意せねばならない．前者は，各々のケースにおいて何が適用さるべき法であるかは予め確定されているのではなく，そのケースを終局的に裁定する権限をもつ裁判所のみが決定しうるとするものである．先在する法としての権威を否認される点では，過去のケースにおける裁判所の決定も例外ではない．

形態を備えていたとしても，人間がそれを机として使用しない限り「道具」としての机は存在しないように，法の源泉が既に明確な形態を有していても，裁判官がそれを法として使用しない限り，それは法ではない．

2) ケルゼンの自己理解

以上，二つのタイプの法実証主義を素描したが，ケルゼンの法実証主義はいずれのタイプに属するものであろうか．あるいはいずれにも属さないのであろうか．

ケルゼンが自己の法理論はテーゼ（I）のタイプに属するものであることを主張していることは明らかである．たしかに彼は立法と法適用の区別を相対化したが，この区別を否定したわけではない．ケルゼンによれば，あらゆる「法規範」の定立は，妥当する「法規範」の定立であるためには，他の妥当する「法規範」によって授権されていなければならない．しかもあらゆる「法規範」の定立は，それを授権する「上位規範」の内容を具体化するものである．したがって，あらゆる「法規範」の定立はそれを授権する「上位規範」の適用である．この意味で，立法府による一般的法律の定立もそれを授権する憲法の適用である．他方，裁判所の判決も，それを規制する手続的・実体的「法規範」の適用であると同時に，当事者に関する「個別的法規範」の定立である．かかる「個別的法規範」の定立において，裁判所は「一般的法規範」の抽象的意味を具体化し，その際「一般的法規範」そのものにおいては与えられていない「何か」を付加する．この意味で判決は「構成的（constitutive）」機能を有するが，これが可能なのは，「個別的法規範」の定立権能を裁判所に付与する手続的な「一般的法規範」と，「個別的法規範」の内容に具体化さるべき実体的な「一般的法規範」とが，判決から独立して客観的に妥当しているからである[11]．

ケルゼンにおける立法と法適用の区別の相対化が以上のような意味のものであるとすれば，これはテーゼ（II）のように判決に先立って妥当する法的標準の存在を否認するものではなく，むしろテーゼ（I）に与するものである．実際，ケルゼンはグレイの法理論をとりあげ，これを二点に亘って批判している．

---

11) Cf. H. Kelsen, *General Theory of Law and State*, Harvard U. P., 1945 (cited as *GTLS*), pp. 127f., 132-136, 144-146; *RR. II*, S. 239-251.

第一の点は既に触れたところであり、裁判所が裁判所たりうるのはそれに裁判権能を付与する法的標準が先在するからであるということをグレイが正当に評価していないという点である[12]。第二の点は、制定法や判例や慣習法も道徳や専門家の意見と同様、法ではなく法の源泉にすぎないとするグレイの主張[13]に関わる。ケルゼンはこの点につき「法的に拘束する（legally binding, rechtsverbindlich）」源泉と、法的拘束力をもたず判決に「事実上影響を与える（tatsächlich beeinflussen）」にすぎない源泉とをグレイが混同していると批判する。ケルゼンによれば、道徳的原則や専門家の意見は判決に事実上影響を与える要因にすぎないが、制定法や判例、慣習法は「裁判所を（法的に）拘束する（binding upon courts）」標準であり、それゆえ、真に「法」なのである[14]。

たしかにケルゼンはグレイと同様、裁判所の法創造機能を重視し、制定法等の一般的標準はその意味の抽象性の故に、法創造過程全体の中では未だ「半製品（semi-manufactured products）」にすぎず、社会生活の現実と接点をもつには裁判所等の法適用機関による具体化を要することを認める[15]。しかし、それにも拘わらず、ケルゼンにとって、裁判権能を付与する手続的「法規範」のみが存在して判決の内容を規制するいかなる「一般的法規範」も存在しない場合と、かかる「実体的規範」が存在する場合とでは、裁判所の裁量ないし法創造機能の限定の程度において差がある。たしかに、この「実質的限定（material determination）」にも程度の差があり、それに応じて裁判所の自由裁量の程度も変化する。しかし、まさにこのことは、「実体的規範」が法的に「無」ではないことを示している。実体的な「一般的法規範」も判決の内容を様々な程度において規制できるのであり、裁判所を法的に拘束する標準として判決に先立って妥当しているのである[16]。

このような見地からケルゼンは、裁判所は決して法を創造せず単に機械的に法を適用するだけであるとする神話を斥ける一方で、「すべての法は裁判官立

---

12) Cf. Kelsen, *GTLS*, pp. 151f.
13) 参照、註 10.
14) Cf. Kelsen, *GTLS*, pp. 152ff ; *RR. II*, S. 259f.
15) Cf. Kelsen, *GTLS*, p. 135 ; *RR. II*, S. 243.
16) Cf. Kelsen, *GTLS*, pp. 130, 133f., 144-146 ; *RR. II*, S. 238, 247-250.

法である」というテーゼも斥け,「真理は中間にあり」[17]とする.ともに立法と法適用の絶対的分離を否認するグレイとケルゼンとの対比を標語的に表現すれば,前者が「法の適用は法の創造である」と主張するのに対し,後者は「法の創造は法の適用である」と主張すると言えるかもしれない[18].

　以上述べたことから明らかなように,ケルゼンの法実証主義は,彼が主張するところに従えば,テーゼ（I）のタイプに属する.もう少し詳しく言えば,ケルゼンは次の三つのテーゼを受容している.

(1) 裁判権能を付与する法的標準のみならず,判決の内容を規制する一般的な法的標準も判決に先立って存在し,判決を法的に拘束できる.
(2) 判決に事実上影響を与えるにすぎない非法的標準と,判決において裁判所を法的に拘束する（すなわち,裁判所がそれを適用する法的義務をもつ）法的標準とが,社会的事実に基づくテストによって区別されうる.
(3) 先在する法的標準の適用において,裁判所がその標準の抽象的意味を自己の裁量によって確定する場合と,かかる法的標準が存在しないときに適用すべき標準そのものを裁判所が裁量によって選択する場合とは区別されうる.

　問題は,ケルゼンがかかる主張を彼の理論体系の中でなしうるのか否かである.換言すれば,かかる三つのテーゼを解明し支持しうるような理論を,ケルゼンの法理論が与えうるのか否かである.結論を先取りすれば,この問題は否定的に答えられざるをえない.これらのテーゼを基礎づけるためには,裁判権能を付与する法的標準を例外とするように限定されたテーゼ（II）をも論駁し,内容的な法的標準の裁判所に対する法的拘束力を説明できなければならない.しかしケルゼンの法理論はかかる説明を与ええず,限定されたテーゼ（II）と彼の立場とを区別する法理論的根拠を提示できていないように思われる.この問題は単にケルゼンの法理論の内的整合性に関わるだけではなく,法は有権的

---
17) Kelsen, *RR. II*, S. 260.
18) この標語的表現は M・P・ゴウルディングに負う. Cf. M. P. Golding, "Kelsen and the Concept of 'Legal System'," in 47 *Archiv für Rechts-und Sozialphilosophie* (1961), p. 380.

決定としてのみ存在するのか，それともそれを超えるものなのかという法存在論の根本問題に連なる．以下ではこの問題について考えてみたい．先ず，テーゼ (II) の基礎をなすものが何かを検討する必要がある．

2　司法的決定の終局性とルール懐疑

　テーゼ (II)――以下では，上述のような限定されたテーゼ (II) だけを問題にする――においても，法はなお個々の判決の総体としてではなく，これらの判決において使用される標準ないしルールの総体として規定されている．しかしこの立場は，判決に先立って存在する法的ルールの判決に対する規範的拘束力を否認するものであるから，「ルール懐疑 (rule-skepticism)」の一種であると言ってよい．

　この立場に立ちながらなお法は一般的言表によって定式化されうると考えるならば，裁判官の行動の規則性の記述ないしかかる行動の一般化された予言として法を規定する他はなかろう．かかる法の観念は周知のように，O・W・ホームズ[19]にその萌芽が見られ，K・ルーウェリン[20]らによって発展させられた．判決の規則性ないし予見可能性を信じることが，J・フランクの言うように，失われし父親の権威の代償物を求める幼児的願望思考の残滓にすぎないのか否かは問題のあるところである[21]．フランクが自己の立場を同じくリアリズム法学の陣営にあるルーウェリンらの立場から区別するために，自分のような立場にある者を「事実懐疑家 (fact-skeptics)」と呼び，ルーウェリンらを「ルール懐疑家 (rule-skeptics)」と呼んだのは周知の通りである．「ルール懐疑」なる表現は彼のかかる命名に由来する．フランクが事実懐疑の視点からルール懐疑を批判するとき，問題とされたのは，ルーウェリンらが下級審における事実認定過程の現実を無視して，判決の規則性ないし予見可能性の「幻想」になお浸っているという点であった[22]．しかしフランクの批判が正当だとしても，法的

---

19) Cf. O. W. Holmes, "The Path of the Law," in *Collected Papers*, 1920, pp. 167-202. もっともホームズはかかる予見の確実性を信じてはいない．彼にとって法的安定性あるいは「確実性は一般的に幻想である．安心は人間の運命ではない」のである (*op. cit.*, p. 181).
20) Cf. K. Llewellyn, *The Bramble Bush*, Oceana, 1930.
21) Cf. J. Frank, *Law and the Modern Mind*, Brentano's, 1930 ; *Courts on Trial*, 1949.

ルールの判決に対する規範的拘束力を否認するというルール懐疑のより基本的な主張が否定されたわけではない．ここでテーゼ (II) がルール懐疑の一種であると言うとき，まさにルール懐疑のこの側面に注目しているのである．フランクに批判されたような側面を取り除き，ルール懐疑を次のような主張として徹底させることは可能である．すなわち，法は，裁判所組織を構成するルールと，このルールの下で裁判権能を付与された者による個別的な有権的決定の総体とから成る，と[23]（行政処分はここでは考えないことにする）．

さて，先在する法的標準の，判決に対する規範的拘束力を否認するという意味でのルール懐疑の，最も重要な論拠の一つは次のようなものである．裁判制度の一つの主要な機能は紛争の解決である．しかし裁判所の決定がおよそ紛争を解決しうるためには，その決定に不服な者はいつでも自由にそれを無視できるという状況を排除しなければならない．そのためには不服申立ての方法が制限されるだけでなく，もはやその決定を上訴によって覆すことの不可能な最終審の裁判所が存在しなければならない．通常各法社会はかかる最高の法廷を有し，その決定には法的問題を終局的に確定する権威が認められる．かかる最高の裁判所は当該ケースの事実についてだけでなく，当該ケースに適用さるべき法的標準が何であるか，それが何を意味するかについても終局的決定権を有する（事実認定が下級審の裁判所の専権に属する場合もあるが，ここではこの点は無視してよい）．かかる裁判所の決定は，当該法社会において何人も従わざるをえないものとして強制的に通用させられる．かかる裁判所の判断に対し，それが法的標準の同定を誤っているとか，その解釈を誤っているとか批判することは法的に無意味である．立法によってかかる裁判所の決定の効力を廃止できる場合もあるが，立法に訴えざるをえないということ自体がかかる批判の無意味さを証明している．しかもかかる立法の有効性とその解釈についても，この裁判所が終局的判断権を有するのである．したがって，この裁判所こそが法を同定する終局的権限をもつのであり，この意味で，法とは裁判所がこれが法

---

22) Cf. J. Frank, *Courts on Trial*, pp. 73-77.
23) ケルゼンもグレイの立場を「裁判所の判決を決定する如何なる一般的法規範も存在しない．法は裁判所の判決のみから成る」というテーゼに帰着するものと考えている．Cf. Kelsen, *GTLS*, pp. 153, 155; *RR. II*, S. 274; *Allgemeine Theorie der Normen*, Manz-Verlag, 1979 (als *ATN* angeführt), S. 349, Anm. 170.

であると述べているものである（'The law is what the courts say it is.'）[24]．

グレイ自身がこの種の議論を彼の主張の一つの根拠にしていることは次のような箇所から容易に読み取れる．

　ホウドゥリー主教はかつて言った，「書かれたまたは語られた法を解釈する絶対的権限を有する者は誰であれ，その者こそが実際には真の立法者（the Law-giver）なのであって，最初にその法を書きまたは語った者が立法者なのではない」と．まして，単に法を解釈するのみならず何が法であるかを言う絶対的権限を有するもの〔裁判所〕においてはなおさらである．[25]

　一社会の法がその裁判所によって適用されるルールの総体であるとするならば，制定法は単に法の源泉の一部としてではなく，法そのものの一部としてみなさるべきであると主張されるかもしれない．〔中略〕そしてもし制定法が自らを解釈するならば，これは真であろう．しかし制定法は自分で自分を解釈しない．その意味は裁判所によって宣明される．制定法が社会に法として負わせられるのは，裁判所によって宣明された意味をもってであり，他のいかなる意味をもってでもない．[26]（傍点部は原文ではイタリック）

　社会の立法機関と司法機関の間では，何が社会における法であり何がそうでないかについて，最終的な発言権（the last say）をもつのは司法機関の方である．[27]

最終的な司法的決定の「確定力（Rechtskraft）」に基づくこの議論は，法的標準の意味の抽象性・不確定性に基づく議論よりも，ルール懐疑の論拠として，より根源的であり強力である．後者は法的標準の意味の具体化における裁判所の裁量の大きさを問題にするにとどまる．これに対し，前者は，解釈さるべき

---

24) ハートは「ルール懐疑の最も興味深い形態」としてこの種の議論を呈示している．Cf. H. L. A. Hart, *CL*, pp. 137f.
25) Glay, *NSL*, p. 102.
26) *Ibid.*, p. 170.
27) *Ibid.*, pp. 171f.

法的標準の同定権そのものが裁判所に属することや，確定した判決は仮に法的標準の意味の明確な部分に反していても，強制的通用力をもつという事態に注目しているのである．

　この議論の核心は，ハートも指摘したように[28]，司法的決定の「終局性 (finality)」と「不可謬性 (infallibility)」との同一視にある．すなわち形式的確定力と既判力を有する終局的な司法的決定に対し，その内容が法的に誤っていると批判することは，丁度パリのメートル原器は1メートルでないと主張することが1875年以降1960年以前においては無意味であったのと同じように，無意味であるという主張である．これが真ならば，司法的決定の正誤がそれによって評価されるような法的標準が，司法的決定に先立って存在しこれを拘束するという主張も無意味となる．グレイは，彼の法の定義が，医学を「医者がそれによって病気を診断し治療しているルールの学」と定義するのと同じような不適切さをもつという批判を想定して，次のように応えている．

　　しかし相違は次の点にある．すなわち，医者は，病気が何であるかを決定する権限や，病気が致命的であるか否かについての彼らの意見に従って〔患者を〕殺すかまたは治療する権限を，この世の支配者から委ねられてはいない．しかしこれこそまさに，裁判官たちが自分たちの前に持ち込まれたケースに関して行っていることなのである．自己の貯水池が決壊した者は〔それによって他者に与えた〕損害を賠償しなければならない，と一国の裁判官が決定したならば，それが法である．しかし，町のすべての医者が，ある男が黄熱病に罹っていると言っているのに，その男は風疹に罹っているにすぎないということはありうる．もし仮に，医者の委員会がティティウスは腹痛がすると宣明したとき，まさにそのことによって (ipso facto) ティティウスは腹痛がするならば，私は医学についての示唆されたような定義に何の異論もなかろうと思う．[29]

　グレイにとって医者の「誤診」はありうるが，裁判官の「誤審」はありえな

28）Cf. Hart, *CL*, p. 138.
29）Gray, *NSL*, p. 103.

い．終局的な司法的決定において，ある標準が法として適用されるならば，まさにそのことによってその標準は法なのである．かかる決定において当事者間の権利義務関係につき一定の判断がなされるならば，まさにそのことによってその判断が当該ケースに関する「法の結論」なのである．

司法的決定の終局性は，以上の考慮とは別の――関連はしているが――角度からも，限定されたテーゼ（II）のごときルール懐疑に導きうる．例えば次のような議論が考えられよう．およそ，裁判所が法を適用する法的義務を有すると言えるためには，裁判所がこの義務を履行しているか否か，すなわち裁判所が法を正しく適用しているか否かを判定し，もし裁判所がこの義務を履行していないと判定したならば，その決定を覆すか，または決定の効力は否認せずともそれを下した者に対する何らかの制裁を指令する（あるいは両方をなしうる）機関が当の裁判所とは別に存在しなければならない．下級審の裁判所に対しては，上級審の裁判所がそのような機関としての役割を果たしうるかもしれない．しかし最終審の裁判所に関しては，その決定の効力はもはや誰も否認しえないし，決定を下した裁判官が法の適用を誤ったとして制裁を加えられることも通常はない．かかる制裁の可能性は最終審の判決の終局性と実質的に両立不可能である．したがって最終審の裁判所が法を適用する義務を有するという主張は単なる「気休め」である．それは法の現実に目をつぶった願望思考にすぎない．もし，最終審の裁判所の決定を誤りであるとして，その決定を下した者に対する制裁を指令できる機関が存在するならば，この機関こそ真の意味での最高の法廷である．何が法かを最終的に決定できるのは，この機関である．いずれにせよ，法を同定する終局的権限を有してはいても，予め与えられた標準を適用する義務はもたない最高の法適用機関が存在せざるをえない．法とはこの機関が法として宣明するものである．

先の議論が終局的な司法的決定の不可謬性を説くのに対し，この議論は，仮にかかる決定が可謬的であるとしても，かかる決定をなす権限を有する者に，予め法として与えられた標準を正しく適用する法的義務なるものを帰することは不可能であるとするものである．終局的な司法的決定は制定法等の法源の明白な意味に反していても強制的通用力をもちうるという事態を前にして，なおルール懐疑の結論を否認しようとするならば，誤った判決をした裁判官は，た

とえその判決が終局的で効力を否認しえないとしても，裁判官としての法的義務に違背したのだと言うことができなければならないだろう．かかる義務さえ存在しないとするならば，最終審の裁判所が先在する法的標準によって法的に拘束されていると主張するのは不可能である．

　テーゼ (II) のようなルール懐疑の論拠は以上の二つの議論に尽くされるわけではない．しかし，これらはきわめて重要な論拠である．限定されたテーゼ (II) を斥ける者は，これらの議論を反駁できなければならない．すなわち，司法的決定の終局性と不可謬性とは法内在的視点からでも区別できることを示すと同時に，裁判官の法適用義務を「番人の番人」のパラドックスに陥ることなく説明できることが示されねばならない．ケルゼンは果たしてこれをなしえているか．

3　ルール懐疑家としてのケルゼン

　既に触れたように，ケルゼンは無制限的に主張されたテーゼ (II) だけでなく，限定されたテーゼ (II) をも斥ける．すなわち，裁判所を構成しこれに裁判権能を付与する法的標準が，判決に先立って存在することは承認するが，判決の内容を規制する法的標準が裁判所を法的に拘束しうることを否認する立場，これをも彼は否定する．しかしケルゼンは，この立場の有力な論拠となる前節に示されたような二つの議論を論駁できていない．そればかりか彼の法理論を一貫させるならば，かかる議論の正当性を承認せざるをえないのである．この結論を支持するように思われる彼の法理論のいくつかの側面をここで検討してみたい．

1)　手続的唯我論

　司法的決定の終局性と不可謬性とを同一視する立場は，次のような一つの「法存在論」を前提しているように思われる．法の領域において，ある事態――要件事実であれ，法律関係であれ，法的標準の妥当であれ――が存在するということは，その事態の存否を終局的に判定する権限を有する機関によってその事態の存在が確定されたということである．かかる機関の認定は「確認

的」ないし「宣言的」ではなく「構成的」ないし「創設的」である．すなわち，この機関の認定に先立って認定さるべき事態が存在しているのではなく，この機関の認定によって当の事態が初めから存在していたかのごとく遡及的に創設されるのである．かかる機関の判断において在りとされたもののみが，法の領域においては現実的な存在なのである．この機関の判断から独立して存立し，この機関の判断の真偽ないし正誤をそれとの関係で問題にしうるような客観的事態は法の領域には存在しない．したがって厳密な法学的論議においては，「実体的（substantive）」な事態への言及を追放し，法定の手続において確定された事態への言及によってのみ法的状況を記述すべきである．

このような法存在論的立場は，真の存在者は「我」のみで，外的世界は「我」が産出したものにすぎないとする哲学的唯我論を彷彿とさせる．この場合，「我」とは一定の手続に従って判断する認定権者であり，「外的世界」とは法的現象である．したがって，彼のこの立場は「手続的唯我論」と呼べるかもしれない．このアナロジーの適否は別として，かかる法存在論が前提されるならば，既判力をもって確定されたケース（res judicata）における裁判所の判断が可謬的であるという主張は，偽である以前に無意味である．これは，天地創造の際の神の「光あれ」という発話を可謬的だと言うことが無意味なのと同様である．

ケルゼンがかかる法存在論にコミットしていることは，次のような彼の事実認定論に端的に示されている．

　法の世界においては，事実「それ自体」や「絶対的」事実なるものは存在しない．権限ある機関が法定の手続において認定した事実のみが存在する．〔中略〕絶対的な，直接に自明な事実が存在するというのは典型的な素人の見解（a typical layman's opinion）である．法定手続によって認定されて初めて，事実は法の領域に導入されるのであり，言わばこの領域の内部で存在するに至るのである．このことを些か逆説的に際立たせた仕方で定式化すれば，要件事実を認定する権限をもつ機関はこれらの事実を法的に「創造」すると言えよう．それゆえ，法定手続による事実認定の機能は常に特殊な構成的性格（constitutive character）をもつ．もし，ある法規範に従えば，殺人

者に対して制裁が適用さるべきであるならば，このことは，殺人という事実が「それ自体として」制裁の要件であることを意味しない．A が B を殺したという事実「それ自体」は存在しない．存在するのは A が B を殺したという私の，または誰か他の人の信念か知識だけである．A 自身は，これを承認するか否定するかどちらかである．しかし法の観点からは，これらはすべて関係のない私的意見にすぎない．権限ある機関による確定のみが法的重要性 (legal relevance) をもつ．司法的決定が既判力を既に獲得したならば，〔中略〕有罪判決を受けた者が無実であるという意見はいかなる法的意義 (legal significance) も有さない．既に指摘したように，法命題の正しい定式は「ある主体がある不法行為を犯したならば，ある機関はその不法行為者にある制裁を適用すべし」ではなく，「権限ある機関が，ある主体がある不法行為を犯したと合法的に確定したならば，ある機関はある制裁をこの主体に適用すべし」である．30)

　法思考の領域においては，「無実にして」刑の宣告を受けた者は存在しない．31)

　次の二つの法体系 L_1, L_2 を比べてみよう．L_1 は「人を殺したる者は死刑に処せらるべし」という実体法的標準と，一定の手続 P によってこの要件事実を終局的に認定する権限を裁判所に付与する標準とを含む．L_2 は「裁判所が手続 P によって，ある者が人を殺したと宣言したならば，この者は死刑に処せらるべし」という標準のみを含む．殺人を理由に X に死刑の宣告をした確定判決に対して，「この判決は確定した以上，それが強制的通用力を有することは承認せざるをえない．しかし，X は実際には人を殺していない以上，この判決は法的に誤っている」と批判することは，L_2 の下では無意味である．L_2 は人を殺した者を死刑に処せと指令しているのではなく，権限ある裁判官が人を殺したと宣告した者を死刑に処せと指令しているのである．L_2 の下では「この判決は道徳的にあるいは政策的に誤っている」という法超越的な批判

---

30) Kelsen, *GTLS*, p. 136. ほぼ同旨の論述が，Kelsen, *RR. II*, S. 244-246 にも見られる．
31) Kelsen, *GTLS*, p. 404.

のみが可能である．これに対し，L_1 の下では，上述のような批判が真偽は別
にしても有意味な法内在的批判として成立しうる．L_1 は第一次的には，人を
殺した者を死刑に処せと指令しているのであり，ただ要件事実の存否について
の論争が無限に継続することを避けるために，裁判所に一定の手続の下での終
局的認定権を付与しているのである．したがって L_1 の下では，司法的決定の
（強制的通用力という意味での）妥当性とその内容的な正しさという二つの法
的評価次元が区別され，両者についての別の基準を法自体が与えているのであ
る．

　しかしケルゼンにとって，L_1 と L_2 の間には何ら法的にレレヴァントな相違
はない．法の世界においては，X が人を殺したという事実は，X が人を殺し
たと権限ある機関が認定したという事実に他ならない以上，あるいは前者は後
者によって初めて創造されるものである以上，法的見地からは L_1 は L_2 として
解釈されなければならないのである．確定判決に対する「冤罪」批判は，それ
が L_2 において法的に無意味であるのと全く同じ意味で，L_1 においても法的に
無意味である．確定判決における要件事実の認定は，L_2 において不可謬であ
るのと全く同じ意味で L_1 においても不可謬なのである．ケルゼンの言う実体
法と手続法との「有機的結合（organic union）」[32] が意味するのはこれであり，
その帰結は実体法の空無化である．

　このようにケルゼンの事実認定論は，それ自体が既に実体法の空無化への傾
向を有しているが，その基礎にある法存在論を判決の内容を規制する法的標準
の存在にも拡大適用するならば，限定されたテーゼ（II）の立場に帰着せざる
をえない．この拡大適用はケルゼンにとって不可避であると思われる．すなわ
ち，「法の世界において，事実とは権限ある裁判所が事実として宣明したもの
である」というテーゼは，ケルゼンの法理論においては，判決の内容を規制す
る法的標準についての「法とは裁判所が法として宣明したものである」という
テーゼを含意するのである．なぜなら，既に見たように，ケルゼンは法実証主
義の基本的テーゼを共有している以上，彼の法理論において法的標準の同定は，
その存在条件をなす社会的事実の同定に還元されるからである．

---

[32] Cf. *ibid*., p. 129.

裁判所はいわゆる「事実問題（quaestio facti）」だけでなく，「法律問題（quaestio juris）」，すなわち，当該ケースに適用されうる法的標準は何か，適用しようとしている標準が法的に妥当か否かといった問題についても終局的決定権をもちうる．それゆえ当該ケースに適用可能な法的標準の存在のテストとなる社会的事実の存否についても終局的決定権をもちうる．しかも，かかる事実が「直接に自明」ではなく，しばしばコントロヴァーシャルであり，裁判所による確定を要するのは「不法行為（delicts）」の事実と何ら変わらない（例えば，慣習法の成立要件をなす社会的事実の存否の判定の困難さを考えてみよ）．したがって，ケルゼンが彼の事実認定論で示したような手続的唯我論の法存在論は，かかる社会的事実の存在にも，それゆえ，それに条件づけられた法的標準の存在にも適用されざるをえない．

　実際，ケルゼンは法的標準の存在を「不法行為」と同様，法的制裁の要件事実の一部として扱っているのである．すなわち，彼は，立法を授権する標準のごとき非強制的標準が存在することが，彼の「法は強制秩序である」というテーゼに矛盾しないことを示すために，かかる標準を，制裁を定める標準の要件の中に併合しているのである．例えば，代表民主制を採る憲法をもつ法体系においては，窃盗を可罰的なものとする法的標準は次のように定式化さるべきであるとされる．すなわち，「窃盗は罰せらるべしと議会が決定し，かつ，権限ある裁判所が一定の個人が窃盗をしたと認定したならば，この者は罰せらるべきである」と[33]．窃盗の事実だけでなく議会の決定の事実についても裁判所が終局的認定権を有する以上，ケルゼンの立場に立脚するならば，明らかにこの定式化は不徹底である．これは次のように再定式化されねばならない．「窃盗は罰せらるべしと議会が決定したことを権限ある裁判所が認定し，かつ一定個人が窃盗したことを同じく権限ある裁判所が認定したならば，……」．

　法の世界において，存在するとは，権限ある機関によって存在すると認定されることであるというテーゼが，法的標準の存在についても貫徹されるならば，「事実問題」についてだけでなく「法律問題」についても，終局的な司法的決定の不可謬性が帰結する．ケルゼンの次のような言葉は，この結論の承認を示

---

[33] Cf. *ibid.*, pp. 143f.; *RR.* II, S. 243f.

しているように思われる．

　ある法規範が一定の効果をそれに結合させている要件事実が，ある具体的なケースにおいて存在するか否かという問題が，誰がこの問題に答える権限を有するかという問題と結びついているのと同様に，ある法的機関によって創造された規範が，その創造またはその内容を規定する上位規範に一致しているか否かという問題は，誰がこの問題の決定を法秩序によって授権されているかという問題から切離しえない．第一の問題と同様第二の問題も，法秩序によって定められた手続において，法秩序によってこのために定められた機関によってのみ答えられうるのである．〔中略〕法秩序がかかる手続〔上訴手続〕を設けている場合のみ，訴訟当事者は，決定の「合法性（Rechtmäßigkeit）」を問題にするなら，決定に異議を申し立てることができる．しかし，裁判所の決定に異議を申し立てうる手続に終点があるならば，すなわち，その決定にもはや異議を申し立てえない最終審の裁判所が存在するならば，すなわち，既判力を具備した決定が存在するならば，この決定の「合法性」はもはや問題にしえない．[34]（傍点は井上）

　しかし，事件が既判力をもって確定されたものとなるや否や，判決なる個別規範がそれによって適用さるべき一般規範に一致していないという意見は，法学的重要性（juristic importance）をもたない．〔中略〕法学的観点からは，既判力を有する司法的決定と，その決定において適用さるべき制定法および慣習法との間にはいかなる矛盾も存在しえない．最終審の裁判所の決定は，およそそれが裁判所の決定としてみなされうる限り，違法（illegal）とはみなされえない．[35]（傍点は井上）

　ケルゼンがここで，法的にはもはや問題にしえないとしている確定判決の「合法性」が，単に強制的通用力という意味での妥当性だけでなく，内容的な正しさをも意味していることは明らかである．確定判決は内容においても不可

---

34)　*RR. II*, S. 272.
35)　*GTLS*, p. 155.

謬であると彼は考えるからこそ，確定判決とその内容を規制する制定法や慣習法との矛盾が法的視点からは不可能であるという主張が生まれるのである．しかしケルゼンも認めるように[36]，制定法等の標準の明白な意味に反した判決も，確定すれば強制的通用力をもつ．かかる確定判決が強制的通用力をもつだけでなく，法的に不可謬であるとすれば，制定法や慣習法等，判決の内容に関する標準は法ではなく，確定判決において宣明されたものが真の法であるということになろう．しかしケルゼンはこの結論を前にして躊躇する．判決の内容を規制する法的標準が判決に先立って存在するというテーゼを彼は捨てきれないのである．確定判決の法的な不可謬性を承認しつつこのテーゼを保持することはいかにして可能か．彼はこの問題を，先在する法的標準の意味を変えることにより解決しようとする．曰く，

　　法秩序が最終審裁判所の決定に確定力を与えているという事実は，次のことを意味する．すなわち，司法的決定の内容を予め規定する一般的規範が妥当しているだけでなく，裁判所が創造さるべき個別規範の内容を自分で決めうることを規定する一般的規範もまた妥当しているのである．これら両方の規範は一つの統一体をなす．その結果，最終審の裁判所は，立法や慣習によって創造された一般的な規範によってその内容を予め規定された個別的法規範か，または，その内容が予め規定されてはおらず，最終審裁判所自身によってその内容が決められうる個別的法規範のいずれかを創造することを授権されているのである．[37]（傍点部は原文ではイタリック）

この〈Alternative〉は虚しい．言われた通りにするか，または自分で勝手に決めてよいということは，自分で勝手に決めてよいということにすぎない．判決の内容を規制する「一般規範」と，それに違背する自由を裁判所に与える「一

---

36) Cf. loc. cit.; RR. II, S. 273.
37) RR. II, loc. cit. 既判力原理のかかる解釈を，単にケルゼンにおける法体系の無矛盾性の想定の帰結として捉えるのは正しくない．ケルゼンは晩年にこの想定を放棄し，規範衝突の可能性を承認してからもなお，既判力原理について同様の解釈を採っているのである（Cf. ATN, S. 200）．したがって，本章におけるように，これをケルゼンにおける司法的決定の終局性と不可謬性の同一視の帰結として捉えるのが適切である．

般規範」との「統一」が意味するのは前者の消失である．結局ケルゼンは，裁判所を構成しこれに法的問題を終局的に裁定する権能を付与する法的標準のみならず，裁判所の決定の内容を規制する法的標準をも含む法体系と，判決内容を規制する法的標準を含まず，裁判官に常に自由裁量によって決定することを授権する法体系との区別を否定する法存在論にコミットしているのである．彼にとって前者は法的には後者と等価である．かかる批判を想定してケルゼンは次のように答えている．

　しかし，ここには次の相違がある．すなわち裁判所によって適用さるべきであるということをその意味とする一般的法規範が妥当するならば，裁判所はこの法規範を事実上大抵（tatsächlich in der Regel）適用し，この一般規範に一致しない司法的決定は例外的に（ausnahmsweise）のみ妥当するにすぎない．確定力原理，すなわち紛争には終りがあるべきであるという原理は，事実上は（tatsächlich），司法的決定の実質的合法性原理の廃棄ではなく制限にすぎない．[38]（傍点は井上）

この言葉はまさに，ケルゼンにとって上述のごとき二つの法体系が法的・規範的視点からは区別されえず，両者の間には「事実上」の相違しか認めえないこと，すなわち，判決の内容を規制する法的標準の，裁判所に対する法的拘束力を彼が説明しえていないだけでなく，むしろ否定していることを告白するものであろう．

以上の考察により，ケルゼンの特殊な法存在論が終局的な司法的決定の不可謬性を帰結させ，これがさらに限定されたテーゼ（II）と同じ立場に導くことが明らかにされたと思われる．最後にもう一度ケルゼンに語らせよう．

　裁判所によって適用さるべきある一般規範が存在するか否か，この規範の内容は何か，という問題が，法的にはこの裁判所（これが最終審の裁判所ならば）によってのみ答えられうることは事実である．しかしこの事実は，裁

---

[38] *ATN, loc. cit.*

判所の決定を規定する一般的法規範が存在せず,法は裁判所の決定のみから成るという前提〔グレイの主張〕を正当化しない.[39]（傍点は井上）

　しかし「この事実」は,ケルゼンの立場を一貫させる限り,無制限なテーゼ (II) を正当化しはしなくとも,判決の内容を規制する法的標準に限定されたテーゼ (II) を正当化するのである.ケルゼンの上の言葉はこの点の否認をも含意しているが,なぜ「この事実」が限定されたテーゼ (II) を正当化しないのかについて,彼はこの言葉の後に何の説明も与えていない.

2)　「規範」と正当化

　司法的決定の終局性と不可謬性との区別を可能にする根本的条件は,個別的権利義務関係についての法的判断の真偽がそこに依存する一般的な法的標準と個別的命法との内容的な正当化連関が,権限ある裁判所の判断から独立して存在しうることである.かかる内容的正当化連関が客観的に存在するための必要条件の一つは,法的標準への論理の適用可能性である.誤解を避けるためにここで一言すれば,法への論理の適用可能性の問題は,法体系の論理的完結性の問題とは全く無関係である.「不完全 (incomplete)」な公理系,すなわち,その内部で証明することも反証することもできない命題が存在する公理系もまた完全に論理的な体系である.「法の欠缺 (Lücken im Recht)」の存在を主張すること,すなわち,法体系がいま述べた意味で「不完全」であることを主張することと,法に論理が適用可能であると主張することとは全く矛盾しない.それどころか,法体系の「不完全性」の概念自体が法への論理の適用可能性を前提にして初めて意味をもちうるのである（この限りで,二つの問題の間に関係があると言えばある）.

　ケルゼンにとって,法は何よりも先ず「規範 (Norm)」の体系である.それゆえ「規範」の概念は彼の法理論の礎石であると言ってよい.この礎石の中に,既に上述のような内容的正当化連関の客観的存在の否認に,それゆえ,司法的決定の終局性と不可謬性との同一視に導く要因が含まれている.すなわち,ケ

---

39)　*GTLS*, p. 155.

ルゼンの規範概念は規範への論理の適用を不可能にするものなのである．

初期のケルゼンにとって，規範が「である‐言明（Seinsaussage）」と同様に論理原則に服することは自明の前提であった[40]．しかし後に「法規範」とそれを記述する「法命題（Rechtssatz, a rule of law）」とを区別し[41]，さらに『純粋法学』第二版において法規範を含めた規範一般を「意志作用の客観的意味（der objektive Sinn eines Willensaktes）」として規定するようになると[42]，この自明性が失われてくる．後期のケルゼンによれば，法命題は法規範の存在を記述するものであるから真理値が帰属しえ，それゆえ，論理原則に服するが，規範は「意志作用」の意味であるから何ものも記述せず，真偽を問いえない．それは「妥当（gültig）」か「不妥当（ungültig）」かであるだけである．かかる規範にいかにして論理が適用しうるのか．

このような問題を意識しつつも，『純粋法学』第二版においては，ケルゼンは法命題に適用できる論理原則が法規範にも類推適用できると考え，法への論理の適用可能性を依然として承認している[43]．しかし，1962年以降の諸論文[44]や彼の遺著『規範の一般理論』[45]においては，「規範は意志作用の客観的意味である」というテーゼが徹底され，その帰結として，規範への，それゆえ，法への論理の適用可能性が否認されるに至るのである[46]．

このテーゼは多少説明を要する．第一に，このテーゼにおいては，規範は命令，許可，授権等の，他者の行態に向けられた意志作用によって定立されるのであるが，これらの意志作用自体ではなく，その「意味」，すなわち表出された意欲の「内容」である．意志作用そのものは経験的実在の領域に属するのに対し，その「意味」としての規範は特殊な理念的存在であり，それを創造した

---

40) E. g. cf. Kelsen, "Die Philosophischen Grundlagen der Naturrechtslehre und des Rechtspositivismus" (1928) (als 'PGNR' angeführt), in H. Klecatsky *et al* (Hrsg.), *Die Wiener rechtstheoretische Schule*, Europa Verlag, 1968 (als *WrS* angeführt), Bd. I, S. 295ff.

41) Cf. Kelsen, "The Pure Theory of Law and Analytical Jurisprudence" (1941), in *What Is Justice ?*, University of California Press, 1957, pp. 268f.; *GTLS*, pp. 45ff.; *RR. II*, S. 73ff.

42) Cf. *RR. II*, S. 4-9.

43) Cf. *ibid.*, S. 76f.

44) E. g. cf. Kelsen, "Derogation" (1962), in *WrS*, Bd. II, S. 1429-1443; "Recht und Logik" (1965) (als 'RL' angeführt), in *op. cit.*, S. 1469-1497.

45) Kelsen, *ATN*, bes. S. 166ff.

46) このようなケルゼンの見解の変遷の過程を追跡するものとして，参照，高橋広次『ケルゼン法学の方法と構造』九州大学出版会，1979年，238-252頁．

意志作用の消失後も存続しうる．しかし，意志作用の存在はその「意味」としての規範の存続要件ではなくても，発生要件である．この意味で意志作用なくしては規範はない（Kein Sollen ohne Wollen）[47]．

　第二に，規範は意志作用の主観的意味ではなく客観的意味であると言われる．強盗の「金を出せ」という命令は主観的に規範としての意味をもつにすぎない．意志作用が客観的にも規範としての意味をもつためには，他の規範によって規範の創造を授権されていなければならない．かかる授権を受けていない意志作用の意味は客観的に妥当しない．妥当しないものは規範ではない．ケルゼンにとって，規範の妥当とは規範の性質ではなく，その存在そのものである．妥当しない規範はそもそも存在しないのである．同じ理由で「妥当する規範」なる表現は「剰語（Pleonasmus）」である[48]．

　規範を単に「意志作用の意味」としてではなくその「客観的意味」として規定することは，その「客観性」が「授権する規範」の概念によって規定される以上，循環に陥るのではないかという疑問が当然湧いてくる．しかしこの問題にはここでは立ち入らない．ここではかかる規範概念が，いかにして規範への論理の適用可能性の排除，言わば規範の「脱論理化」に導くのかを見るにとどめる．

　意志作用の客観的意味としての規範の概念は，規範の妥当と規範の存在とが同一であることを含意しているが，これはケルゼンにとって重要な意味をもつ．本章でもしばしば法的標準の「存在」という言い方をしたが，これは「法的標準が妥当性をもって存在すること」や，あるいは「法的標準が妥当するという事態の存在」の省略的な言い換えにすぎない．法的標準の妥当を文字通りの意味でその存在と等置したわけではない．しかし，ケルゼンはまさにこのような等置を行っているのである．その結果「である‐言明」の真偽と規範の妥当・不妥当との間には明らかな非対称性が存在することになる．真偽は言明の性質であるから，偽なる言明も有意味な言明として存在するが，不妥当な規範は，ある消極的性質をもった存在者ではなく，端的な「無」である．規範の妥当・不妥当は言明の真偽よりは，むしろ言明によって記述さるべき事実の存否に対

---

47) Cf. *RR. II*, S. 5f., 10 ; "RL," S. 1473, 1484ff. ; *ATN*, S. 2, 21f., 186f.
48) Cf. *RR. II*, S. 7-9 ; "RL," S. 1472 ; *ATN*, S. 22, 136-139.

応している．不妥当な規範が規範でないのは，存在しない事実が事実でないのと同様である．また言明の真偽が時空を超越しているのに対し，規範は，事実が一定の時と場所に存在する（哲学的にはこの前提は論争の余地があるが）ように，一定の時空領域において妥当する．言明の真理と規範の妥当との非対称性に関するこの種の考慮が，ケルゼンをして，規範への論理の類推適用の可能性を説く彼のかつての主張を放棄せしめた．論理は，事実を記述する言明に適用できても記述される事実には適用できないように，法命題のごとき規範を記述する当為命題には適用できても，記述される規範には適用できないのである[49]．

規範に対する論理の類推適用の否認が具体的に意味するのは，第一に矛盾律の排除である．ケルゼンにとって，もはや相反する内容をもった二つの規範「A さるべし」と「A さるべからず」との間には論理的矛盾は存在しない．これらが同時に妥当しうるのは，反対方向に向かう二つの力が同一対象に同時に作用しうるのと同様である．「後法は前法を廃す」等の，規範衝突を解消するルールは，かつて法認識のア・プリオリな前提の一部と考えられていたが，今やかかるルールも実定法規範にすぎず，これらを含まない法体系においては規範衝突は解消されずに存在するとされる[50]．

規範の脱論理化は第二に，推論規則の規範への適用可能性の否認をも含意する．この点はさらに，規範の存在，すなわち妥当が，現実的意志作用の存在をその発生要件とするというテーゼによって根拠づけられる．「殺人者はすべて死刑に処せらるべし」という一般規範と「X は殺人者である」という事実言明とから成る前提から，「X は死刑に処せらるべし」という個別規範は論理的に演繹されえないのである．なぜなら，個別規範も規範である以上，個別規範の定立を授権された者の現実的な意志作用によって創造されることによってのみ，妥当性を，それゆえ，存在を獲得できるからである．大前提をなす一般規範の妥当と小前提たる事実言明の真理性とから，かかる意志作用の存在は論理的には導出されない．この意志作用の存在が演繹されない以上，個別規範の妥当も演繹されないのである[51]．

---

49) Cf. "RL," S. 1472f., 1491ff. ; *ATN*, S. 136-139, 167-172.
50) Cf. "RL," S. 1475-1480 ; *ATN*, S. 86, 89, 99-103, 168, 177f., 179.

このような規範の脱論理化は，法においては，裁判所の法的判断が一般的な法的標準によって論理的に制約されうることの全面的な否定に導く．しばしば，個別的な法的判断は一般的な法的標準と事実言明のみからは論理的に演繹されないと言われるが，これはある意味では正しい．しかしこのことは法に論理が適用されえないことを意味しない．このことが意味しているのは，個別的な法的判断を演繹するためには，一般的な法的標準と当該ケースの事実に関する言明だけでなく，一般的な法的標準の要件や効果を具体化するための補助的前提が必要だということである（例えば，「不法な占有物も他人の財物である」や「現実に所持されなくとも占有者の支配力の及ぶ場所に存在するものは占有物である」，さらに「当該ケースにおいて A が公道に一時的に置いた A の所有物は A の支配力の及ぶ場所に存在する」等は，刑法 235 条を具体化するための補助的前提である）．かかる主張は法への論理の適用可能性をむしろ前提している．ケルゼンの主張はもっとラディカルなものであり，仮にかかる補助的前提が十分付加されたとしても，なお個別的法規範の論理的演繹は不可能だとするのである．彼にとって，個別的法規範は権限ある法適用機関の意志作用の意味としてしか存在しえない．かかる意志作用の存否から独立に，一般的法規範からの直接または間接の（すなわち，他の補助的前提に媒介された）法的推論の帰結として，個別的法規範の妥当性が，前提が正しければという条件の下に，承認されるということはありえないのである．

　個別規範の妥当に関するこのような見解は，判決内容をなす個別的法規範だけでなく，一般的法規範の内容に合致した個別的法規範の定立を，具体的なケースにおいて特定の権限ある裁判官に義務付ける「二階」の個別的法規範についても貫徹される．ケルゼンにとって「殺人者は死刑に処せらるべし」という一般的法規範は，実際には「権限ある裁判官がある者が殺人を犯したと認定したならば，この裁判官はこの者が死刑に処せらるべしという判決を下すべきである」という二階の一般的法規範に還元される．これと，「権限ある裁判官 J は X が殺人を犯したと認定した」という言明とから，「J は X が死刑に処せらるべしという判決を下すべきである」という二階の個別的法規範が演繹され

---

51) Cf. "RL," S. 1484-1487 ; *ATN*, S. 179-191.

うることも，ケルゼンは否定するのである．先の一般的法規範の定立権者は J や X の行動を予見しえない以上，それを定立する意志作用の中には，この個別的法規範を定立する意志作用は含まれていないというのがその理由である[52]．この個別的法規範もまた，当の一般規範を当該ケースに適用することを権限ある裁判官 J が承認し，J 自身が「他我 (alter ego)」としての自己に向けた意志作用において，この個別規範の内容を意欲することによってのみ，妥当しうるのである．さらにケルゼンによれば，J はこの一般的法規範の当該ケースへの適用を承認することはできるが承認する必要はない．J は何らかの理由，例えばこの適用が正義に反するという理由でそれを拒否し，先のような意志作用を控えることができる．この場合，当の一般的法規範の内容に合致した個別規範の定立を J に義務づける個別的法規範は妥当しない[53]．

上のことは，ケルゼンの特殊な「自律 (Autonomie)」の観念と関連している．彼によれば，法や道徳が自律的であるという主張は，それが，これらの規範体系に属する一般規範をそれに服する者自身が創造しうるという意味であるならば正しくない．この意味では法のみならず道徳もまた（モーゼの十誡がそうであるように）他律的な秩序である．ケルゼンにとって法や道徳が自律的であると言えるのは，これらに属する一般規範の具体的な事例への適用の可否が，一般規範の適用権者（道徳においてはすべての道徳的人格が適用権者である）による当の一般規範の承認に依存しているという意味においてである．裁判官の，一般的法規範を具体的なケースに適用する具体的な義務の成立が，その規範の当の裁判官自身による承認に依存するという上の主張は，このような意味での法の自律性を強調するものである[54]．

以上，ケルゼンにおける規範の脱論理化の意義を簡単に見てきたが，これが裁判所に対する一般的な法的標準の法的拘束力の否認に導くことは明らかであろう．第一に，それは，一般的な法的標準の明白な意味に反する確定判決に対して，それが法の適用を誤っていると批判する根拠を消滅させる．かかる批判の根拠となる法的推論の論理的な妥当性そのものが否定されてしまうのである．

---

52) Cf. *ATN*, S. 190f.
53) Cf. *ibid.*, S. 41f., 191-193.
54) Cf. *ibid.*, S. 37f., 42, 189f.

第二に，裁判官の法適用義務の存在が否定されることになる．具体的ケースにおける具体的な法適用義務は裁判官が欲すれば存在し，欲しなければ存在しないとするならば，それはもはや法適用義務とは言えない．裁判官にとって適用することもしないことも自由な法的標準を，適用する義務が裁判官に属すると言うことは，矛盾した言明である．結局，ケルゼンは彼自身の主張にも拘わらず，法的標準と非法的標準とを，裁判所が適用義務を有するのか，それとも裁量によって事実上適用しているにすぎないのかという見地からは区別しえていないのである．彼の立場に立てば，裁判所はすべての標準を裁量によって適用すると言わざるをえないのである．

　規範の脱論理化とそれがもつこのような帰結は，後期ケルゼンにおける意志主義への転向という理論的変貌——「退行」か否かは別として——の産物であり，それ以前のケルゼンとは無縁のものと思われるかもしれない．しかし発生史的視点からはどうであれ，理論的視点からは，規範の脱論理化は「意志作用」が規範概念の規定に導入されたことの帰結ではない．それは規範が，何らかの規範創造事実の客観的意味として，すなわち，他の規範によって規範創造要件とされた事実の意味として規定されることの帰結である．かかる規範創造事実は通常は人間の社会的行態であるが，意志作用である必要はない．この一般化された規定においても，妥当性が規範の定義的特性にされている以上，規範の妥当とその存在との等置が帰結する．さらに「意志作用なくして規範なし」を一般化した「規範創造事実なくして規範なし」というテーゼが帰結する．相反する内容をもった二つの規範を創造する二つの事実は共存可能であり，また一般規範を創造する事実の存在は，その内容を具体化した個別規範を創造する事実の存在を必ずしも含まないから，意志主義にコミットしないこの一般化された規範概念も，徹底されれば規範の脱論理化に導く．

　法は人間の行為によって創造されること，法は授権連関という動態的原則（das dynamische Prinzip）を正当化図式とする動態的体系であることは，ケルゼンが初期より一貫して保持したテーゼである．それゆえ，意志主義への転向以前においても，規範創造事実の客観的意味という規範概念を，少なくとも法規範に関して彼が前提していたであろうことは想像に難くない．実際，ケルゼンは1928年の著作において次のように述べている．

しかし何らかの一般的法規範〔中略〕から何らかの個別規範——実定法規範としての——が，一般的なものから特殊なものが帰結するように，直ちに帰結するわけではない．個別規範は法律適用の任にある機関によって定立される限りにおいてのみ妥当する．実定法体系内においては，あらゆる規範は究極的には根本規範によって規定された方法に従って定立されたという理由によってのみ妥当するのである．[55]（傍点部は原文ではイタリック）

ここには「規範定立行為なくして規範なし」という思想が明白に表現されている．これが徹底されれば法の脱論理化に導かざるをえない．しかし，前期ケルゼンは当為も論理に服するという強い確信のゆえに，このような「徹底」を敢えて試みはしなかったのである．

3） 法的義務

規範の脱論理化が裁判官の法適用義務の存在の否定に導くことが示されたが，同じ結論がケルゼンの法的義務（legal duty, Rechtspflicht）の概念からも帰結する．

ケルゼンにとって「法的義務の存在とは法的義務をなす行態と反対の行態を制裁の条件にする法規範の妥当に他ならない」[56]．法は強制秩序である以上，その制裁も実定道徳のように一般的な非難ではなく，「強制行為（coercive act, Zwangsakt）」，すなわち，必要とあらば物理的実力を行使してでも貫徹される個人の生命・身体・自由・財産に対する加害である[57]．したがって「ある行態が客観的に法的に命ぜられたものとして，それゆえ法的義務の内容としてみなされうるのは，ある法規範がその反対の行態に強制行為を制裁として結合させたときのみである」[58]．

ケルゼンは裁判官の法適用義務についても，それが法的義務として存在するには，裁判官による法の不適用に強制行為を制裁として結びつける法規範が妥

---

55) "PGNR," in *WrS*, Bd. I, S. 294.
56) *GTLS*, p. 59.
57) Cf. *ibid.*, pp. 18ff., 50f.; *RR. II*, S. 34ff., 51-55, 114f.
58) *RR. II*, S. 120.

当しなければならないとし，かかる規範が妥当していない場合は，裁判官は法の適用を授権されているにすぎないことを認める[59]．さらにつきつめれば，裁判官による法の不適用に対して，強制行為の発動を指令する権限を他の機関に与える法規範が妥当する場合，裁判官は法適用義務をもつとしても，この機関の法適用義務が存在するとは限らない．これが存在するには，この機関による法の不適用に対して，強制行為の発動を指令する権限を別の第三の機関に与える法規範が妥当しなければならない．この連鎖は無限には続きえず，「終点」が，すなわち，他の法適用機関による法の不適用に対して強制行為の発動を指令する権限はもつが義務はもたない機関が存在せざるをえない[60]．

ケルゼンのこのような見解は，先にルール懐疑の第二の論拠として挙げられた議論と同じ道を辿っている．この議論が提示する次のような懐疑にケルゼンは有効に応える術をもたない．すなわち法が正しく適用されたか否かの終局的認定権は結局この最終機関に属する以上，（この機関にこの権限を与える法的標準を除いて）何が法であるかについて最終的発言権（the last say）をもつのはこの機関ではないのか．

ケルゼンの法的義務の概念は若干の論者が指摘するように，一般人の法的義務の説明としても問題がある．例えば営業税を課する税法上の規定の要件に該当する営業行為と，罰金を科する刑法規定の構成要件該当行為との間には，後者は違法な行為であってそれを行わない法的義務が人々に属するが，前者についてはそうではないという明白な相違がある．しかしケルゼンの法的義務の概念に従えば，両者は区別されえず，課税対象たる営業行為をしない法的義務を人々がもつということになろう．金銭の徴収が罰金なのか税金なのか，すなわち，強制行為が「制裁」なのか否か，換言すれば要件をなす行為が「不法行為（delict）」か否かについて，「仮言的強制規範」自体は何も答えない[61]．このような区別は，ケルゼンが「余計」だとした定言的行為規範たる「第二次規範（secondary norms）」[62]の独立性を正当に評価しえて初めて可能である．

---

59) Cf. *GTLS*, pp. 59f.; *RR. II*, S. 124.
60) Cf. *GTLS*, p. 60; *RR. II*, S. 124f. Anm. 2.
61) Cf. Hart, "Kelsen Visited," in 10 *The University of California Los Angeles Law Review* (1963), pp. 720f. さらに多少異なった文脈においてであるが，Cf. A. Ross, *Directives and Norms*, Routledge & Kegan Panl, 1968, p. 87.

この点は別としても，ケルゼンの理論が，彼自身が前提している裁判官の法適用義務を説明できていないのは明らかである．裁判官による法の不適用に対して強制行為が制裁として定められていることは希である．かかる制裁が定められていない場合は，それゆえほとんどの場合は，裁判官は判決の内容を規制する法的標準を無視する自由を法によって与えられているということが，彼の明示的に規定された法的義務の概念から帰結する．しかし，この結論をケルゼンは承認しないであろう．裁判所を法的に拘束する法源とそうでないものとを区別していないとして，ケルゼンがグレイを批判するとき，ケルゼンは裁判官に対するかかる制裁が定められている法体系においてのみ，この区別が可能であると考えていたとは思われない．仮にそうだとすれば，ケルゼンとグレイとの間にはほとんど対立がないことになろう．

　裁判官の法適用義務を，一般的非難という制裁に支えられた「実定道徳(eine positive Moral)」[63]上の義務として規定することも考えられる．しかしケルゼンはこの規定を採りえない．なぜなら，法源が裁判所を法的に拘束するということの意味が，裁判所がそれを適用する実定道徳上の義務をもつということであるならば，実定道徳上の諸標準も裁判所を法的に拘束する法源に含ませざるをえず，これは法と道徳を峻別するケルゼンの基本的立場と矛盾するからである[64]．

　結局ケルゼンは，判決に先立って存在しその内容を規制する法的標準が，裁判所に対して法的拘束力をもつと主張するとき，彼が明示的に規定した法的義務の概念とは異なった義務の概念，しかも純粋な道徳的義務とは異なり法の存在と内在的に結びついた義務，その意味で「法的」な義務の概念に暗黙裡に依拠しているのである．しかし，彼の法理論はこの義務の概念を解明できていない．このことは，ケルゼンがグレイに対する自己の批判に理論的根拠を与ええていないことを意味する．

---

62)　Cf. *GTLS*, pp. 60f.; *RR. II*, S. 56.
63)　Cf. *RR. II*, S. 64f.
64)　この困難を避ける道が一つだけケルゼンに残されている．それは「非実定的」な道徳と法との区別を維持しつつも，「実定道徳」と法とを峻別する立場を放棄することである．しかし，この道を進むならば，ケルゼンは法と強制との必然的結合を説く彼の立場の根本的修正を余儀なくされるであろう．

4 「決定体系としての法」から「正当化体系としての法」へ

1) 法理論の適格性条件

　以上において，ケルゼンの法理論が彼自身の主張するところに反して，限定されたテーゼ (II) と本章で呼ばれたようなタイプのルール懐疑の立場に実際にはコミットしていることを，彼の法理論の三つの重要な側面について明らかにした．裁判システムを構成するルール（既判力原理を含む）と判決の内容を規制するルールとをともに含む法体系 L_1 と，前者のみを含み，各ケースの裁定にいかなる標準を適用するかを裁判官の裁量に完全に委ねる法体系 L_2 とを，法的・規範的視点から区別することにケルゼンは成功していない．むしろ彼にとって L_1 の法的な「正味」は L_2 なのである．これはケルゼンが司法的決定の終局性と不可謬性とを同一視し，かつ裁判官の法適用義務の説明に失敗していることの帰結である．

　しかし，L_1 と L_2 とが法的な「正味」においても異なることは否定できない．L_2 の下では，法定の手続に従って下された判決に対し，その内容が法の適用を誤っていると批判することは無意味である．また判決に先立って裁判官に対し，これこれの内容の判決を下すことが法的には正当であると主張することも意味をなさない．L_2 の下で法内在的視点から我々にできることは，せいぜい，いかなる判決がなされるかを事前に予言することぐらいであろう[65]．かかる予言の可能性すら実は保証されていない．

---

65) ハートは，L_1 と L_2 のごとき法体系の間の相違をゲームとのアナロジーで説明している．L_1 に対応するのは，得点ルールと採点者とを含むゲームであり，L_2 に対応するのは，得点ルールがなく採点者の裁量のみによって採点されるゲームである．第一のゲームにおいては，競技者は自ら得点ルールを使用して試合の経過を査定し，得点についての言明をなしうる．これは，得点の算定を左右しえない点で採点者の「公式」の言明とは異なるが，ルールを使用する内的言明としての身分においては同じである．しかし第二のゲームにおいては，かかる「非公式」の内的言明はなされえず，競技者の言明は採点者の採点の予言でしかありえない．ハートによれば「法は裁判所が法であると言うものである」という立場は，この二つのゲームの間のこのような相違を看過するのと同じ誤謬を犯すものである．Cf. Hart, *CL*, pp. 138-140.

これに対し L_1 の下では，確定判決に対してさえ，それが法の同定または適用を誤っているという批判が有意味になされうるのである．判決に先立って，裁判官に一定の内容の判決を法の名の下に要求することが場違いでないのは言うまでもない．これらの規範的主張は L_1 において正当化されることもあればされないこともあろう．そのいずれであるかは異論なく明白な場合もあれば，論争の的となる場合もある．後者の場合でも論争の一方当事者の議論が他方のそれに論証力——分析の精緻さ，議論の具体性・明晰性，多くの可能性に対する感受性，各選択肢に対する帰結追究の深さ，論理的な首尾一貫性など，様々な要因がこれに関わりうるが——において優越していることが明白であるということはしばしばありうる．もちろんある法的主張が，単に論争の的であるだけでなく，その正誤が L_1 の下では客観的に決定不可能であるという可能性，すなわち，「法の欠缺」の可能性もア・プリオリに排除することはできない（ただし，ある法的主張が単に論争の的であるということのみから，その正誤の当該法体系における客観的な決定不可能性は論理的に帰結しない）[66]．いずれにせよ，L_1 の下では，L_2 の下においては不可能であるような特殊なタイプの規範的論議が成立しうるのである．

　L_2 の下においても，なされた判決に対する，あるいは，なさるべき判決に関する道徳的・政治的論議は成立しうる．しかし，これは L_2 を超えた規範的論議である．これに対し，L_1 の下では L_1 の中での規範的論議が可能なのである．ある法体系 L の中での規範的論議とは，必ずしも L を受容している者の間での論議ではない．それは，自己の判断が L において正当化可能であることを主張する者の間での論議である．この論議の参加者は L を受容しているかもしれないし，受容していないかもしれない．L を受容している参加者にとって，ある規範的主張の L における正当化可能性は，その端的な受容可能性を大抵は意味する（常にではない．全体としての法体系の受容とその個々の帰結の受容の拒否とはある程度まで両立しうる）．しかし，L を受容しない参加者にとって，L における正当化可能性はそれだけでは端的な受容可能性を意味しない．両参加者は，L における正当化可能性と端的な受容可能性との関係に

---

[66] この点の強調がドゥオーキンの法命題の理論の一つの要素である．註6の後半に挙げた文献を参照せよ．

ついては見解を異にしていても，それゆえ，基本的な道徳的・政治的立場を異にしていても，ある規範的主張が L において正当化可能か否かについてはともに論議できるのである．しかしこのことは，L における正当化可能性が道徳的・政治的考慮と何の関係ももちえないということを意味しない．L は道徳的・政治的諸標準に対しても自己を開放しうる．この開放の程度と態様は法体系ごとに異なりうる．しかしそれにも拘わらず，L における正当化可能性は，L の存在から独立した端的な道徳的・政治的正当化可能性とは異なった概念なのである．L_2 の下では，このような意味での L_2 の中での規範的論議を，判決の内容に関して営むことは不可能である．L_2 は，判決が法定の手続に従ってなされること以外に，判決内容の L_2 における正当化可能性の基準を，それゆえ，道徳的・政治的立場を異にする者の間に共通の規範的論議の「場」を設定する標準を全く与えていないからである．

　このように，L_1 の下でと L_2 の下でとでは，法に関する人々の規範的論議の態様に基本的な相違が存在する以上，二つの法体系は法的に等価ではありえない．両者の相違を法的・規範的視点から説明しうることは，あらゆる法理論の適格性条件であると言ってよい．この点でのケルゼンの失敗は，この適格性条件をパスするのに少なくとも何が必要かを，反面教師として我々に教えている．

2) 二つの法的評価次元の区別

　ケルゼンにとって「不法な判決」は存在しない．判決は判決として存在する限り妥当しているのであり，妥当している限り不法ではありえないのである．それゆえ彼にとって，確定力原理（すなわち，形式的確定力原理と既判力原理）は，判決の内容を規制する法的標準に「違背」した判決にも強制的通用力を与える原理ではなくて，この法的標準の意味そのものをいかなる内容の判決とも矛盾しえないように変える原理なのである．確定力原理の下では，実体法的標準はその内容に合致した決定を裁判所に要求することをもはやめ，それが一応有する意味の明白な部分が許容する範囲内の決定と，それを超えた決定とのいずれかを選択する自由を裁判所に与える．すなわち，確定力原理は裁判所に対する実体法的標準の法的拘束力を廃棄する原理なのである．これは，ケルゼン自身の否定にも拘わらず，彼の確定力原理に対する解釈からの不可避の

帰結である.

　確定力原理についてのこのような誤った解釈にケルゼンを導いたのは，二つの異なった法的評価次元の混同である．彼の特殊な法存在論は，この混同を法的判断の対象の存在に反映させたものに他ならない．ケルゼンにおいて，法的機関の決定（判決のみならず立法府による立法も含めて）に対する法的な評価の次元は妥当・不妥当のみである．妥当性（Geltung）の基準は根本規範を終点とする授権連関に組み込まれうることであるが，その意味は「従わるべし」である[67]．確定判決はその内容のいかんを問わず，特別の法的措置によって廃止されない限り，従われなければならない．ケルゼンにとって，法がそれに従うことを要求している決定が，法に反するということはありえないのである．彼には，これは，同じ決定に従うことと従わないことを同時に要求するという撞着を，法が犯すことを意味するように見えるのである．

　ケルゼンにこのような判断をさせたのは，「決定に従う」という表現の両義性であろう．一方でこれは，決定に一致した行動をとることを意味するが，他方では，決定を容認する，すなわち，決定の内容の正しさを承認するか，あるいは少なくとも，その正しさについて異議を挟むことを控えることをも意味する（ここで言う正しさとは当該法体系内における正当化可能性のことであり，絶対的・終局的な正当化可能性のことではない．後者の場合も考えれば，「決定に従う」ということは結局三つの意味をもつことになろう．もっとも法自体は，自らの内部での正当化可能性が，同時に絶対的な正当化可能性であることを主張する．しかし，この主張が正当化されるとは限らない）．両者は明らかに異なった概念である．第一の意味における「従う」を「従₁う」とし，第二の意味におけるそれを「従₂う」とすれば，我々は法的機関の決定に，「従₂う」ことなく「従₁う」ことができる．すなわち，決定内容の法的な正しさを承認せずに，また，決定内容をその法的な正当性に関して批判する権利を放棄せずに，決定に一致した行動をとることができるのである[68]．

---

[67]　Cf. Kelsen, *GTLS*, p. 39; *RR. II*, S. 196, 219.
[68]　これは，ギリシャ哲学以来「意志の弱さ（ἀκρασία）」の可能性の問題として論じられてきた古典的主題（参照，プラトン『プロタゴラス』352B 以下，アリストテレス『ニコマコス倫理学』1145b21 以下）に関わるように思われるかもしれない．あることが正しいとは知りながらそれをしないことや，あることが不正であると知りながらそれをすることは果たして可能か．前者の場

法が紛争終結の要請から確定力原理を採択するとき，法は確定判決に「従₁う」ことを（特に執行機関や，同じ訴訟物を含むケースを後に担当する裁判官に）要求しているのであって，「従₂う」ことまで我々に要求しているのではない．法は，確定判決が仮に「従₂わ」るべきではないとしても，すなわち，仮にそれが法的に誤っていたとしても，それに「従₁う」ように要求しているのである．ここには何ら撞着はない．それゆえ，法が確定力原理により，確定判決に「従₁わるべし」という意味での妥当性を与えていることは，法がそれに「従₂わるべし」という意味での合法性をも与えていることを意味しない．ケルゼンが確定判決は不法でありえないと考えるとき，彼は「決定に従う」ことの二つの意味を，それゆえ，それに対応した二つの法的評価次元を混同しているのである．すなわち，彼は「従₁わるべし」という意味での妥当性のみを法的評価次元として承認したが，「決定に従うこと」の二つの意味を区別できなかったがために，これが「従₂わるべし」という意味での合法性をも含意するものと暗黙裡に前提し，その結果，先のような確定力原理の解釈を採るに至ったのである．

　ケルゼンは，本章で検討したような判決と実体法的標準との関係に関する彼の見解とパラレルな見解を，法律と憲法との関係についても示している．ここでも，妥当する法律は違憲ではありえず，憲法に反した法律を廃止する手続を憲法が定めていない場合は，憲法の一応の意味の範囲内にある立法と，それを超えた立法との間での選択の自由を，憲法自体が立法府に与えているとされる[69]．法律の妥当性と合憲性とのかかる同一視に対しても，判決の妥当性と合法性との同一視に対して先になされたのと同様の批判が可能であろう．

　法は，その紛争解決機能に注目するならば，紛争を終局的に裁定する有権的決定の体系として現われる．かかる決定は，紛争対象について一定の事態の実現または保持を強制することにより紛争を終結させる．法のこの側面に対応し

　　合は，そのことを本当は正しいと思っていないのであり，後者の場合は，そのことを本当は不正とは思っていないのではないか．我々が実際のところ何を正とし何を不正としているかは，我々の行動によってのみ示されるのではないか．──しかし，現実の行動との関係についてのこのような問題が生ずるのは，終局的・絶対的正当性に関する判断についてであり，与えられた法体系内における正当化可能性のような，相対的正当性に関する判断についてではない．

69)　Cf. *GTLS*, pp. 155f.; *RR. II*, S. 275-280.

た法的評価次元は,「従₁わるべし」という意味での妥当性である. 有権的決定は「従₂わ」れなくとも「従₁わ」れることにより, 紛争解決の目的を果たしうるからである.

しかし, 法に期待される機能は紛争の単なる解決に尽きない. 紛争を恣意的にではなく, 公正に解決することが, 多くの人々が法に期待するもう一つの重要な機能である (個々の法社会がこの「期待」に応えているか否か, あるいはどの程度応えているかは別の問題であるが). それゆえ, 決定内容の正当化可能性が問題となる. この面から見るならば, 法は決定の内容を正当化する諸標準の体系である. たしかに, これらの諸標準自体, 基本的には人間の決定やコンヴェンションによって創造されたものである. しかし一旦創造されれば, これらは一つの客観的な正当化の文脈を構成するのであり, 決定の法的正当性に関する規範的論議の共通の「場」を与えるのである.

法的な正当化の文脈の客観性を支えているのは, 一つには, ハートが強調するような法言語の特性, すなわち, 法言語が曖昧な周辺あるいは「開かれた構造 (open texture)」を有しながらも, 同時に, 確定した意味の核心を有するという事実であろう[70]. しかしそれだけではない. 法的な正当化の文脈を構成する諸標準は相互に無関係に並存しているわけではない. それらの間には, 正当化・制限・補完・具体化・競合・矛盾等の, それらの解釈に依存した多様な意味的連関が存在する. 法的諸標準は可能な限り一つの整合的体系をなすように解釈さるべしという要請は, これを「実定的」標準と呼ぶかどうかは別として, 多くの社会において法的論議の暗黙の前提をなす. この前提の下では, それだけをとり上げれば不確定な要素を含む個々の標準の意味も, 他の諸標準と整合的な体系的連関をもちうるように解釈されることにより, その不確定性は排除されないにしても減ぜられうるのである[71].

法はこのような一つの客観的な正当化の文脈を, 法的論議の前提をなすものとして構成する. 法のこの側面に対応する法的評価次元は,「従₂わるべし」という意味での合法性である. この文脈内での正当化可能な決定には, 単に

---

[70] Cf. Hart, *CL*, pp. 140-142, 148-150.
[71] この点に関連して, ドゥオーキンが「物語的整合性 (narrative consistency)」とのアナロジーで説明している「規範的整合性 (normative consistency)」の観念が興味深い. Cf. Dworkin, "NRA," pp. 73-84.

「従₁う」だけでなく,あるいは,「従₁わ」ないとしても,「従₂わ」ざるをえないからである(端的に,あるいは終局的に受容するという意味で従う必要はないが).

　法は二つの顔をもつ.一方の顔は紛争の「終結」の要請を見つめ,他方は紛争の「正しい解決」の要請を見つめる.法が紛争終結の要請から,法的機関の決定に「従₁わるべし」という意味での妥当性を与えるとき,何が「従₂わ」るべき決定かについての,認定権の独占をこの機関に許したわけではない.何が「従₂わ」るべき決定かは,法的論議に参加するすべての人が自己の責任において判断しうる.これらの判断は,法が構成する正当化の文脈の中でなされる判断である限り,決してケルゼンの言うように「法に無関係 (legally irrelevant)」[72]ではない.ただ,法は,言論における対立が行動における対立をも無限に続行させることを回避するために,法的機関の決定が仮に「従₂わ」るべきではないとしてもそれに「従₁う」ように要求するのである.ケルゼンが二つの法的評価次元を区別できなかったのは,彼が有権的決定の体系としての法の顔に魅せられ,正当化体系としての法の顔,すなわち公式の法過程の内外で法を使用する主体たる人々の間の,決定の正当化可能性をめぐる規範的論議の共通の「場」として現われる法の顔に,眼を向けるのを忘れてしまったからであろう.

　本書第I部で提示した「正義への企てとしての法」の概念に依拠するならば,正当化体系としての法の顔をもたない L_2 のような法体系はもはや「法」の名に値しないことになる.しかし,この法概念を拒否し,L_2 もまた法であると主張する理論も,L_1 と L_2 を区別することができなければ法理論としては不適格である.多くの社会,特に発展した現代社会の多くの法は L_1 のタイプに属する――建前は L_1 のタイプの法を採用していても実態は L_2 と変わらない法社会も存在するであろうが――のであり,これらと L_2 との相違を的確に解明することは法現象の理解にとって不可欠である.そのためには二つの法的評価次元の区別が必要なのである.

---

[72] *GTLS*, p. 154.

3) 規範概念の再考

　規範創造事実（意志作用であると否とに拘わらず）の客観的意味というケルゼンの規範概念は，規範を脱論理化し，権限ある法的機関の決定の，法的な正当化の文脈における正当化可能性について，この機関の判断から独立に論議することを不可能にする．ケルゼンは規範を，一方では，言語によって表現されうる「意味」とみなし，他方では，法命題のごとき規範科学の言明によって記述される客観的「事態」とみなしている．言表の「意味（sense, Sinn）」であると同時に「指示（reference, Bedeutung）」でもあるという，矛盾した両面的存在性格を規範が有することを暗黙の前提としたがために，ケルゼンは先のような規範概念を採るに至ったのである．このような規範概念はそれ自体混乱したものであるだけでなく，重大な理論的混乱をももたらす．本章で見たような帰結もその一つであるが，ケルゼンの法命題の概念の二義性にもそれが現われている．このような混乱を除くためには，規範ないし当為言明の意味論的構造を解明し，法命題，法命題の記述対象，制定法や判決のごとき法的機関の諸決定という三つの項の，各々の身分と相互の関係とを再考する必要がある．それは包括的な規範理論と法命題の理論の展開を必要とし，かかる理論の提示を別稿で試みたので[73]，参照を乞いたい．ここでは問題の存在を指摘するにとどめる．

4) 法適用義務の解明

　ケルゼンの規範概念と法的義務の概念は，裁判官の法適用義務を説明できず，むしろその存在の否認に導く．しかし，法の不適用に対して強制行為が制裁として定められていない場合でも，裁判官は法的諸標準の適用を拒否する自由をもたない．裁判官のこの義務は法の存在と内在的に結びついている．ある標準が法の標準として承認されるとき，裁判官がそれを適用する義務をもつことが前提されているのであり，裁判官が適用義務をもつとは認められない標準はそ

---

[73] 参照，井上達夫「規範と法命題──現代法哲学の基本問題への規範理論的接近」(一) - (四・完)，『国家学会雑誌』98巻11・12号（1985年），99巻5・6号，同巻11・12号（1986年），100巻3・4号（1987年）所収．

もそも法の標準としては承認されないのである．判決の内容を規制する諸標準の法としての身分を説明するためには，裁判官のそれを適用する法的義務の存在根拠が解明されねばならない．

この問題は法理論の主要問題の一つであり，それを考察する出発点として，ハートの次のような所見を引用することができよう．

　国会や議会が制定したものを法として受容するように裁判官に要求するルールが，ある時点で存在すると言うことは，次の二つのことを含意する．第一に，この要求が一般的に従われ，個々の裁判官の側での逸脱または拒否が稀なこと．第二に，それが起こったならば，それは圧倒的多数によって真剣な批判の対象として扱われ，さらに，たとえそれによってなされた個別的なケースにおける決定の効果が，決定の終局性に関するルールのゆえに立法によってしか取消しえないとしても，なお誤ったものとして扱われるであろうということである．この場合決定を取消す立法は，その決定の妥当性は容認するが正しさは承認しないのである．[74]

ハートは，裁判官集団の一定の行動様式を存在条件とし裁判官を名宛人とする「義務のルール」によって，法適用義務を説明しようとしている．この行動様式の記述が，本章でその必要性を強調した二つの法的評価次元の区別に依存していることに注意しなければならない．J・ラズはハートのかかるアプローチをさらに進め，ハートの言う「承認のルール（the rule of recognition）」の概念を再構成している．

ハートは承認のルールを，他の「第二次ルール」と同様，「権能付与ルール」とみなしたが，ラズはこれを一定の妥当性基準を満たすすべてのルール（かつ，それらのみ）を承認し適用する義務を法適用機関に課するルールとして規定し直す．このルールはその名宛人，すなわち，法適用機関たる官吏の集団の一定の行動様式を存在条件とするが，この行動様式はハートが「義務の第一次ルール」の存在条件として記述した人々の行動様式に対応している[75]．

---

74)　*CL*, pp. 142f.
75)　Cf. J. Raz, *The Concept of a Legal System*, Oxford U. P., 1970, pp. 197-200；"The Identity of

このようなアプローチはあくまで出発点であり，未解決の重要な問題が残されている．第一に，ドゥオーキンによる法実証主義批判[76]に関連するが，裁判官が適用義務をもつすべての標準をカヴァーしうるような基準を与える承認のルールが，果たしてすべての法社会に存在すると言えるのか．第二に，法適用機関を構成するルールをも同定する承認のルールが，当の法適用機関の一定のタイプの集団的実践を存在条件とするという理論は，循環に陥っていないか．このような問題が残されているにせよ，法適用機関たる官吏集団の実践と密接な関係を有する「ルールについてのルール」が，法適用義務の唯一の規定要因ではないとしても，その解明において重要な役割を果たすであろうことは否定できまい．さらに，本書の考察が明らかにした基本的な真理は，法適用義務の存在の基礎をなす社会的実践の同定とその義務創出力の説明は「従$_1$わるべし」と「従$_2$わるべし」という二つの法的評価次元の区別なしには，すなわち，決定への服従要求に還元されない決定の正当化可能性への要求を法が内包することの承認なしには不可能だということである．

本章では，ケルゼンの法理論が一見それと対立しているかに思われるルール懐疑の立場に，いくつかの重要な側面においてコミットしていることを示し，これらの側面に対する批判によって，彼の法理論が孕む根本的な問題点を明らかにすることを試みた．本章でのケルゼンに対する批判が，「純粋法学」の理論的価値を否定するものでないことは言うまでもない．優れた思想家がその思考の徹底性のゆえに犯した誤謬は，凡庸な思想家の語る「間違ってはいない常識」よりも，はるかに多くのことを我々に教えるのである．

Legal Systems," in *AL*, pp. 90-96. もっとも，「義務のルール」の存在条件に関するハートの見解は，彼の法理論の基準的枠組を受容したとしても，なお洗練の余地がある．この点に関して，Cf. D. N. MacCormick, "Legal Obligation and the Imperative Fallacy," in A. W. B. Simpson (ed.), *Oxford Essays in Jurisprudence*, 2nd Series, Oxford U. P., 1973, pp. 100-130.

76) 註5に挙げた論文を参照せよ．

第4章 法の存在と規範性
―― ドゥオーキンにおける法の存在性格

1 重要か？

1) 論争次元の転換

　自然法論者と法実証主義者との間の伝統的な法概念論争において〈鍵‐問題〉と考えられてきたのは「不正な法も法か」である．この問題に対する否定的解答と肯定的解答とが，それぞれ法概念論上の立場としての自然法論および法実証主義の決定的メルクマールとされてきた．自然法を法の妥当基準・同定基準としてではなく，単に法改革・法発展の指導理念としてのみ援用する「弱い」自然法論は法概念論上の主張を含んでおらず，ここでは捨象してよい．法実証主義者も法概念論的問題と区別された法批判の問題において，論理的矛盾を犯すことなく「弱い」自然法論を受容しうる（もちろん，そうする必要はないが）．

　「不正な法も法か」という問題に焦点を置いた従来の法概念論争においては，しばしば，ナチ支配下のドイツの法体制や徳川5代将軍綱吉の「生類憐みの令」など[1]，不正な法体制あるいは悪法の例として一般的に認められている事例が法理論の試金石として引合いに出される．これらの例は，それらに法としての身分を承認するか否かという形で，ある法理論がいかなる法概念論的立場を採っているかを決定する「性格テスト」を提供した（この場合，テストされ

---

[1] この例は1983年11月12日南山大学で開かれた日本法哲学会学術大会における菅野喜八郎の発言に負う．

る法理論もかかる「不正」な法体制・法令を真に不正とみなしていることが前提されているのは言うまでもない). さらに, このような事例に潜む理論的・実践的難問を一つの法概念論がいかに解決, あるいは少なくとも解明しうるかを問うことにより, かかる事例は「不正な法も法か」という問題をめぐる異なった法概念論的立場の比較査定のためのテストとしても用いられた. 戦後の法理学界を一時賑わせたハート＝フラー論争はこのような法概念論争の一つの典型をなす[2]．

しかし, 1960年代末以降, 法実証主義的法概念に対するロナルド・ドゥオーキンの強力な批判を軸として展開されてきた法概念論争[3]においては, 論議の焦点は以上のような従来の法概念論争の場合とは異なった平面に置かれている. 便宜上, これを第二波法概念論争と呼ぼう. そこでは, ドゥオーキンの法実証主義批判の眼目は「不正な法は法ではない」と主張することにあるのではない．たしかに彼は法と道徳とのある意味での内在的結合を説くが, 法は常に道徳的に正しい, すなわち, 道徳的に悪しき法は法でありえない, という主張を「馬鹿げた (absurd)」ものとして斥ける[4]. 彼は法を社会の決定（立法・判決等）やコンヴェンション等から成る「制度史 (institutional history)」とそれを正当化する道徳との複雑な絡み合いの内に捉えるが, 法的義務（権利）が制度史から独立した「背景道徳 (background morality)」に基づく義務（権利）と衝突する可能性を認め, このような場合には裁判官は辞職するか, 法的義務（権利）が何であるかについて「嘘」をつく道徳的義務をもつ可能性があること,

---

2) Cf. H. L. A. Hart, "Positivism and the Separation of Law and Morals," in *Harvard Law Review*, vol. 71 (1958), pp. 593-629 ; L. L. Fuller, "Positivism and Fidelity to Law——A Reply to Professor Hart," in *ibid.*, pp. 630-672.

3) この論争状況を示す論文集として, cf. M. Cohen (ed.), *Ronald Dworkin and Contemporary Jurisprudence*, Rowman & Allanheld, 1984. また *Georgia Law Review*, vol. 11 (1977) no. 5 は7人の論者のドゥオーキンに対する批判論文と彼の応答論文とから成る特集を組んでいる (*ibid.*, pp. 969-1267). この2文献に収められたドゥオーキン自身の批判者への応答論文は係争点を知る上で便利である. さらに, この種の応答論文として, cf. R. Dworkin, *Taking Rights Seriously*, 2nd imp., Harvard University Press, 1978 (hereafter cited as *TRS*), chap. 3 and Appendix (この Appendix は *Georgia Law Review* の上記特集号収録のドゥオーキンの応答論文を一部削除し, 一部加筆修正したものである). 我が国でこの論争を紹介・論評する文献として参照, 田中成明「判決の正当化における裁量と法的基準——H・L・A・ハートの法理論に対する批判を手がかりに」法学論叢96巻4・5・6合併号, 1975年, 196頁以下, 深田三徳『法実証主義論争——司法的裁量論批判』法律文化社, 1983年.

4) Cf. Dworkin, *TRS*, p. 341.

しかし，法学は法的義務（権利）と道徳的義務（権利）とのこのような衝突をありのままに記述すべきことを主張する[5]．しかも，ドゥオーキンはこのような衝突の可能性を，法的義務（権利）の同定において制度史を正当化する道徳的原理が決定的な役割を果たすと彼が考えるハード・ケースに関してさえ承認しているのである[6]．すなわち，その同定が政治道徳的考慮に依存する法的義務（権利）でさえ，背景道徳上の権利義務と衝突しうるのである．要するに，ドゥオーキンは「法はあるべきようにはないこともありうる（law may not be what it should be）」[7]こと，すなわち，在る法と在るべき法とが区別さるべきことを認めており[8]，その意味で，「不正な法も法である」とする立場を「広義の法実証主義」と呼ぶなら，彼はこの広義の法実証主義に与していると言ってよい．

　それではドゥオーキンはその法実証主義批判において，いったい何を批判し，何を問題にしているのか．「不正な法も法である」というテーゼを彼自身受容している以上，このテーゼは彼が自己の批判対象として措定した法実証主義を性格づけるための必要条件ではあっても十分条件ではありえない．このテーゼとは別のテーゼ，しかも前者を含意することはあっても前者によっては含意されないようなテーゼを彼は法実証主義の核心とみなし，それを批判しているはずである．しかし，いかなる法概念論的問題がそこには懸っているのか．それは「不正な法も法か」という問題に劣らぬ法哲学的重要性を真に有しているの

---

5) Cf. *ibid.*, pp. 326f., 341f.
6) Cf. *ibid.*, pp. 327, 342.
7) Cf. *ibid.*, p. 341.
8) 　ドゥオーキンが法と道徳の分離を否定していることを理由に，深田三徳はドゥオーキンが「『在る法』の確認には『在るべき法』が必然的に関与するとして，在る法と在るべき法の分離を否定している」と主張する（深田・前掲書18頁．さらに，参照，同書89-90頁）．「分離」の否定が「区別」の否定をも含意するとは必ずしも深田は考えていないのかもしれないが，本文で触れた在る法と在るべき法との区別に関するドゥオーキンの明示的主張に照らしてみるとき，深田のこの性格付けは少なくともミスリーディングであると思われる．また，法的権利義務の同定に道徳的・規範的議論が不可欠の役割を果たすというドゥオーキンの主張を「在る法の確認に在るべき法が必然的に関与する」という主張として読み換えている点で，深田は在るべき法の規範性のみが社会的事実に還元されない真正の規範性であるという前提に立っているように見えるが，本章第3節で明らかにするように，ドゥオーキンはまさに規範性に関するこのような一元主義的理解を，法実証主義の法-道徳分離論の根底にある誤謬の一つとして批判しているのである．深田の上記の性格づけは，本章第3節で示されるような法の規範性に関するドゥオーキンの複雑かつ微妙な立場を見失わせる点でも不適切であると思われる．

か．換言すれば，それについての対立を「法実証主義内部の小競り合い」としてよりも，ドゥオーキンが理解しているように，法実証主義と（自然法論とは異なった）反法実証主義との対立として記述する方が適切である[9]と言えるほど，それは根源的な問題なのか．

2) 法実証主義のドゥオーキン馴化戦略

第二波法概念論争の起点であり，そこにおける論議の土台を提供している1967年の論文[10]において，ドゥオーキンは彼の批判対象としての法実証主義を，法とは特別のテスト——標準の内容にではなくその出自ないし系譜（pedigree），すなわち，標準が採択・創造される仕方に関わるテスト——によって網羅的に識別・同定されうる特別のルールの集合であるという基本テーゼによって性格づけた．ドゥオーキンによれば法実証主義はさらに，この基本テーゼのコロラリーである次の二つのテーゼにコミットしている．すなわち，第一に，このような究極のテストをパスしたルールによって異論なく包摂されないハード・ケースにおいては，裁判官は法を適用することによってではなく裁量を行使することによって事案を裁定せざるをえない．第二に，このようなケースにおいては判決に先立って主張しうる法的義務や権利は存在しない．

ドゥオーキンはこのように性格づけられた法実証主義の法モデルが，現実の裁判で実践されている法的推論を説明するのに不適格であるとして批判する．その際，彼が注目するのはいわゆるハード・ケースである．これはその法的妥当性について異論のないルールの適用によって一義的に裁決するのが困難で，原告・被告いずれの側を支持する決定も激しい論争の的となるようなケースであり，既存の法的ルールが曖昧な場合だけでなく，その杓子定規な適用が法の趣旨からしても著しく不合理・不公正な結論に導くと思われるがゆえに，その適用の制限をめぐって争われるような場合も含む．このようなケースにおいて

---

9) 言うまでもなく，ここでは「法実証主義」という言葉に唯一の「正しい」固定した意味があるという前提はとられていない．「法実証主義」を「不正な法も法である」というテーゼと等置すべきか，より限定的な意味で使うべきかは論議の文脈に依存した相対的な問題である．ここでの問題はいずれの用法が法概念論の重要な諸問題の同定と明確化に資するかである．

10) R. Dworkin, "The Model of Rules," in *University of Chicago Law Review*, vol. 35 (1967), pp. 14-46 (reprinted in *TRS*, pp. 14-45).

は，裁判官はしばしば，ドゥオーキンが「原理（principles）」と総称する諸標準，すなわち，明示的採択も一般的承認も得ているわけではないにも拘わらず当該社会の法伝統・法文化の不可欠の構成要素となっているような道徳的・政治的諸標準——これらはルールの妥当性とは論理的性格を異にする「ウェイト（weight）」をもつとされる——に訴えて，当事者の法的権利義務に関する自己の判断を正当化している．なお，ここで言う「原理」には，目的論的考慮から多かれ少なかれ独立した個人の権利に関わる正義・公正等の次元の要請を表明する狭義の原理——例えば，「何人も自己の悪行によって利得すべきではない」など——の他に，社会の集合的目標を設定する「政策（policies）」も含まれる．本章では以下，「原理」という語をこの広義において使用する．

　ドゥオーキンによれば，このような事態は法実証主義の法モデルの適格性を疑わせるものであり，法実証主義者は自己の立場を擁護するためには次の二つの戦略のいずれかをとらなければならない．すなわち，原理は裁判官が適用義務をもつ法的標準ではなく，適用するもしないも法的には自由な非法的標準であり，それらが援用されるハード・ケースにおいては裁判官はその標榜するところに反して，実は，先在する法的権利義務を確認・執行しているのではなく，裁量を行使して事後立法を行っているにすぎないことを示すか，さもなくば，原理も裁判官を拘束する法的標準たりうることを認めた上で，それが法の同定のための究極的テストに関する法実証主義の基本テーゼと矛盾しないことを示すことである．ドゥオーキンはいずれの戦略も成功しえないと主張する．すなわち，彼によれば，第一の可能性に関しては，原理は法実証主義の法モデルに合致しないから法でないという循環的議論に陥ることなく，原理の法的性格を否認する説得的論拠を法実証主義者は提出しえない．原理は現実の法的推論において不可欠の役割を果たしている以上，その法的性格については否認する側に大きな挙証責任が課せられるが，法実証主義者はこの責任を遂行できない．第二の可能性に関しては，法実証主義的「系譜テスト（tests of pedigree）」の枠内では法的拘束力をもつ原理とそうでないものとを識別し，様々な法的原理のウェイトを決定する基準を定式化できない．一つの原理の法的地位・ウェイトは「制度的支え（institutional support）」，すなわち，憲法・法律・判例等の実定的法素材および他の諸原理の総体とそれとの複雑・多様な内容的正当化連

関に依存するが，これは単一の「系譜テスト」のうちにまとめあげうる性質のものではない．また，原理を，系譜テストを定めるマスター・ルール——ドゥオーキンは H・L・A・ハートの承認のルールをその典型とみなす——そのものと同じレヴェルの法的標準とみなすことは，法実証主義の基本テーゼの放棄を意味する．

ドゥオーキンは 67 年論文においてはこのような法実証主義批判に基づき，法とは何らかの事実的・形式的テストによって異論なく同定されうるルールの集合であるという教説は放棄さるべきであると主張する．彼の観点からは，原理のように形式的・事実的テストを超えた「制度的支え」に依存し，それゆえその法的身分およびウェイトについて有能な裁判官の間でさえ見解が対立しうるような諸標準も，ルールとは違った仕方でではあるがなお裁判官を法的に拘束することがありうる．したがってまた法的権利義務が確立されたルールによって与えられていない場合でも，原理に訴える議論の次元においてそれを支持する論拠が反対論拠よりも強い場合には，判決に先立ってそれが存在すると主張できる．ハード・ケースにおいては裁判官は（事後的立法を含意する意味での）裁量を常に行使するとは言えないのである．

ドゥオーキンのこのような法実証主義批判は大きな批判的反響を呼んだ．彼はその後の諸論稿[11]で批判に反論するとともに，法実証主義に対抗する自己の代替理論の明確化・発展に努めているが，彼の理論に対する関心の高まりに比例して批判も厳しさを増している．しかし，その際注目すべきことは，ドゥオーキンの主張が法実証主義に対する根本的な挑戦であることを否認し，彼の法モデルが法実証主義のそれと両立可能であり，これに包摂されうるとする反論が少なからず見られることである．このような反論の提唱者は原理も法たる身

---

11) 主なものだけを挙げれば，R. Dworkin, "Social Rules and Legal Theory," in *Yale Law Journal*, vol. 81 (1972), pp. 855-890 (reprinted in *TRS*, pp. 46-80); *do.*, "Hard Cases," in *Harvard Law Review*, vol. 88 (1975), pp. 1057-1109 (reprinted in *TRS*, pp. 81-130); *do.*, "No Right Answer?" (hereafter cited as "NRA"), in P. M. S. Hacker and J. Raz (eds.), *Law, Morality, and Society : Essays in Honour of H. L. A. Hart* (1977, Oxford University Press), pp. 58-84 (reprinted in a revised and expanded form in *New York University Law Review*, vol. 53 (1978), pp. 1-32) (以下，この論文の引用は改訂版による); *do.*, "Can Rights be Controversial?" in *TRS*, pp. 279-290; *do.*, "Seven Critics," in *Georgia Law Review*, vol. 11 (1977), pp. 1201-1267 (reprinted in a revised and expanded form in *TRS*, pp. 291-368); *do.*, A Reply by Ronald Dworkin (hereafter cited as "RRD"), in Cohen (ed.), *op. cit.*, pp. 247-300.

分をもちうることを承認した上で，法的原理が法実証主義的テストによって識別・同定可能であると主張する．この反論には二つのタイプがある．第一のタイプは，法の同定テストという見地からのドゥオーキンによる法実証主義の性格づけを基本的に受け容れる一方，系譜テスト，あるいは社会的事実のみに関わるテストは，ドゥオーキンが考えている以上に複雑な構造をもちうるものであるとし，洗練された系譜テストによって，法的原理を同定し，そのウェイトを決定できると主張する[12]．第二のタイプは系譜テストのような事実的・形式的テストのみを法の同定基準とする立場に法実証主義がコミットしていることを否定する．このタイプの反論においては，法実証主義の根本的特徴は，法の究極的テストの内容に関する主張にではなく，このようなテスト自体の権威根拠あるいは存在根拠に関する主張にある．すなわち，法の究極的同定テストそのものが裁判所による受容等，何らかの社会的事実を存在根拠とする社会的ルールであるという主張が法実証主義の核心とされる．したがって，標準の出自だけではなく内容にも関わり，一定範囲の道徳的考慮を法の同定基準に含めるようなテストも，それ自体が社会的ルールとしての身分をもつ限り，法実証主義の法モデルに取り込むことができ，このような社会的ルールとしての道徳感応的テストによって法的原理も同定できるとされる[13]．

　このような反論に従うならば，ドゥオーキンの法実証主義批判の意義は多かれ少なかれ瑣末化される．たしかに，第一のタイプの反論と第二のタイプの反論とでは，後者の方が前者よりもドゥオーキンの主張に対して譲歩するところが大きく，したがってまた，より柔軟な法実証主義的法モデル——実は解釈のいかんによっては，このモデルは法実証主義の枠を逸脱している可能性があるが，ここではこの点には立ち入らない——を採用しているという相違はあるが，いずれの観点からでも，ドゥオーキンの批判は結局，法実証主義のごく素朴な

---

12) Cf., *e. g.*, R. Sartorius, "Social Policy and Judicial Legislation," in *American Philosophical Quarterly*, vol. 8 (1971), pp. 151ff.; D. A. J. Richards, "Rules, Policies and Neutral Principles: The Search for Legitimacy in Common Law and Constitutional Adjudication," in *Georgia Law Review*, vol. 11 (1977), pp. 1069, 1095f.

13) Cf., *e. g.*, E. Ph. Soper, "Legal Theory and the Obligation of a Judge: The Hart/Dworkin Dispute," in *Michigan Law Review*, vol. 75 (1977), pp. 509-516; J. L. Coleman, "Negative and Positive Positivism," in Cohen (ed.), *supra* note 3, pp. 28f., 35-47; D. Lyons, "Principles, Positivism and Legal Theory," in *Yale Law Journal*, vol. 87 (1977), pp. 422-426.

ヴァージョンのみを論駁するにとどまることになる．

この種の反論の前提には，ドゥオーキンが提起した法概念論的問題についての次のような理解があると思われる．

　　制定法，慣習法，先例拘束性原理が妥当する法社会での判例法など，これまで法のパラダイムとされてきた確立したルールを法概念の中核に据える点で，また，かかるルールの法としての身分がその内容の道徳的正当性よりもむしろ，それらを確立せしめた人間行態・信念の事実に依存すると考える点で，ドゥオーキンは法実証主義者と一致している．彼が問題にしているのは次の点である．すなわち，このような確立したルールに加えて，彼が原理と呼ぶコントロヴァーシャルな諸標準も，確立したルールと一定の正当化連関に立つ限り，法の概念に含めるべきではないのか．原理も法たりうることを承認する場合，法的原理は道徳的・政治的議論に訴えずにはその法的身分・ウェイトを決定できないのではないか．もしそうならば，原理を法の概念に取込むためには，法を同定するマスター・ルールについての従来の法実証主義の見解は修正を余儀なくされるのではないか．要するに，ドゥオーキンは法実証主義の法モデルが法の中核的部分に適合することを認めた上で，法のコントロヴァーシャルな周辺部分に対するその説明力のみを疑問に付しているのである．

このような理解が前提されるならば，先のような反論の当否に関わりなく，ドゥオーキンの法実証主義批判の法概念論的意義は低く評価されざるをえない．すなわち，たとえドゥオーキンが主張しているように，原理が法実証主義の法モデルに包摂されえないとしても，それを組み込んだ彼の法モデルはせいぜい，法実証主義的モデルの「部分的修正ないしは継続形成」[14]にとどまるということになろう．

ドゥオーキンの理論の法概念論的重要性を疑わせるもう一つの事情は，彼の理論の論理的身分に関わる．フィリップ・ソウパーによれば[15]，法実証主義者

---

[14] 参照，田中・前掲論文，214-215，255-256頁．ただし，この評価をドゥオーキンの理論に決定的に下すべきか否かについて，田中はこの論文では判断を保留している．

はあらゆる法社会に必然的に妥当するものと意図された「概念的 (conceptual)」な主張を立てるのに対し，ドゥオーキンは特定の法社会——デュー・プロセス条項のような，広範な道徳的考慮に法的レレヴァンスを与える憲法規定をもち，違憲審査制の下で裁判所が重大な政治的決定において積極的役割を果たしうる合衆国のような法社会——に特有の偶然的な法の諸特徴を記述・説明しているだけである．この理解に従えば，ドゥオーキンの理論はまさにその論理的身分のゆえに法実証主義の法概念論的主張を反駁しえない．また，仮にそれが普遍性を標榜する法実証主義に対する「反例 (counterexample)」を示しているとしても，それが提供する記述・説明は法実証主義に代わる「対抗理論 (countertheory)」たりえない．すなわち，それは特定の法社会にその適用可能性を限定されており，すべての法社会に適合する法概念論的モデルとしての資格をもたない．

　以上のような諸考慮はもし正当ならば，ドゥオーキンが法実証主義に対して挑んでいる論争の法概念論的意義・法哲学的根源性に対して重大な疑念を抱かせるものである．ドゥオーキンは彼の理論が「概念的」ではないという批判に対しては，単なる経験的一般化に対する反証の場合とは異なり，概念的主張に対する反証の試みはそれ自体別の対立する概念的主張を含意すると反論し，法実証主義と彼の理論とが，正義概念についての相対立する哲学的諸理論と同様，「論争的概念 (contested concepts)」——正義概念と同様，法概念や法的権利の概念がこのようなものとして性格づけられる——についての相異なった競合する構想 (conceptions) をなす関係にあるとする[16]．たしかに，ドゥオーキンはある特定社会の法が法実証主義の法モデルの構成要素をなす諸特徴以外の特徴を偶有していると主張しているのではなく，あらゆる社会の法が必然的に一定の特徴を有するとする法実証主義の概念的主張を，法の中心事例の一つとして誰もが承認している特定社会の法を反例として提示することにより論駁することを試みているわけであるから，彼の試みはもし成功しているならば，法実証主義の法概念自体の変更を迫ることになる．しかし，ドゥオーキンの理論が単に特定の法社会の特殊性の説明にとどまらず，法概念についての一つの con-

---

15) Cf. Soper, *supra* note 13, pp. 473-476, 518f.
16) Cf. Dworkin, *TRS*, pp. 350-352.

ception を提示するものであることは承認できるとしても，この conception と法実証主義のそれとの対立は，彼が想定しているように，正義概念をめぐる（例えば）功利主義と人権理論との対立に類比しうるほど，根本的なものであろうか．法概念に対するドゥオーキンの conception は法実証主義のそれの「部分的修正ないしは継続形成」以上のものであると言えるだろうか．

　私見によれば，ドゥオーキンが1970年代前半以降の諸論文で展開している法命題の理論は，この問題への肯定的解答を正当化するに足る重要な法哲学的含蓄をもつ．以下ではこの含蓄の基本的な部分，すなわち，この理論と「現存法」観念への批判との関係を中心に考察し，彼の法理論が従来の自然法論や法実証主義とは異なった，法に対する一つの新たな視点を提供していることを明らかにしたい．

2 「現存法」観念の批判と法命題の理論

1) ルール・モデル批判から「現存法」観念の批判へ

　ドゥオーキンの法概念論的主張が，法は確立したルールだけではなくコントロヴァーシャルな原理からも成るという主張として解釈されるならば，彼の法実証主義批判の法哲学的根源性は否認されざるをえないことを既に見た．たしかに，67年論文は一定の事実的・形式的テストによって同定される確立したルールの集合としての法の観念を法実証主義の核心とし，これを，現実の裁判での判決の正当化において重要な役割を果たしている原理を引合いに出すことにより批判するという構成をとっているため，この論文にのみ注目する限り，このような解釈は自然なように見える．しかし，その後の諸論稿ではドゥオーキンは明示的にかかる解釈を拒否している．

　　「法（the law）」は一定数の標準を含み，その中にはルールもあれば原理もある，ということが私の論点なのではない．実のところ私は，「法」はいかなる種類のものであれ標準の一定の集合（a fixed set of standards of any sort）であるという観念に反対したいのである．[17]

法はルールの体系であるという観念を斥けた際，私の意図は法はルールと原理との体系であるという理論をその観念に代置することではなかった．[18]

　ドゥオーキンが斥けているのは単に，確立したルールの集合としての法の観念だけでなく，ルールであれ原理であれ，およそ他から区別された一定数の特別の諸標準の集合としての法の観念である．彼はこのように観念されたものをハートに倣って「現存法（the existing law）」[19]と呼ぶ．ドゥオーキンによれば，「現存法」の観念は法実証主義者に限らず広く受容されている「馴染み深い法の表象（a familiar picture of law）」[20]である．彼はこの観念にいくつかの特徴・機能を帰しているが，これらは次のように整理できよう．

　第一に，「現存法」は諸標準の「集合」であると言う場合の集合概念は数学的・論理学的意味における集合の概念に近い．すなわち，「現存法」に属する各標準はこの意味における集合の要素と同様，一つの存在者（an entity）としての明確な個体的同一性（具体的個物だけでなく数のような抽象的存在者も有しうるような意味におけるそれ）をもたなければならない．「現存法」に属する各標準の個体的同一性はそれに割当てられた「公定形式（canonical form）」によって特定される．この「公定形式」は制定法の文言や，権威ある判例・学説による判例法・慣習法の言語的定式化に求められるか，さもなくば何らかの理論的・哲学的「個体化原理（principles of individuation）」[21]によって規定される．また，数学的・論理学的意味における集合はその要素が満たすべき基準が明確に規定されえない限り存在するとは言えないように，「現存法」の存在想定はある標準が「現存法」に属すると言えるための明確に規定された基準の存在想定を含意する[22]．

　第二に，「現存法」の観念を受容する人々にとっては，ある特定の標準——

---

17) Dworkin, "Social Rules and Legal Theory," *supra* note 11, p. 886 (*TRS*, p. 76).
18) Dworkin, "Seven Critics," *supra* note 11, p. 1256 (*TRS*, p. 344).
19) Cf. Dworkin, *TRS*, p. 292.
20) Cf. *ibid*.
21) 「現存法」を一つの体系として捉え，その構造分析を試みる理論家にとっては，個体化原理およびそれによって答えらるべき個体化問題は格別の重要性をもつ．この点に関して，cf. J. Raz, *The Concept of a Legal System*, 2nd ed., Clarendon Press, 1980 (1st ed. 1970), pp. 70-92.
22) Cf. Dworkin, *TRS*, pp. 76, 344.

ルールにせよ，原理にせよ――がある任意の時点で「現存法」の集合に属しているか否かが，その標準の法的性格を判定する上で決定的な問題となる．彼らは法と道徳との関係の問題をも，「現存法」を構成する諸標準の集合と，別の集合，すなわち，何らかの帰属条件によって定義さるべき道徳的標準の集合とが，一致しているか，重合しているか，包含関係にあるか，相互に排他的か，といった問題として考察する．したがって，この見地からは，「現存法」の要素が満たすべき必要十分条件を規定し，この条件が道徳的に妥当な諸標準の集合の帰属条件を包含しているか否かという問題に答えることが法理論の重要な任務をなす[23]．

第三に，「現存法」の観念に支配された人々にとって，法的権利義務は「現存法」に属する何らかの標準がそれを「規定（provide）」している場合にのみ，すなわち，かかる標準が直接にそれを設定しているか，またはそれがかかる標準と一定の真なる事実命題とから演繹される場合にのみ存在する．このことは一般市民や諸法人の法的権利義務に関してだけではなく，このような権利義務に基づいて法的争訟を裁定すべき裁判官の法的義務に関しても妥当するものとされる[24]．

このような「現存法」の観念はドゥオーキンが承認しているように，従来の法思考に根深く浸透している．例えば，ジュールズ・コールマンは，「法実証主義」が単に法的諸標準の集合を定義する基準が存在するという立場を意味するにすぎないならば，あらゆる法理論は法実証主義の何らかのヴァージョンとなり，このとき法実証主義は分析的真理，しかも何ら「面白味のない（uninteresting）」真理と化すであろうとする[25]．これは「現存法」の観念がいかに自明の前提とされうるかを例証している．また，ドゥオーキンによればこの観念は彼が「秘本説（the secret-book theory）」と呼ぶ発想とも密接に結びついている．これは，およそ法的権利義務が判決の理由となりうるのは，それが「書物（books）」，すなわち，何らかの権威的テクストのうちに予め告知されているからだという前提に立ち，そこから，公表された法的テクストを見る

---

23) Cf. *ibid.*, pp. 343f.
24) Cf. *ibid.*, pp. 292f.
25) Cf. Coleman, *supra* note 13, p. 28.

だけでは裁定できないハード・ケースにおいて，法的権利義務が真に存在するためには，一般公衆・法曹が直接に見ることのできない何らかの「秘本 (secret books)」の中に記された命題から，それが導出できなければならないと推論する発想法である．この考え方の下では，ハード・ケースを法的権利義務に基づいて裁定しようとする裁判官は直接には見ることのできない「秘本」の中に何が書いてあるかについて，推測（guessing）を試みているにすぎない．かかる「秘本説」は「現存法」の観念の比喩的具象化であると同時に，その帰結である．ドゥオーキンによれば，ハード・ケースにおいても判決に先立って法的権利義務が存在しうるという彼の主張を，「現存法」の観念の枠内で解釈しようとする人々は，しばしばこの「秘本説」に多かれ少なかれ似た法的権利義務の説明を彼に投影し，そのことによって彼の主張を戯画化し，その信用を失墜させている[26]．

ドゥオーキンはこのような「現存法」の観念そのものを斥ける．彼にとって「各々が固有の公定形式（canonical form）をもち，相互に他から明確に区別された別個独立の諸命題の集合としての『法』（'the law'）なるものは存在しない」[27]．したがってまた，彼は「現存法」の観念が考察を要請する諸問題，例えば，法的標準の「個体化問題」や特別の諸標準の集合たる「現存法」への個体化された標準の帰属条件の問題——J・ラズが「法体系の同一性」の問題として考察しているもの[28]がその典型——を的を失した問題として考察対象から排除する[29]．すなわち，彼は確立したルールの体系という法モデルに代えてルールと原理との体系という法モデルを提供しようとしたのではなく，両モデルに共通の前提である「現存法」の観念そのものが廃棄さるべきことを主張しているのであり，この点で既に，彼の理論は法実証主義（さらに，「現存法」の観念を共有するすべての法理論）の法概念論的主張に対する根本的挑戦を含んでいると言ってよい．しかし，ドゥオーキンはこの「現存法」の観念に代えて，いったいいかなる法の表象を提示しているのか．この問題を考察する上で鍵と

---

26) Cf. Dworkin, *TRS*, pp. 293, 337, 344.
27) *Ibid.*, p. 344.
28) Cf. Raz, *supra* note 21, *esp.* pp. 93-120, 187-202 ; *do.*, *The Authority of Law*, Clarendon Press, 1979 (hereafter cited as *AL*), pp. 78-102.
29) Cf. Dworkin, *TRS*, pp. 75f., 344.

なるのは彼の次の一節である．

　私は法律家たちが現存法の表象をそっくり（the entire picture of existing law）捨て，代わって次のような法理論を採用するように彼らを説得したいと思う．すなわち，法的権利の問題を政治的権利（political rights）についての特殊な問題として捉え，その結果，ある一定の法的権利について，既に「現存（exist）」する何らかのルールないし原理がその権利を規定しているとは想定することなく，なお原告がその権利を有していると人が考えることを可能にするような法理論である．裁判官は現存法のうちにルールを発見しているのか，それともそこに見出しえない新しいルールを作り上げているのか，というミスリーディングな問いに代えて，裁判官は当事者が有する権利の対象が何であるかを確定すべく努めているのか，それとも，社会的諸目標に仕えるべく，新しい権利と自ら考えるものを創造しているのかを我々は問わなければならない．[30]（傍点は井上）

　この一節は法と政治道徳との関係の問題や法の客観性の問題など，重要な諸問題を提起しているが，ここでは最も基本的と思われる次の点に注目したい．すなわち，ドゥオーキンはここで明らかに，法は第一次的には人々の間の権利義務関係として存在するという表象（picture）を提示している．古典的な言い方を借用すれば，一種の「法律関係説」的な法の表象が示されていると言ってよい．この表象の下では，人々の間に存立する法的権利義務関係は権威的標準の単なる「写し絵」ではなく，むしろ後者よりも根本的な存在であり，そこにこそ法の現実性が存するのである．このことはドゥオーキンにとって，少なくとも次の二つの意味をもつと考えられる．第一に，上記引用箇所で示唆されているように，法的権利義務関係は何らかの権威的標準——ルールにせよ原理にせよ——がそれを「規定」していなくても存在すると言える場合がある．第二に，権威的標準によって権利義務関係が創造される場合でも，前者の内容が後者の内容を決定するわけではない．むしろ，逆に権威的標準（例えば，制定

---

[30]　*Ibid.*, p. 293.

法規)の法的意義あるいは法的「正味」は,それが人々の間の既存の法的権利義務関係(個別的・具体的なそれだけではなく一般的・抽象的なものも含めて)にいかなる変更を実際に加えたかによって決定される.その際,法的権利義務関係に対するかかる効果は当の標準(制定法規)の文言を反復することによっては正しく記述できない場合が多い.この効果は,法学者が教科書・註釈書の中で与えているような,権威的標準の文言とはかなり異なった記述によって初めて明らかにされるのが普通である.これらの記述はその様式(使用される命題の形式・数・一般性の程度など)が記述主体によりかなり異なりうるが,かかる相違にも拘わらず,それらはなお「同じもの」を記述していると言いうるのであり,権威的標準の単純な投影には還元しえないこの「同じもの」,すなわち,法的権利義務関係こそ現実の法である[31](ちなみに,ドゥオーキンが法的標準の「個体化問題」を誤った問題,答えのない問題とみなす理由もここにある).

ところで,ドゥオーキンは自ら編集した『法の哲学』(*The Philosophy of Law*)(1977年)の序文では,法は少なくとも次の三つの相互に区別さるべき意味で存在するとしている.すなわち,第一に,(a) 特殊で複雑な社会制度の一類型としての法(*law*),第二に,(b) 特定の型の出自を有し,いくつかの特殊な類型に属するルールないし他の諸標準としての法規(*laws or rules of law*),第三に,(c) 一定の権利・義務・権能や人々の間の他の諸関係の,特定の源泉としての法(*the law*)が存在するとされる[32].ドゥオーキンはここでは法のかかる三つの存在様態を並列している.しかし,次の点に注意しなければならない.すなわち,彼はこの三つの法観念の並列図式を,自己の法理論的主張としてではなく,自己の法理論をも含めた様々な諸理論を比較・対照するための,メタ法理論的分析枠組として提示しているのである.彼の法理論そのものは,比較さるべき他の諸理論がそれぞれ固有の仕方でそうしているように,三つの法観念の間に異なった比重を配分している.この枠組に即して言えば,法実証主義者にとっては (a) および (b) が法の第一次的存在様態であり,(c) は

---

31) Cf. *ibid.*, p. 76 ; R. Dworkin, "Introduction," in R. Dworkin (ed.), *The Philosophy of Law*, Oxford University Press, 1977 (hereafter cited as *PL*), pp. 4f.
32) Cf. Dworkin, "Introduction," in *PL*, pp. 1f.

(a) についての彼らの諸理論に相関的に定義された (b) の集合と同一，あるいはその反射にすぎないのに対し[33]，ドゥオーキンにとっては (c) こそ法の根本的な存在様態であり，(a) の内部で創造され発展させられた (b) の集合には還元しえない存在性格をもつ．彼にとっては，(c) が提起する諸問題の考察こそ法理論の主要課題であり，(a) および (b) に関する諸問題は (c) に関する諸問題への解答がそれらへの何らかの解答を含意するか，(c) に関する諸問題がそれらの考察を前提として要請する限りで考察対象となる．

なお，ドゥオーキンは (c) を，一定の権利義務関係――権能その他の諸関係も含めて（以下同様）――の「特定の源泉 (a particular source)」としての「法 (the law)」と表現しており，この表現は (c) を中核に据える彼の法観念も結局，「法源」を構成する権威的諸標準の集合の観念に帰着し，ただこの集合の中にルールだけでなく原理も含められているにすぎないという解釈を許すように見える[34]．しかし，かかる解釈はドゥオーキンが「現存法」の観念を明

---

33) Cf. *ibid.*, pp. 2-6.
34) 深田三徳は前掲書（註 3）において，「現存法」の観念に対するドゥオーキンの批判に注目し，そこに法実証主義者とドゥオーキンとの基本的な対立点の一つを見出している（参照，同書 206-208 頁）．さらに，この対立についての深田の解釈を示すものとして，本章でも触れたようなドゥオーキンによる三つの法観念の区別を論じた同書第四章第二節（111-122 頁）を挙げている（参照，同書 208 頁）．そこでは深田は「ドゥオーキンが重要視するのは (b) の法律ないし法の諸ルールよりも，(c) の権利・義務等の源としての法である」（同書 115 頁）とした上で，(c) の意味での法に対するドゥオーキンの理解について次のように述べている．「ドゥオーキンにとって，法は，憲法，制定法，判例法といった法的諸ルールの部分だけでなく，この部分が暗黙の正当化として前提にしている，それゆえそこから推測されるべき一般的諸原理からもなっているのである」（同書 120 頁．傍点は井上）．

以上の点から察する限り，深田は結局，ドゥオーキンが批判した「現存法」の観念を確立したルールの体系としての法と等置し，「現存法」の観念に代えてドゥオーキンが提示した法の表象をルールと原理との体系としての法の観念に求めているように思われる．しかし，本章でも既に確認したように，ドゥオーキンは「現存法」の観念を斥けるとき，ルールであれ原理であれ，およそ何らかの特定可能な権威的諸標準の集合としての法の観念一般を斥けたのであり，ルールと原理との集合としての法の観念をもって，ドゥオーキンが「現存法」の観念に対置した彼独自の法観念とみなすことはできない（実は深田自身，前掲書 207-208 頁において，ドゥオーキンがルールと原理との体系としての法の観念を明示的に斥けている箇所を引用しているのである）．深田が「現存法」の観念に対するドゥオーキンの批判に注目しながらも，それに対置されたドゥオーキンの法観念を，まさに批判された「現存法」の観念の枠内で再解釈していることは，ドゥオーキンが「現存法」の観念と結合したものとして批判した「秘本説」的発想を示唆する「推測されるべき」という表現を，氏が先に引用した箇所で使用していることからも推察される．深田の解釈に対するこのような理解がもし正しいとすれば，このことは「現存法」の観念が我々の法思考を根深く支配しているというドゥオーキンの主張の一つの例証となろう．ただ，責任の一半は

示的に斥けているという，既に見た事実と相容れない．(c) に関してドゥオーキンがこのようなミスリーディングな表現を用いたのは，彼が例示しているように，法的権利義務関係を記述する命題（法命題）がしばしば 'The law is that…', 'The law provides that…', 'It is a principle of the law that…' というような形式をとるという事実を示唆するためであるにすぎないと解すべきであろう[35]．かかる前置句はその表面的な文法的形式にのみ注目する限り，ある特定可能な権威的法源を指示し，後続節がその内容の報告であることを示しているように見える．しかし，その深層にある論理形式を見るならば，それらは決して指示的表現と一種の繫辞との結合体などではなく，一種の論理的演算子 (operator) あるいは限定詞 (qualifier) であって，これらを含む命題が記述する権利義務関係が終局的・絶対的なそれ，あるいは制度史の存在を前提としない背景道徳上の権利義務関係ではなく，まさに法的な権利義務関係であることを示す機能をもつ．もちろん，法実証主義者はかかる命題は権威的法源の内容を正確に報告している場合にのみ真であるという見解を採ることができるが，かかる命題の論理形式自体がこのような見解を正当化するわけではない．実際，ドゥオーキンはこの見解を斥け，この種の命題の意味と真理条件について後に見るような異なった理論を提示している．いずれにせよ，ドゥオーキンの立場を整合的に理解しようとする限り，(c) の意味での法について彼自身の法理論が与えている表象は，権威的法源の内容には還元しえないにも拘わらず，なお「法的」という特別な形容を与えるに値する特定のタイプの（個別的・具体的または一般的・抽象的）権利義務関係としての法であると言うべきであろう．

2) 法命題の理論の再編

ドゥオーキンのこのような法観念はいま触れた法的権利義務関係を記述する諸命題，すなわち，彼が「法命題 (propositions of law)」と呼ぶ特徴的なタイプのディスコースについての彼の理論と不可分に結びついている．特定タイプの権利義務関係としての法の存在性格を解明しようとするならば，法命題の意

ドゥオーキンの用語法にある．権利・義務等の「特定の源泉」としての法というドゥオーキンの表現は，上のような解釈に我々をミスリードする可能性がある．
[35] Cf. Dworkin, "Introduction," in *PL*, p. 2.

味と正当化の問題に行き当たらざるをえず[36]，この法観念に基礎を置くドゥオーキンの法概念論においても法命題の理論が不可欠の役割を果たすことになる．逆に言えば，ドゥオーキンが法命題の理論を精力的に展開し[37]，それを自己の法理論（その概念的部分）の哲学的基礎としているという事実は[38]，彼が先に見たような法観念に依拠していることの一つの証左である．

　法的権利義務関係の権威的標準に対する存在論的優位あるいは一次性は，ドゥオーキンの法命題の理論においては，法命題と「法規についての命題 (propositions about laws)」との区別のうちに反映されている．ドゥオーキンによれば，J・オースティン，H・L・A・ハート，H・ケルゼン等の代表的な法実証主義者は「法規 (laws)」の性格・存在条件等に関しては見解を異にしていても，「法命題は法規についての命題である」というテーゼを共有している[39]．すなわち，彼らにとって法命題は法規の内容を記述する命題であり，それが記述する内容をもつ法規が存在するとき，かつそのときにのみ真なのである．法実証主義者の法命題の理論に関するドゥオーキンのこの総括が的を得ていることはケルゼンの見解によって例証されよう．ケルゼンは先に例示された法実証主義者たちの中でも法命題——彼はこれを 'Rechtssatz' と呼ぶ——に最も慎重な考察を加えた学者であり，法命題を権限ある機関が創設する「法規範 (Rechtsnormen)」——ここで言う「法規 (laws)」にほぼ該当する——から明確に区別したが，しかしなお彼にとって，法命題は法規範を記述するのであり，それが記述する法規範が存在する（すなわち，妥当する）とき，かつそのときにのみ真なのである[40]．しかも，ケルゼンにとって法的権利義務関係（法律関係 (Rechtsverhältnisse)）は，権限ある機関の意志作用の意味たる法規範（またはその複合体）の内容としてのみ存在し[41]，かかる法規範以外に法命題の可能的記述対象は存在しない．ケルゼンのこのような法命題の理論を典型とする

---

36) Cf. *ibid.*, pp. 5-9.
37) Cf. Dworkin, "NRA," pp. 1-33 ; *do.*, "Can Rights be Controversial ?" in *TRS*, pp. 279-290.
38) Cf. Dworkin, "Introduction," in *TRS*, pp. viiif.
39) Cf. Dworkin, "Introduction," in *PL*, p. 6.
40) 法命題と法規範との相違と連関とに関するケルゼンの見解とその論理的難点については，参照，井上達夫「規範と法命題——現代法哲学の基本問題への規範理論的接近（四・完）」『国家学会雑誌』100 巻 3・4 号（1987 年），83-97 頁．
41) CF. H. Kelsen, *Reine Rechtslehre*, 2. Aufl. Verlag Franz Deuticke, 1960, S. 167-172.

先のテーゼ，すなわち，「法命題は法規についての命題である」というテーゼは，法命題によって記述さるべき法的権利義務関係を権威的標準の内容に還元するものであり，「現存法」の観念の直接の帰結である．したがって，ドゥオーキンは自己の法観念を確立するためには，このテーゼを否定し，法命題が法規についての命題からいかにして区別されうるのかを示すことができなければならない．

　彼はこの区別を法命題の真理条件に関する一つの理論によって基礎づけようとしている．ドゥオーキンが法命題を法規についての命題から区別する上で決定的と考えたのは，法命題が一般的に承認された法規と何らかの真なる事実命題との集合から演繹されえない場合でも，なお真でありうると言うことを可能にするような法命題の真理条件，しかも法的論議の参加者に対して説得力をもつような真理条件を提示することである．彼はこのような課題を果たすために，ハード・ケースにおいて問題になるコントロヴァーシャルな法命題を念頭に置きつつ，次のような真理条件を構成する[42]．

　　ある法命題 P は確立された法（settled law）を最も良く正当化する政治理論（political theory）に対して，P の否定よりも一層整合的（more consistent）であるとき真であり，P の否定よりも整合性が劣る（less consistent）とき偽である．

　法命題の真理条件に関するこの規約を以下では便宜上，真理規約（L）と呼ぶことにする．ここに言う「確立された法」とは制定法・慣習法・確立した判例等，当該社会において受容された諸法規，あるいはまたかかる諸法規によってその真理性を確証されるノン・コントロヴァーシャルな法命題群から成る．「政治理論」とは政治道徳の次元に属する規範的諸理論で，確立された法を体系的に正当化すると同時に，67年論文で問題にされたような諸原理を含意ないし正当化し，それらのウェイトを確定する可能性を認められるほどの包括的

---

42) Cf. Dworkin, "NRA," pp. 28f.; do., TRS, p. 283; do., "Introduction," in PL, pp. 8f. このような真理条件の記述を敷衍し，支持する裁定理論を展開するものとして，cf. Dworkin, "Hard Cases," in TRS, pp. 81-130.

射程をもつものである.功利主義的諸理論や,J・ロールズの「公正としての正義」の理論,あるいは「平等な配慮と尊敬への権利(a right to equal concern and respect)」に基礎を置くドゥオーキン自身の政治理論などがその例として考えられるが,現実に提唱されたものだけでなく,既存の諸理論より優れているかもしれない,未だ発見されざる可能的諸理論も含まれる.かかる政治理論のうちのどれかが,確立された法を「最も良く正当化する」と言えるために満たさるべき条件が何かについては後述する.

　法命題の真理条件に関するこのような理論は,法命題と確立された法規についての命題の等置が含意する理論,すなわち,確立された法規とその要件事実に関する真なる諸命題とによって証明も反証もされえない法命題はア・プリオリに偽か,あるいは真でも偽でもありえないとする理論と対立する.それはこのような法命題が効果的な実証手続の欠如にも拘わらず,なお真でありうるという想定を可能にし,このような法命題の真偽をめぐる論争が既決問題(ア・プリオリな解が存在し,もはや論争の余地のない問題)や,あるいは仮象問題をめぐる虚しい論争ではなく,真正の問題をめぐる真正の論争であると言えるのはいかにしてかを示している.

　ドゥオーキンのこの理論は,何よりもまずコントロヴァーシャルな法命題を確立された法規についての命題から明確に区別している.しかし,彼の法命題の理論はこれにとどまらず,法命題一般を法規についての命題一般から区別することを可能にするような含蓄をもつ.

　第一に,真理規約(L)は直接にはコントロヴァーシャルな法命題に関わるものであるが,かかる真理条件論の前提をなす,法命題の性格についての見方はノン・コントロヴァーシャルな法命題にも適用可能なものである.ドゥオーキンによれば,法命題はその真偽の条件を定める何らかのグラウンド・ルールに基づいて営まれる現実の法的論議実践——彼はこれを「法的企て(the legal enterprise)」と呼ぶ——の内部においてのみ,それ固有の理解可能な意味をもつ[43].法的企てから独立にア・プリオリな仕方で法命題の真理条件と意味とを規定する立場は法実証主義者にも自然法論者にも見られるが,ドゥオーキンは

---

43) Cf. Dworkin, "NRA," pp. 20f., 28 ; *do., TRS*, pp. 284, 289.

法命題の理解においてはこのような超越的観点に対し内在的観点を優先させる．また他方で彼は，「一つの法規（a law）」がそれによって真とされる法命題，すなわち，それが創造した法的権利義務関係を記述する法命題によって定義されるならば，法規の個体化問題は——したがってまた，一つの制定法あるいは一つの法体系全体に含まれる法規の数の問題も——答えのない問題になると考える[44]．このような見方においては，法命題がまさに法命題たる性格をもつのは，それが何らかの権威的テクストの文言や哲学的個体化原理に従って個体化された特殊な存在者たる法規と，同一の形式的特徴をもつからではなく，その真偽が，法的企ての内部で発展してきた，一定の特徴的な構造をもった特殊な正当化の文脈において論議されうるからである．法命題はこの正当化の文脈の中で正当化可能な権利義務関係についての判断を表明するものであって，それらを「規定」する特殊な意味実体としての権威的標準，あるいは法規を，その公定形式において同定しようとするものではない．ある法命題（群）はこの正当化の文脈において真とされるならば，それがいかなる形式をもつかに関わりなく，当該社会の法を正しく記述していると言える．逆にまた，ある制定法規の文言を忠実に再現する法命題がこの正当化の文脈において，無条件に真とされるとは限らない．かかる法命題によって記述されるのは特殊なタイプの権利義務関係の複合体としての法であり，これはそれぞれが一定の一般性（具体性）の程度と一定の形式的構造をもつ別個独立の存在者として個体化された諸法規の集合とは異質のものである．

ノン・コントロヴァーシャルな法命題も，まさに法命題であり，しかも真なる法命題であると言えるのは，それが特定の確立された法規をその公定形式において正しく同定しているからではなく，確立された法規が法的権利義務関係の正当化において特別の役割を果たしうるようなグラウンド・ルールを，現実に営まれている法的企てが有しており，かかるルールが構成する正当化の文脈において当該法命題が正当化可能と認められるからである．確立された法規（例えば，即時取得に関する日本民法192条〜194条）がいかなる法命題を真にするかは，このようなグラウンド・ルールが前提されて初めて答えうる問題

---

44) Cf. Dworkin, "Introduction," in *PL*, pp. 4f.

であるが，確立された法規についての命題が確立された法規を正しく同定しているか否かは，このようなグラウンド・ルールを知らない外的観察者（例えば，法学の教育と訓練を全く受けていない哲学者）も，それに依存しない方法で（例えば，当の法規を含む権威的なテクストを参照したり，何らかの哲学的個体化原理に訴えることにより）答えることができる．したがって，ノン・コントロヴァーシャルな法命題でさえ，確立された法規についての命題には還元しえない特性をもつ．

第二に，コントロヴァーシャルな法命題は確立された法規についての命題でないだけでなく，コントロヴァーシャルな法規についての命題でさえない．コントロヴァーシャルな法命題に関して真理規約（L）が示す真理条件は，一見，次のような見解をドゥオーキンに帰することを許すように見える．

> この真理条件はたしかに法的原理とそうでないものとを区別する機械的決定方法を与えるものではない．ある法的原理の候補（を定式化する法命題）がこの真理条件を満たすか否かは，それ自体きわめてコントロヴァーシャルである．しかし，それにも拘らず，この真理条件はある原理が法的原理たりうるための必要十分条件を定めており，諸原理全般から区別された法的原理の集合を定義している．この集合と確立された法規の集合との相違は同定の難易にあるにすぎない．我々は前者に属する諸標準が何であるかを異論を許さない明証性をもって確実に知ることはできないが，この真理条件によって法的原理の集合は我々の知・不知から独立した客観的な仕方で確定されている．この集合に属する原理はコントロヴァーシャルであるという点で確立された法規とは異なるが，しかしなお，法規，すなわち，権威的な法的標準としての身分を客観的に有するのである．この真理条件は我々が知っている確立された法規の集合から，我々が確実には知らないコントロヴァーシャルな法規としての法的原理の集合を，一種の外挿法によって推測することを少なくとも可能にする．法とはこのような二種の法規の集合の和集合である．

この見解はドゥオーキンが秘本説と呼んだものとほぼ符合する．彼が自己の立場が秘本説と同視されるのを拒否していることは既に見た．上の見解をドゥ

オーキンに帰するならば，結局彼の理論を彼が拒否する「現存法」の観念の枠内に再び引戻すことになろう．

しかし，真理規約（L）が設定する真理条件は，この見解が想定しているのとは異なった性格と機能をもつ．それはコントロヴァーシャルな法命題の中から一定数の特定の法命題群を選び出し，これをもって「現存法」の部分集合としての法的原理の集合を定義するような条件ではない．このことは一つには，ノン・コントロヴァーシャルな法命題が確立された法規についての命題でないのと同じ理由による．この真理条件はある法命題がコントロヴァーシャルであるにも拘わらず，なお真であると主張することが意味をもちうるような一つの正当化の文脈を構成しているが，これによって真とされる法命題が一つの法規をその公定形式において同定していると言うことを可能にするような個体化原理は含んでいない．要素の数，形式等を異にする二つの法命題の集合が法的権利義務関係に関する同じ情報を含むならば，この真理条件が他方をも真とすることなしに一方を真とすることはありえない．

この真理条件が，いわば「見えざる法規」としての法的原理の集合を定義するものでないということのもう一つの理由は「最良の正当化」の概念に関わる．コントロヴァーシャルな法命題はコントロヴァーシャルな法的権利義務関係についての判断を表明するものであり，かかる判断の正当化に関与する諸原理は，真理規約（L）が想定する「確立された法を最も良く正当化する政治理論」のうちに統合されている．しかし，この政治理論は一定数の特別の法規の集合として表象しうるような性質のものではない．いかなる政治理論が確立された法を最も良く正当化するかが，何らかの形式的・論理的基準，例えば，与件的素材のできるだけ多くの部分をできるだけ少数の，できるだけ単純な命題によって説明しうるような理論を，その与件に関する最良の正当化理論とするような一種の思考経済の原理によって決定しうるならば，確立された法の最良の正当化理論が特殊な法規としての法的原理の集合を規定すると言うこともできるかもしれない．しかし，ドゥオーキンが考える「最良の正当化理論」は，このような形式的・論理的基準によって同定しうるものではない．

たしかに，彼にとっても，与件的素材としての確立された法をどれだけ多く正当化しうるかに関わる「適合性の次元（the dimension of fit）」において他に

まさる理論は，他の条件が等しければ他の理論よりも良い正当化理論である．しかし，これには重要な限定が二つ付せられる．第一に，この適合性の次元における評価にさえ純粋に形式的・論理的基準があるわけではない．そもそも法の個体化問題を解のない問題とするドゥオーキンにとって，ある理論がどれだけ多く確立された法を正当化しているかを，厳密に量的に規定することは不可能である．しかも，確立された法の構成要素は素材として均質一様な価値をもつわけではない．例えば，ドゥオーキンにおいては，公的機関の決定に実質的整合性を要求する「公正（fairness）」という価値が重視され，その観点から，確立された法に体現されている制度史の「傾向（trend）」をより良く把握する理論がより良き正当化理論とされ，確立された法の「回顧的（backward-looking）」な含蓄を示す素材よりも「前向きの（forward-looking）」含蓄を担う素材の方にウェイトが置かれる．また，素材の「垂直構造（vertical structure）」も当然考慮され，上位レヴェルの決定の方が下位レヴェルのそれよりも（憲法が法律よりも，あるいは上級審の決定が下級審の決定よりも），正当化対象として重要である．要するに，適合性の次元における評価自体が既に，形式的・論理的基準によって厳密に決定しうる問題ではなく，むしろ「性格づけの問題（a matter of characterization）」であり，何らかのコントロヴァーシャルな政治道徳的判断と切離しえないのである[45]（言い換えれば，適合性の次元における評価自体が既に，次に述べる道徳性の次元における評価に部分的に依存しているのである）．

　第二の限定はより重要である．すなわち，ドゥオーキンは正当化理論の比較評価においては適合性の次元だけではなく，どの理論が政治道徳理論として優れているか（いずれがより compelling であり，より sound であるか）が問われる「道徳性の次元（the dimension of morality）」も関わっていることを強調する．適合性の次元において他にまさる理論が必然的により良き正当化理論であるわけではなく，一定の適合性の「閾値（threshold）」を超えた諸理論の間では，適合性の次元において他よりも劣る理論も，道徳性の次元で他を凌駕していれば，他よりも良い正当化理論とみなされる[46]．

---

45) Cf. Dworkin, *TRS*, pp. 122, 341; *do.*, "RRD," p. 272.
46) Cf. Dworkin, *TRS*, pp. 340f.

最良の正当化理論がこのような性格をもつとすれば，それが道徳的標準一般から区別された特別の権威的標準の集合としての法的原理の集合を形成していると言うことはもはや正確な記述ではない．あるコントロヴァーシャルな法命題が，確立された法を最も良く正当化する政治理論によって正当化可能か否かの判断においては，判断主体は政治道徳的論議に深く立ち入らざるをえず，通常，判断主体が受容しているほとんどすべての政治道徳的標準が何らかの仕方でレレヴァンスをもつことになる[47]．

3) 論議実践としての法

法命題と法規についての命題との以上のような区別は，「法とは何か」という問いに関して「現存法」観念に支配された人々が共有している根本的な前提への挑戦を含意している．

　法理学は「法とは何か」という問いを立てる．大抵の法哲学者は法的権利義務のための論証において正当に使用できる標準（the *standards*）を識別することによって，この問いに答えようとしてきた．しかし，かかる排他的な標準のリストが作成されえないならば，法的権利義務を他の種類の権利義務から識別する他の何らかの方法が見出されなければならない．[48]

ドゥオーキンもまた法に限界があること，すなわち，法的なものと法外的（extra-legal）あるいは超法的なものとが区別さるべきであることを当然承認している．しかし，人間行為を律する様々な標準のうちから一群のもの——ルールであれ原理であれ——を特に選び出し，これに「法的」というレッテルを貼り，それ以外のものに「法外的」というレッテルを貼るという仕方でこの区別を立てることに彼は反対しているのである．「法的」という形容はドゥオーキンにおいては，特別な標準の集合にではなく，人々の間に存立する特殊なタイプの権利義務関係に本来帰せらるべきものである．「法的」権利義務関係が他の種類の権利義務関係から区別されるのは，それを記述する法命題の意味と

---

47) Cf. Dworkin, *TRS*, pp. 64-68.
48) *Ibid.*, p. 68.

真理条件が特殊な正当化の文脈によって与えられているからである．この正当化の文脈の構造は約束定義や何らかのア・プリオリな認識論的原理に基づいて自動的に決定しうるようなものではなく，当該社会において現に営まれている法的論議実践の内在的理解を通じて反省的かつ構成的に解明される[49]．ドゥオーキンによれば，少なくとも発展した法社会においては，一群の権威的標準を法的権利義務の排他的源泉とするような正当化の文脈[50]ではなく，かかる権威的素材を可能な限り政治道徳的にすぐれたもの（ましなもの）として意味づける包括的な政治道徳理論に法的権利義務の正当化根拠たりうる地位を与えるような正当化の文脈が，法的論議実践を性格づけている．

　法的な正当化の文脈の特色を理解するには，それに参与する資格をもつ標準

---

49) ドゥオーキンはある社会における法的企てがいかなるグラウンド・ルールに従っているか，すなわち，いかなる正当化の文脈を前提としているかは「事実の問題（a question of fact）」だとする．Cf. Dworkin, "NRS," p. 23. しかし，その趣旨が本文で述べたように構成的意味において理解さるべきであることは，ドゥオーキンが彼の論文 'Hard Cases' において，合衆国を典型とする発展した法社会における法的企てのグラウンド・ルールを敷衍する際に，超人的能力をもつ裁判官ハーキュリーズ（ヘラクレス）の思考過程の記述という形で，一定の理念化的方法を用いていることからも明らかである．

50) かかる正当化の文脈に立脚した法社会——仮に，実証主義的法社会と呼んでおく——が存在するか否か，存在するとして，現実の法社会の多数がそのようなものであるか否かは，いずれも論議の余地のある問題である．しかし，仮にこれらの問題が肯定的に答えられたとしても，そのことは法実証主義の法モデルあるいは「現存法」観念一般の妥当性を示す論拠にならないし，またドゥオーキンの法理論の一般的適用可能性を否定する理由にもならない．ここで次の三つの点に留意する必要がある．第一に，実証主義的法社会において，一群の権威的標準が法的権利義務の排他的源泉であるのは，「法は法規の集合である」という命題が概念的主張として正しいからではなく，その社会の法実践・法伝統が特定の正当化の文脈を成立させているという，基本的にはコンティンジェントな事実による．換言すれば，ある社会が実証主義的法社会であるという言明は真だとしても，分析的・必然的に真なのではなく，総合的・偶然的に真なのである．このことは「内在的」アプローチを採るドゥオーキンの法理論の観点からは説明可能であるが，法実証主義あるいは「現存法」観念が提示する法概念論的主張とは本来矛盾する．第二に，実証主義的法社会が「実証主義的」である根本動機の説明としては，それらの社会が政治道徳的考慮に無関心だからという説明よりも，かかる社会においては，一群の権威的標準を法的権利義務の排他的源泉とすることを正当化すると想定された何らかの（一つまたは複数の相競合する）政治道徳理論——例えば，予見可能性を政治権力の道徳的正当化の根本的条件とするようなある種の自由主義的理論や，民主的に選任された立法府の権力の司法権に対する優越性をラディカルに強調するある種の民主主義的理論など——が支持されているからだという説明の方が説得的である．もし後者の説明が妥当するならば，権威的標準を超えた政治道徳理論が，実証主義的法社会の法的正当化の文脈の外においてだけではなく内においても，基本的な役割を果たしている可能性を承認する余地がある．第三に，実証主義的法社会においては，法命題の真理条件は法規についての命題のそれとだいたい一致するとしても，法命題（したがってまた，それが記述する法的権利義務）の規範的意味に関しては，本章第3節で示されるようなドゥオーキンの一般的説明が，非実証主義的法社会におけると同様に適用可能である．

とこの資格を欠く標準とを峻別する基準を探索しても無駄である．ドゥオーキンによれば，そもそもこのような基準は存在しない．彼の観点から見るならば，重要なことはむしろ，背景道徳上の権利義務をめぐる論議に関与するあらゆる標準が法的論議にも関与するとしても，かかる標準の総体が組み込まれるこれら二種の論議の正当化の文脈の間には構造的相違が存在することを理解することである．すなわち，かかる正当化の文脈においてその意味と真理条件を付与される法命題が，法を単に社会的事実として外的に記述しているのではなく，正当化の概念と結合した真正の規範性をもつこと[51]，しかし，法命題は当該社会の制度史とは独立に純粋な理想法，端的な在るべき法を宣明する「刷新的（clean-slate）」判断ではなく，また，制度史が提供する権威的諸標準の内容の無批判的な記述でもないこと，要するに，法命題は社会の制度史をその最善の道徳的な相の下に照らし出そうとするすぐれて「解釈学的」な言明であること[52]を理解することが，法とは何かを理解する上で根本的重要性をもつ．ドゥオーキンにおいて，法は特定の認識論的見地からア・プリオリに設定された適格性条件を満たす規準（例えば，「系譜テスト」）によって同定されるような，一群の特別な標準の中にあるのではなく，一つの解釈学的伝統（法的企て）の内部においてのみその固有の意味が理解されうるような特殊なディスコースによって記述される，人々の間の特殊な権利義務関係として存在するのである．法と超法的道徳，在る法と在るべき法との区別も，異なった種類の標準の集合の間の区別としてではなく，異なったタイプの規範的ディスコース（規範的論議実践）の間の区別として，したがってまた，それらを性格づける異なった正当化の文脈の全体構造の間の区別として捉えらるべきものである．

---

51) Cf. Dworkin, *TRS*, pp. 50-58.
52) Cf. R. Dworkin, "Law as Interpretation," in W. J. T. Mitchell (ed.), *The Politics of Interpretation* (1982, University of Chicago press), pp. 249-270.

3 法の規範性・道徳性

1) 「悪法」の規範性

　ドゥオーキンが「現存法」の観念に代えて提示した以上のような法観念は様々な重要な問題を提起している．本章の結びとして，そのうちの主要な一つの問題について多少検討しておきたい．それは法の規範性ないし道徳性の問題である．

　ドゥオーキンは在る法と在るべき法との区別を基本的には維持しながらも，制裁の蓋然性や受容といった人間の行態・意識・信念に関する事実に還元されない真正の規範性を法（在る法）に承認する．しかも，彼は「現存法」観念を拒否する以上，この観念に依拠する法実証主義者がしばしば採る立場，すなわち，公定された標準がもつ権威要求に法の規範性を還元する立場[53]も採らないし，採りえない．特殊な規範的ディスコースにおいて論議される権利義務関係として法を捉えるドゥオーキンにおいて，法の規範性はかかるディスコースそのものの，したがって，法命題の特殊な規範性に存する．ドゥオーキンにとって法命題は道徳的判断の一種であり，真なる法命題が記述する法的権利義務関係は道徳的権利義務関係の一種である．法的権利，法的義務が超法的な背景道徳（あるいは，在るべき法）に基づく権利義務と矛盾衝突し，後者によって覆される可能性を彼は既述のように承認しているが，このことは彼にとって，法的権利義務がある種の道徳的規範性をもつこと，あるいは，司法的決定のための「道徳的な種類の理由（a moral kind of reason）」であることと何ら矛盾しない[54]．超法的な背景道徳上の権利義務と法的権利義務とは種類は異なるがともに真正の権利義務であり，ともに道徳的考慮に基づいている点で等しく道徳的な権利義務である．ドゥオーキンにとって道徳は一枚岩の静的な規範体系ではなく，様々な理由によって支持される様々なタイプの権利義務が相剋し，よ

---

53) かかる立場を最も洗練された形で展開している現代の法実証主義者はJ・ラズである．Cf. Ras, *AL*, pp. 28-33.
54) Cf. Dworkin, "RRD," pp. 256f.

り強い理由によって支持された権利義務がより弱い理由に基づくそれを覆すような動的な世界である．超法的な背景道徳上の権利義務は，あらゆる理由を考慮したならば結局何がなさるべきかに関わる「全般的または終局的 (overall or final)」[55]な権利義務であり，法的権利義務は制度史の存在と結合した理由によって支持される権利義務である．後者は前者によって覆されうるという意味でそれよりも「弱い」が，全般的・終局的な権利義務を正当化する実践的推論において，他の道徳的諸理由と並んで考慮さるべき真正の道徳的権利義務である．ドゥオーキンによれば，法実証主義者は背景道徳上の権利義務と法的なそれとが（すなわち，在るべき法と在る法とが）区別さるべきであるという正しい前提から，法（在る法）の同定は道徳的議論に依存しない事実の問題でなければならないという誤った結論を導出しているが，この誤謬の前提をなしているのは，規範的問題と事実的問題との区別を過度に単純化し，終局的義務の問題のみが規範的問題であるかのように考える発想である[56]．

　H・L・A・ハートは法の規範性および法と道徳との関係についての以上のようなドゥオーキンの説明を批判しているが[57]，彼の批判とドゥオーキンの反論とは問題の理解を深めるのに資すると思われるので，ここで多少立ち入って見ておきたい．ハートによれば，法命題の真理条件に関するドゥオーキンの主張を仮に認めたとしても，それによって法的権利義務は「一応の当為 (*prima facie* ought)」としての特性をもつ道徳的権利義務であるというドゥオーキンの主張を正当化することはできず，むしろ二つの主張は不整合である．すなわち，ナチの法体制におけるように，確立された法が道徳的にきわめて不正である場合には，それに適合する最善の政治道徳理論でさえ道徳的に忌わしいものでしかありえず，何ら道徳的な正当化力をもたない．ある理論が道徳的に邪悪な制度的与件に適合する道徳的に受け容れ難い諸理論のうちで，忌わしさの度合いが最も小さいものであるということと，その理論が少なくともある程度の（一応の）道徳的正当性をもつということとは同じではない．ドゥオーキンの法命題の理論によればこのような法体制においても法的権利義務が存在する――こ

---

55) Dworkin, *TRS*, p. 327.
56) Cf. *ibid.*, p. 342.
57) Cf. H. L. A. Hart, *Essays on Bentham*, Clarendon Press, 1982, pp. 147-153.

の結論自体はハートにとっても正しい——が，かかる忌わしい政治道徳理論によってこれらの権利義務に一応の道徳的規範性すら付与することは不可能である．また，等しい事例は等しく扱うべしという公正の要請によって，邪悪な法制度の下で成立する権利義務に一応の道徳的権利義務としての身分を与えることも不可能である．なぜなら，きわめて邪悪な法規が，その最初の適用事例においては道徳性をもつ法的権利義務を成立させないのに，その後の継続的適用においてはかかる権利義務を生み出すというのは，きわめて不合理だからである．

　ドゥオーキンはこの批判に対して，ハード・ケースにおいて法的権利が同定される仕方についての彼の説明と，同定された法的権利が一応の道徳的規範性をもつことについての彼の理由とをハートが混同していると反論する．ドゥオーキンによれば，確立された法の最善の正当化において現われるあらゆる原理が法的権利を尊重すべき一応の道徳的理由を与えるのではなく，この理由は，社会の憲法構造 (constitutional structure) を公的機関や一般市民が一般に権利義務の一源泉として受容しており，その下で課される負担を引受けている場合には，これらの人々はその下で到達される決定の利益に対して，弱いものではあっても何らかの程度の道徳的権利を有するという道徳的原理によって与えられる．ドゥオーキンは「公正」という価値に言及する場合このような原理を念頭に置いており，彼によれば，これは特定の制定法がいかに不正であっても，いったん執行されたならば，後の事例においても等しく適用さるべしというような原理とはまったく異なる．ドゥオーキンによれば，ハートは後者のような原理による法の道徳性の基礎づけをドゥオーキンのもう一つの議論とみなしている点でも，彼を誤解しているのである．ドゥオーキンにとって，ナチの法体制の下では背景道徳上の権利義務と衝突し，これによって覆される多くの法的権利義務が存在したことは明白であるとしても，このような法的権利義務が彼が示唆しているような考慮に基づく弱い（一応の）道徳的規範性さえももちえないということは決して明白ではない[58]．

　仮にかかる権利義務が一応の道徳的規範性さえ欠くとしても，このことは法

---

58) Cf. Dworkin, "RRD," pp. 257f., 260.

的権利義務を道徳的権利義務の一種とみなすドゥオーキンの立場に対する反証にはならない．ドゥオーキンによれば，そのような場合にはもはや，法的権利義務が存在するといういかなる理由も我々はもたないのである．なぜなら，ドゥオーキンにとって，

　悪法によって誰かがもつこともありうるような法的権利の観念を我々が必要とするのは，ときに衝突し得る政治的諸権利の二つの根拠の間の相剋を表現するためである．すなわち，社会の政治史〔制度史ないし確立された法〕がこれとは切離された他の道徳的議論と競合しうる――それに屈するかもしれないが――ような一つの道徳的議論のための，独立の根拠をしばしば提供しているという観念を表現するためである．しかし，法的権利の観念がこの有用な目的に仕えうるのは，次のようなときには我々はこの観念を使用しないという条件の下でのみである．すなわち，この独立の根拠が実際に利用可能であることを我々が否定するつもりのとき，当該事例がいかなる道徳的葛藤（moral conflict）も呈示していないと主張するつもりのときである．[59]
（傍点部は原文イタリック，角括弧内は井上）

　ドゥオーキンによれば，ハートもまた，不正な法も法として認められる限り何らかの程度の道徳的規範性をもたなければならないという考え方を否定できる立場にはない．なぜなら，ハートは法と道徳との関係を法実証主義的見地から説明する際，不正な法をも法として認める広い法概念を採用すべき理由として，不正な法に法的身分を否認することは，不正な法の存在が提起する多様な道徳的諸問題，特に義務の相剋をめぐる諸問題を過度に単純化してしまうという点を挙げているからである[60]．ハートのこの議論は不正な法も道徳的葛藤を生み出しうることを前提にして初めて意味をもつが，不正な法が道徳的葛藤を創出しうるのは，それがいかに弱いものであれ何らかの種類の道徳的権利義務を生起させる場合のみである．不正な法が背景道徳上の権利義務と競合するようないかなる種類の道徳的権利義務をも生起させないほどに不正ならば，そも

---

59) *Ibid.*, p. 259.
60) Cf. H. L. A. Hart, *The Concept of Law*, Clarendon Press, 1961 (hereafter cited as *CL*), pp. 206f.

そも道徳的葛藤の成立の余地はない．このような「法」は背景道徳と衝突しうるようないかなる対抗理由も提供できず，道徳的問題状況を複雑にするような力をまったくもたない．それはいわば規範的に「無」である．いかなる種類の道徳的理由によっても支持されない場合でも，なお法的権利義務が存在するという主張にハートが固執するならば，彼はなぜ不正な法も法と認めるべきなのかを示す彼自身の重要な論拠を否定してしまうことになる．またこのとき彼は，不正な法制度の下でも司法的決定の正当化理由となる法的権利義務を人々がもつと言えるのはなぜなのかを説明不可能にするような，「法的本質主義（legal essentialism）」——法的権利義務はそれを真に正当化する理由がなくても，事案の本性によって端的に存在するという主張——にコミットすることになる[61]．

2) 法 - 道徳峻別論再考

ドゥオーキンの以上のような議論は従来の法実証主義者の法 - 道徳峻別論に強く再考を迫るものである．三つの主要な論点について，ここで検討しておきたい．

第一に，法実証主義的法 - 道徳峻別論の重要な論拠の一つは，法と道徳の峻別が実定法ないし公的機関の決定に対する盲従的態度を排し，これらに対する批判的観点を可能にするために不可欠であるという議論である[62]．しかし，この議論は法と道徳の結合に関するドゥオーキンのような主張に対してはもはや有効ではない．法の道徳的規範性の承認と法に対する絶対的服従義務の承認とを同視するこの議論は，道徳的・規範的問題が終局的当為のみに関わっていることを前提にしているが，ドゥオーキンはまさにこの前提を批判しているのである．道徳性・規範性に関する彼の見解に立脚するならば，法的権利義務と道徳的理由との内在的結合を説くことは，「あるものが法的に妥当であると確認することは服従の問題に結着をつけるものではないという感覚を保存する」[63]ことと完全に両立する[64]．

---

61) Cf. Dworkin, "RRD," p. 259.
62) Cf. Hart, *CL*, pp. 205f.
63) *Ibid.*, p. 206.
64) 法批判・法服従の問題に関して，ドゥオーキンはその「市民的不服従（civil disobedience）」の理論において，さらに一歩進んで，国家機関の決定——立法府・行政府の決定だけでなく最高

第4章　法の存在と規範性　145

　第二に，ハートのような洗練された法実証主義者は，不正な法が惹起する道徳的ディレンマに対する解明力を，法 - 道徳峻別論のための，法的妥当性と服従の問題との区別よりも「一層強い理由（a stronger reason）」とみなしている[65]．しかし，このことはドゥオーキンの議論が説得的に示しているように，法とある種の道徳的理由との結合を前提にして初めて意味をもつのである．法的権利義務は何らかの道徳的規範性をもたない限り，他の道徳的権利義務とそもそも衝突しえず，道徳的ディレンマを成立させえない．いかなる道徳的理由によっても支持しえない権力体制については，制裁や内乱に伴うコストを払ってでも抵抗すべきか，いかなる抵抗方法が望ましいか，という戦略的問題は生じるが，法的権利義務と道徳的権利義務との間の規範衝突（正当性をめぐる葛藤）はまったく存在しない．もちろん，抵抗のコストの中には，内乱などによって脅かされる多数の人々の生命・身体・安全等に対する道徳的権利も含まれ，かかる権利と抵抗によって守らるべき権利との間には規範衝突が成立しうる．しかし，これは問題となっている権力体制が「法的」権利義務として押しつけているものと道徳的権利義務との間の規範衝突とはまったく別のものである．前者の規範衝突は当の権力体制の下での法的権利義務の存在を否定した場合でもなお承認しうるものであり，「悪法の下でもなお成立しうる法的権利義務」の概念によって初めて解明しうるような規範衝突ではない．この概念によってのみ解明しうる規範衝突は，問題の法的権利義務が何らかの道徳的規範性をもつことを前提にして初めて可能である．実際，ハート自身，フラーとの論争の一焦点となったいわゆる「密告者事件」に関して，不正な法が許可ないし要求した行為の遡及的処罰を正当化する理由と，それに反対する理由（「法律なければ処罰なし（*nulla poena sine lege*）」という原理）とをともに道徳が提供していることを主張しており[66]，このことは，不正な法の下で承認されるものと

　　裁判所の終局的決定をも含めて——に対する不服従が，超法的道徳によってだけでなく，法的権利（例えば，憲法が保障する諸権利）に基づいて正当化される場合がありうることを主張している．Cf. Dworkin, *TRS*, pp. 206-222. 市民的不服従の問題は別に検討を要するが，いずれにせよ，ドゥオーキンのかかる立場が，法実証主義的法 - 道徳峻別論が念頭に置いているような，実定国家体制を神聖化する御用学的イデオロギーとしての自然法論のイメージ——かかるイメージが自然法論に対して公正か否かは別として——からほど遠いことは明白である．
65）　Cf. Hart, *CL*, p. 206.
66）　Cf. *ibid*., p. 207.

想定された密告者の処罰されない法的権利が, 一定の道徳的理由によって支持可能であることを承認することに他ならない.

　第三に, 法実証主義者が法‐道徳峻別論の「科学的・理論的」理由として挙げているものに, 不正な法も社会統制の特殊な技術としての性格は等しく保持しているから, 社会現象としての法の理論的・科学的研究にとっては, 不正な法を法概念から排除することは, 得るところよりも失うところの方が大きいという議論がある[67]. しかし, いかなる道徳的理由によっても支持されないときでも, 法的権利義務は存在しうるという主張を, この議論によって正当化できるか否かについては慎重な検討を要する. 社会現象としての法を理論的に説明しようとする者の見地に立つ場合でも, ハートのように, 社会制禦の方法としての法の特性が強盗の脅迫（威嚇によって支持された命令）のモデルによっては把握できず, 受容の要素とルールを制禦するメタ・ルールが基本的な役割を果たすようなモデルで説明さるべきであるとする立場[68]に立つならば, ドゥオーキンが示唆したような公正価値に基づく議論――実は同様な議論をハート自身が他の箇所[69]で先駆的に展開しているのである――や他の何らかの道徳的議論によって, 法の存在条件をなす社会的事実が法的権利義務のための「弱い」道徳的支持理由を与えていることを示しえないか否かは, 即断を許さないはずである. 一般的に言って, 社会現象としての法の特性を裸の強制にではなく, 権利義務といった規範的タームが適切に使用されうる社会的文脈をそれが構成している点に求めるような法モデルを採用する限り, 法的権利義務の存在が何らかの「弱い」道徳的支持理由を常に伴う可能性をア・プリオリに排除することはできない[70]. 逆に言えば, このようなア・プリオリな断定を可能にするよ

---

67) Cf. *ibid.*, p. 205.
68) Cf. *ibid.*, pp. 18-120.
69) Cf. H. L. A. Hart, "Are There Any Natural Rights ?" in *Philosophical Review*, vol. 64 (1955), pp. 185f.
70) J・ラズは法に服従する一般的な道徳的義務（「一応の義務」も含めて）は存在しないことを示そうとしている. Cf. Raz, *AL*, pp. 233-242. しかし, 彼の議論は彼自身承認している（cf. *ibid.*, p. 242）ように, 全称否定判断（「いかなる道徳的議論も一般的遵法義務を正当化しえない」という判断）を論証するにはあまりに貧弱である（そもそもラズが試みているような枚挙的（個別撃破的）方法によって, 全称否定判断を厳密に証明することは論理的に不可能である）. いずれにせよ, 彼は「義務（obligation）」という概念を単なる行為理由だけでなく,「排除理由（exclusionary reasons）」（cf. *ibid.*, pp. 17ff.）の存在をも含意するような強い意味で使用している

うな法モデル（例えば，強盗の脅迫モデル）は，特異な社会制禦の方法としての法を説明する理論モデルとしての価値が疑わるべきなのである．いずれにせよ，他の道徳的権利義務によってその要請が覆されるという意味で不正な法が，社会制禦の特異な方法としての法の特性を保持しているという主張が真だとしても，そこから，いかなる道徳的理由によっても支持しえない「法」も，このような特性を保持しているという結論は論理的に演繹されえないことに注意しなければならない．

　法の道徳的規範性に関するドゥオーキンの議論は以上において見たように，従来の法実証主義的な法 - 道徳峻別論の再考を促す重要な含蓄を有しているが，彼の議論は明らかに，規範性ないし当為の本性に関する特殊な前提に決定的に依存している．それは端的・終局的な当為といわゆる「一応の当為（*prima facie* ought）」とを区別しつつも，後者が真正の当為であり前者とともに共通の類に属しているとする見解である．ドゥオーキンにおいて，法的権利義務の規範性はかかる「一応の当為」として性格づけられている．しかし，「一応の当為」なるものを独立の範疇として設定することは果たして論理的に可能であろうか．一応の当為という様相をもって何かを述べることは，当為の「引用符付きの使用（inverted commas use）」[71]，すなわち，規範意識や規範受容に関する事実を述べる隠れた〈である〉 - 言明にすぎないのではないか．他方，一応の当為が真正の当為であると主張するなら，それが命法を含意することを主張せざるをえず，したがって，結局，それと終局的当為との区別を否定せざるをえないのではないか．以上のような懐疑・批判に応えて，ドゥオーキンが提示したような法の規範性および法と超法的道徳との区別に関する説明を擁護するためには，一応の当為と終局的当為との相違・連関・共通構造を明らかにし，前者が後者と当為の本性を共有していることを示す当為の一般理論を提示するとともに，かかる理論が提供する一応の当為の分析枠組の中で，法的権利義務を記述する法命題の意味と真理条件についてのドゥオーキンの理論を再定式化することが可能であることを示さなければならない．ドゥオーキン自身はこの課

　　ので，仮に彼の主張が正しいとしても，そこから法を一般的に尊重するいかなる道徳的理由も存在しないという結論は導出されない．
71)　Cf. R. M. Hare, *The Language of Morals*, Oxford University Press, 1952, pp. 167f.

題を遂行しておらず,その点で,彼の議論には哲学的な弱点があると言える.しかし,私見によれば,この弱点は十分に補正しうるものである.筆者は別稿[72]で上記の課題を遂行し,この弱点を補正することを試みているので,参照を乞いたい.

　本章では,ドゥオーキンの法理論が,しばしば誤解されている——その責任の一端はドゥオーキン自身にあるが——ように,法実証主義の法モデルの一変種ないし部分修正ではなく,このモデルに対する根本的な次元での挑戦を孕むことを,「現存法」観念に対する彼の批判と,これに代えて彼が提示している法観念が法の規範性・道徳性の問題に関してもつ意義とを彼の法命題の理論を手がかりとして検討することにより,明らかにすることを試みた.ドゥオーキンの法理論をめぐる,従来の論議の主たる係争点の一つである司法的裁量論批判の問題,およびこれと関連した法的判断の客観性の問題については,本章では深く立ち入った考察をしていない.しかし,ここで論じたようなドゥオーキンにおける法観念の根本的転換を理解することは,彼において法概念論の問題の議論が裁定理論の問題のそれに本質的に依存しているのはなぜかを理解する上で必要であり,したがって,彼の裁量論批判の意義を理解する上でも必要である.ドゥオーキンにおいて法は権威的標準として与えられているものではなく,社会の制度史によって存立する特殊な種類の道徳的権利義務の問題に関する論議実践を通じて発見さるべきものであり,まさにそれゆえに,かかる問題をめぐる公共的な論争の場——その典型が裁定(adjudication)である——において提示される判断の認識論的性格の理解が,法の存在性格を理解する上で決定的重要性をもつのである.

---

[72]　井上・前掲論文(註40),120-146頁.

第III部
法動態論(1)
立憲主義の葛藤

第5章　法・政治・論争
　　　──立憲主義の法哲学

　本章は 1987 年に米国で生起した最高裁判所裁判官指名人事をめぐる激しい論争・抗争についての私の「現地体験」を報告し，それについて法哲学的省察を試みるものである．リアル・タイム・レポートとしての旧稿の特質を生かすため，以下の論述において動詞の時制や時間に関わる副詞などは「1987 年」を基準点にしたままにしておく．

1　ボーク論争

1)　ボークの敗北

　威厳があるとは言えないが，威厳への渇望を窺わせるには十分な白い薄めの顎髭をたくわえた，眼光のいやに鋭い一人の初老の男の顔写真が，今年（1987 年）の 9 月から 10 月にかけてほとんど連日，米国の新聞紙上を賑わしている．注視の的になっているのは，この 7 月に合衆国最高裁判所判事の職を辞したルイス・パウエルの後任として，レーガン大統領が指名したロバート・ボークである．レーガン政権の下で，サンドラ・オコナー，アントニン・スキャリアなど次々と「保守派」の法曹が最高裁判事に就任し，さらに「保守派」のウィリアム・レーンクイストが最高裁長官の座を獲得したが，もしボークの指名が上院で承認されると，「保守派」が「リベラル派」に対し 5 対 4 で多数派になるとあって，この指名はレーガンによるこれまでの司法人事攻勢のなかでも最も激しい政治的対立を惹起している．それまで守勢にまわっていた民主党が，エドワード・ケネディをはじめとする「リベラル派」議員を中心に果敢な反攻

に出，様々な公民権運動団体や女権擁護団体などが活発な反ボーク・キャンペーンを展開した．

結局，10月6日に上院司法委員会が9対5でボーク指名否認勧告を決議し，共和党議員を一部含む過半数の上院議員が反ボークの立場を表明するに及んで，上院本会議での投票を待つまでもなくボークの敗北が事実上確定した．しかし，その後，ボーク自身が彼が事実歪曲など反ボーク陣営による最高裁判事選任過程の不当な「政治化（politicization）」の犠牲にされたと主張し，かかる「政治化」への屈服は彼の個人的命運を越えた重大な帰結をもつことを理由に指名辞退を拒否し，上院本会議での投票を要求した．これを機に，レーガンおよびボーク支持派の反ボーク陣営非難が新たな高まりを見せたが，10月23日の上院本会議で，58対42でボーク指名が否認された．この16票という差は，最高裁人事においてこれまで上院によって否認された27名の被指名者のなかで最高であり，米国憲政史上の新たな記録となっている．

偶々，昨年（1986年）より米国に留学中なので，このボーク論争を異邦人として傍観する機会を得たが，法哲学者にとって興味深い問題がそこで提起されているように思われる．ボーク指名問題がこれほど論議を呼んでいるのは，単に「保守派」が最高裁の多数派となる可能性がそこに懸かっているからだけではなく，前イェール大学ロー・スクール教授（反トラスト法・憲法）であるこの理論家肌の連邦控訴裁判所判事が，従来の「保守派」の被指名者よりもさらに憲法的諸権利を狭く解する，米国の憲法実践の根幹の再考を促すような挑発的な「司法哲学（judicial philosophy）」の持ち主である（とみなされている）からである．

彼のいわゆる「原意理論（the original intent theory）」によれば，憲法はその「制定者（the Framers）」がそれに与えることを意図した意味（原意），すなわち，彼らの間に成立していた一般的了解に従って解釈さるべきであり，裁判官がこの原意を超えた自己の道徳的・政治的見解に従って，民主的統制に服する立法府の決定を「違憲」として覆すのは，言わば「限定的クーデター」であり，それ自体違憲で許されない．彼はこの立場から，過去40年間に亘って憲法的諸権利を拡張してきた最高裁の動向をラディカルに批判する[1]．

例えば，避妊手段の使用を禁止する州法を違憲とした1965年グリスウォ

ド判決や，一定期間の胎児について堕胎の非合法化を禁じた1973年ロウ判決は，その根拠とされた一般的プライヴァシー権が憲法上存在しないという理由で批判され，同意した成人の間での同性愛も憲法上の保護の対象ではないとされる．修正第1条の言論の自由については，保護対象は政治的言論に限るという当初のきわめて制限的な立場は放棄され，倫理的・学問的言論も含められたが，芸術表現は明確に含められてはおらず，ポルノグラフィは排除され，市民的不服従など違法行為を奨励する言動も排除される．徹底的な政教分離は憲法制定者の原意ではないとされ，その緩和の必要性が説かれる．修正第14条の平等保護については，黒人など人種的少数派の保護が原意であるとされ，公立学校での人種分離を違憲とした1954・55年ブラウン判決は擁護されるが，平等保護条項は州法にのみ適用されるため第5修正のデュー・プロセス条項に基づいて連邦首都たるコロンビア特別区の公立学校の人種統合を命じた1954年ボリング判決は批判される．また，女性など人種的少数派以外の被差別集団を平等保護条項の対象にすることには積極的ではない．被差別少数派を優遇する「積極的差別解消措置（affirmative action）」を限定的に——割当制は否認——承認した1978年バッキー判決にも批判的である．一人一票原則は誤りであるとされ，違法収集証拠排除ルールにも懐疑的であり，死刑の合憲性は明白であるとする．彼は自己のこのような司法哲学が，それから見て誤っている憲法判例を単に批判するだけでなく覆すことも正当化すると主張してきた．

　9月15日より9月末まで続いた上院司法委員会ボーク指名承認公聴会では，フォード元大統領，ウォレン・バーガー前最高裁司官，「保守派」の黒人経済学者トーマス・ソウェルなど62名が親ボーク証言をし，他方，前アメリカ弁護士協会会長チェスタフィールド・スミス，「リベラル派」の代表的憲法学者で彼自身最高裁判事への野心をもつと言われるハーヴァード・ロー・スクール教授ローレンス・トライブ，『ソフィーの選択』の著者である文学者ウィリアム・スタイロンなど48名が反ボーク証言をし，証人としてではないが，カーター前大統領も，反ボーク・メッセージを公聴会に送った．ハイライトは何といっても，5日にも亘って続いたボーク自身の証言であるが，問題が誰もそれ

---

1) Cf. R. Bork, "Neutral Principles and Some First Amendment Problems," in 47 *Indiana Law Journal* (1971), pp. 1-35.

を疑わないボークの法律家としての知的・実務的能力ではなく，彼の司法哲学そのものである以上，司法委員会のメンバーである上院議員たちとボークとの質疑応答は，専ら彼の法理論・憲法観に向けられた．

　論議の焦点はプライヴァシー権・言論の自由・平等保護等についてボークが従来の制限的な立場を維持し，これらの点に関して憲法的権利を拡張してきた最高裁の過去の主要判例を覆そうとしているのかにあったが，ボークは彼の基本的な司法哲学は変わらないとしつつも，「リベラル派」に対し，一定の妥協的な歩み寄りを見せた．すなわち，憲法判例を学者として理論的に批判することと，最高裁判事になったときにそれを覆すこととは別のことであるという微妙な発言をし，また，平等保護条項は女性もカヴァーするとし，女性の堕胎権をこの条項によって正当化する議論が可能であることを認めたり，ある法令の合憲性を裁判で争うための唯一の方法がその法令に違反することである場合には，市民的不服従を奨励する言論も憲法的保護の対象になりうることを認め，彼がかつて批判していた1969年ブランデンバーグ判決の，切迫した違法行為を惹起する意図・蓋然性がない場合は暴力を提唱する言論も保護されるという立場を承認するなど，従来の立場に重要な修正を加えた．

　これは，ボークを保守的ラディカルとしてではなく，前任者パウエルと同様の主流派中道として演出しようとした，レーガン政権内の穏健派ハワード・ベイカーの戦略に沿うものと伝えられているが，結果的には，反ボーク派から「指名承認欲しさからの転向（confirmation conversion）」と批判されただけではなく，一部の「保守派」の支持者を幻滅させ，態度を保留していた上院議員たちにも「予見可能性がない」という印象を与え，政治的には失敗であったと言える．結局，鍵となっていた司法委員会の4人の態度保留派が全員反ボーク側にまわり，前述のように司法委員会は9対5で指名否認勧告を出すことになった．

2)　「政治化」批判の欺瞞性

　この公聴会の模様はテレビで放映され，「イランゲート問題」の公聴会と同様，米国社会全体の注視の的となり，様々な立場の人々がこれについての論評・討論・調査・集会・宣伝・デモ等に参加した．政治家・政治運動家・専門

家だけではなく,「市井の人々」もラジオのトーク・ショーなどで,活発に意見を表明した.一人の最高裁判事の選任にこれほど国民的関心が集まるのは,同じく違憲立法審査制を建前とし,しかも最高裁判所裁判官国民審査制を採用して,制度的には米国よりも広く国民参加の機会を保障しながら,国民的関心の低さと信任投票の形骸化が叫ばれ続けている日本と対照すると,なかなか興味深い.しかし,裁判所への政治的役割期待が一般的に日本よりも大きい米国でも,今回の指名をめぐる関心の高さと対立の厳しさには特別なものがある.ボークが指名辞退拒否演説において彼の指名問題の「政治化」を批判し,人々に「声を落とす」ように要求した背景には,この異常な熱気がある.

しかし,ボーク,レーガン政権,およびボーク支持派によるこの「政治化」批判は公正であるとは言い難い.第一に,レーガンのボーク指名自体がもともと,中道派パウエルが決定票を握る形で左右均衡していた最高裁の「保守派」多数化という,露骨な政治的意図に基づいている.反ボーク派の「声の高さ」は挑発されたものであり,レーガンをはじめとするボーク支持派の声も決して低くはない.

第二に,反ボーク・キャンペーンによるボークの見解の歪曲が,上院司法委員会の指名否認勧告と過半数の上院議員の反ボーク態度表明をもたらしたという主張には根拠がない.ホワイト・ハウスによるボーク主流派中道演出キャンペーンの歪曲度は別としても,司法委員会の公聴会で48人の反ボーク証人に対し,それより多い62人の親ボーク証人に証言の機会が与えられたこと,そして何よりも,ボーク自身が5日(実質30時間)という異例に長い時間に亘って,司法委員会と(テレビを通じて)全国民の前で証言したことを考えるならば,言われるような反ボーク・キャンペーンによる「歪曲」があったとしても,それを正して自己の真の見解を明らかにする十分な機会を彼は与えられたと言える.

たしかに,司法委員の中には,エドワード・ケネディやハワード・メッツェンバウムのように初めから敵意をむきだしにしてボークを糾弾し続けた者もいたが,彼らの過度に党派的なスタイルはかえってボークのイメージ・アップにつながったと言われている.ボークが証言した5日間の公聴会の全般的な雰囲気は,問題の政治的荷電量から見て意外なほどアカデミックなものであり,ボ

ークの学術論文や講演，裁判官として関係した諸判決などを夏休みを返上して研究した司法委員たちが，彼の法理論・憲法観についてその細部にまで立ち入って質問するという形になった．その雰囲気はボーク支持派の司法委員アラン・シンプソンの「まるでロー・スクールの授業に出ているようだ」という言葉に象徴される．

特に，共和党の司法委員の中でただ一人の態度保留派であったアーレン・スペクターは，ボークに対して最長時間質問の機会を与えられたが，言論の自由に関するボークの見解の不整合を鋭く指摘するなど，きわめて綿密な質問を行った．彼は結局，平等保護と言論の自由に関するボークの見解への疑念を理由に指名承認反対を表明し，これが他の態度保留派上院議員たちに大きなインパクトを与えたが，彼の態度は反ボーク・キャンペーンに影響されたというにはあまりに独立性・真摯性の高いものである．ボークの主たる敗因は，要するに彼の司法哲学・憲法観が十分な支持を得られなかったことにある．

第三に，最高裁判所が米国の政治構造の中で占める位置の重要性を考えるならば，最高裁判事の指名承認に際して，上院が被指名者の知的・実務的能力だけではなくその司法哲学・憲法観・政治哲学を問題にすることは，上院の正統な権限であり，かつ責任であると言うべきである．最高裁人事は大統領の専権に属するわけではなく，指名権をもつ大統領と承認権をもつ上院とが決定権を折半しており，大統領が自ら正しいと信じる政治哲学に適合する人物を指名しうるのと同様に，上院も被指名者の法思想・政治思想の憲法伝統への適合性を審査しうる．

実際，1968年にジョンソン大統領がエイブ・フォータスを最高裁長官に，ホウマー・ソーンベリを最高裁判事に指名したとき，共和党と民主党の「保守派」とが提携し，ウォレン・コートの「リベラル」な司法積極主義に共鳴的な両被指名者の憲法思想を攻撃してこの人事を葬っている（皮肉なことに，この攻撃に参加して活躍したハワード・ベイカーとストローム・サーモンドが，今回はボーク支持にまわり，反ボーク派による「政治化」を批判している）．ボークはその原意理論に基づいて「司法の謙抑性（judicial restraint）」を強調し，最高裁の政治的役割を最小化しようとしているが，この立場そのものが米国社会の政治構造の根幹に関わる巨大なインパクトをもつコントロヴァーシャルな

憲法思想であり，非政治的中立性を標榜することはできないのである．

3) 真の問題の所在

　最高裁による憲法的諸権利の拡張を司法の謙抑性の名において批判する立場が，多くの人々にとって一定のアピールをもつのは事実であるが，このアピールの核心はこの立場の非政治的中立性にではなく，それを正当化する政治的議論にある．すなわち，国民に対して政治的責任を負わない一握りの法曹が，国民の諸利益に重大な影響を与えるコントロヴァーシャルな政治的諸問題について，社会を広範に代表する立法府の決定を覆して最終的に決定する権力をもつのは，民主主義と両立不可能な寡頭支配であるがゆえに許されないとする議論である．ボークの原意理論の基本的モティーフがこの議論にあるのは明らかである．もっとも，二つの限定をここで付す必要がある．

　第一に，反トラスト法の専門家でもありシカゴ学派の経済思想に深く影響されているボークは，企業活動に対する規制・干渉が少ないほど経済効率・消費者福祉は向上するという観点から，反トラスト諸立法に批判的であり，この領域における民主的立法府の適正な判断能力を否定し，これらの諸立法を違憲としなかったことに対し，最高裁を批判している．企業の経済活動を規制する立法に対するこの「反民主的」司法積極主義が，個人の諸自由を規制する立法に対する彼の「民主的」司法消極主義といかにして調和しうるのかは興味ある問題である．

　第二に，原意理論は民主的司法消極主義と論理必然的に結合しているわけではない．ボークの言う原意は個別的結論に関する憲法制定者の見解ではなく，彼らの間に一般的了解として成立していた原則であるが，この原則をどの抽象レヴェルで捉えるかにより，原意理論は消極主義とも積極主義とも結合しうる．制定者が意図したとは言い難い，公立学校の人種統合を命じたブラウン判決をボークが擁護している事実は，これを示している．

　したがって，どの抽象度の原則を選択するかが決定的な問題になるが，この点に関しロナルド・ドゥオーキンは，ボークが制定者により議論された問題のみを包摂するという自己の基準を一貫して適用していないとし，さらに，正しい政治道徳原理を体現するものとして憲法を構想した制定者の一般的理解に照

らして見るとき，この基準は憲法原則の守備範囲を恣意的に制限しているにも拘わらず，ボークはそれを正当化する議論を何も提示していないとした上で，結局ボークは原意の概念を一定の党派的選好に合致するように操作しているにすぎず，一般的想定に反して，彼は司法哲学の名に値するような，一貫した理論をもっていないという手厳しい批判を加えている[2]．

民主的司法消極主義がボークにおいて貫徹しているか否かは別としても，彼が自己の立場を擁護するためにこの議論に訴えていることは事実である．いずれにせよ，この議論はそれ自体として重要であり，現代民主国家においてリベラリズムの諸価値を擁護する機能を憲法に期待する誰もがそれに応えなければならない（この「誰も」の中には一部の保守的自由主義者も含まれる）．この議論に応える方法は少なくとも二つある．一つは政治哲学的対応であり，政治社会の公共性問題という視角から，民主制の正統性根拠を吟味し，民主制の公共性要求を基礎づけるのはリベラリズムであること，したがってリベラリズムの根本的制約を逸脱する民主的決定はもはや公共的正統性を標榜できないことを示すことである．私は本論考と併行して，他所でこの種の議論の展開を試みたので，ここでは立ち入らず参照を乞うにとどめたい[3]．もう一つは法理学的対応であり，民主的司法消極主義を，その隠された法概念論的前提を明るみに出すことにより，内在的かつ根源的に批判することである．以下ではこの問題に多少照明を当てたい．

2　論争としての法

1）　法適用と法創造

レーガンやボークは司法の謙抑性を，「裁判官の任務は法の解釈であって，

---

[2] Cf. R. Dworkin, "The Bork Nomination," in *The New York Review of Books*, vol. 34, no. 13, 1987, pp. 3-10 ; M. B. E. Smith and R. Dworkin, "The Bork Nomination : An Exchange," in *The New York Review of Books*, vol. 34, no. 15, 1987, pp. 59-61.

[3] 参照，井上達夫「公共性の哲学としてのリベラリズム」森際康友・桂木隆夫編『人間的秩序——法における個と普遍』木鐸社，1987年，74-113頁（井上達夫『他者への自由——公共性の哲学としてのリベラリズム』創文社，1999年に再録）．

法を作ることではない」という一見トゥルーイズムとも思える命題によってしばしば表現する．これに示されるように，民主的司法消極主義に訴える人々は，彼らが非難しているのは裁判官が憲法を適用することではなく，憲法が沈黙しているときに，裁判官が憲法の適用と称して自己の政治的・道徳的選好に反する法律を破棄し，民主的立法府の権力および国民の憲法制定権力を簒奪することであると主張する．

民主的司法消極主義の主張がこのレヴェルにとどまる限り，それに異を唱える必要はない．これは裁判官の職務に内在する謙抑性の要請を明らかにしたにすぎない．たしかに，この内在的謙抑性の観念は法適用と法創造との区別可能性を前提しているが，この前提をとらえて，この観念が裁判官自動機械論式の「素朴な概念法学」にコミットしていると批判するのは的外れである．概念法学自体がそれほど素朴ではなかった——概念法学が批判される真の理由は，それが実質的な政治的・経済的・道徳的考慮を形式論理操作の名の下に密輸入していたことにある——という点は別としても，この前提は法適用と法創造との区別を相対化した現代の「洗練された」法理論家によっても共有されている．彼らは法が不確定性を免れず，法の不確定性を補充するために裁判官は裁量を行使して法を創造していると主張するが，彼らも法の「枠（Rahmen）」（ハンス・ケルゼン）とか「確立した意味の核（a core of settled meaning）」（H・L・A・ハート）とか呼ばれるような確定性の領野を法がもつことを認め，その範囲内での結論の選択（法準則の具体化）とそれを超えた選択（法準則の変更）とを区別している[4]．すなわち，彼らも「法準則の適用は適用さるべき法準則の変更とは異なった活動である」という命題を承認している．

内在的謙抑性論が前提する法適用と法創造との区別は，この一般命題以上のものである必要はない．それは裁判官の法適用が何らかの意味で創造性をもちうることを否定しているのではなく，与えられた問題について憲法が沈黙しているとき，すなわち，憲法が特定の内容的解答を与えておらず，裁判官がその中から結論を選択することを授権された許容可能な選択肢の範囲の指定という，内容的解答の与え方についてのメタ解答も与えていない場合に，その問題につ

---

[4] Cf. H. Kelsen, *Reine Rechtslehre*, 2. Aufl., F. Deuticke, 1960, pp. 346-354; H. L. A. Hart, *The Concept of Law*, Oxford U. P., 1961, pp. 121-150.

いての立法府の決定を裁判官が違憲として覆すのは，憲法の適用ではなく，民主的に統制された合法的な改憲手続によらずに憲法を変更する反乱行為であると主張しているのである．

　もっとも，法準則の規範的統制力を全面的に否定し，法を有権的な個別的諸決定の総体として据えるある種の「リアリズム法学（legal realism）」の立場に立てば[5]，この主張でさえナンセンスということになる．この立場の論理的帰結をつきつめるならば，法の適用権者こそ真の立法者である以上，司法審査制の下では最高裁判所が真の主権者であり，司法の内在的謙抑性の主張はこの現実を隠蔽するイデオロギーにすぎない．司法審査制と民主制とを両立させる唯一の方法は，最高裁判所を直接に民主的統制の下に置くことである．この立場はすべての偶像破壊理論と同様，一種の爽快な解放感を与えてくれるが，致命的な自己論駁性を抱えている．すなわち，個別的決定に対する実体的準則の規範的統制力を否定するなら，個別的決定に有権性を付与する授権準則の規範的統制力も否定せざるをえず，「有権的な個別的諸決定の総体としての法」という定義自体が破綻する．いずれにせよこの立場は，国家機関の決定に先立って存立しそれを制約する憲法的権利という観念を無意味にしてしまうから，憲法的権利保障は民主制といかにして両立しうるかという問題を解決せず，むしろ解消する．

2) 憲法はいつ沈黙するか——コンセンサスとしての法の射程

　民主的司法消極主義者の自己理解をなす内在的謙抑性論の問題点は，それが誤っていることにではなく，真の問題を隠蔽していることにある．真の問題は「いつ憲法は沈黙するのか」である．積極主義者も司法の内在的謙抑性は承認しており，積極主義と消極主義との真の対立はこの問題に対する解答の相違にある．消極主義者の自己理解は，積極主義者が司法の内在的謙抑性まで否定しているかのような印象を与える点で不公平であり，決定的な問題に対する自己の見解を明示化してその論拠を提示する責任を回避している点で不誠実である．なお，消極主義者が論敵の立場を軽蔑的な意味で「積極主義（activism）」と

---

[5] Cf. J. C. Grey, *The Nature and the Sources of the Law*, 2nd ed., 1927. グレイを批判するケルゼンの法理論にもこの立場に向かう契機が内在していることを示すものとして，参照，本書第3章．

呼ぶ場合，これは憲法と司法審査制を社会改革の手段としてのみ見る立場，すなわち，過去の憲法伝統を無視し，自己の正義の構想にのみ基づいて違憲判断を行う立場を意味する[6]．これは司法の内在的謙抑性をも否定するものであり，私の言う積極主義とは異なるので，区別のために能動主義と呼んでおく．能動主義は真の問題から我々の目をそらすために消極主義が描いた積極主義の戯画である．

　民主的司法消極主義者は，社会の重要な論争に最終的な決着を付ける権力は国民にあると主張する．したがって，「いつ憲法は沈黙するか」という問いに対するこの立場からの解答は「憲法が何を言っているかが論争の的であるとき」である．すなわち，この立場によれば，ある問題について憲法の与える内容的解答が何であるか，また憲法が裁判官にその範囲内で結論を選択することを授権した「枠」が何であるかがきわめてコントロヴァーシャルで，専門的な法的知識を備えた人々の間でさえ合意が存在しないとき，その問題については憲法の解答は存在せず，それに答えることはもはや憲法の適用ではなく憲法の変更（新規定創設）であるから，裁判官は決定を民主的政治過程に委ねなければならない．この解答が前提しているのは，「論争が始まるとき，法は沈黙し，代わって政治が語り始め，論争が決着するとき，政治は退場し，法が確立される」という見方，すなわち，「コンセンサスとしての法」の観念である．

　この解答に対してまず言うべきことは，隠蔽されていた決定的な問題に対するこの解答を明示化するだけで，既に消極主義の生硬な形態が排除されてしまうということである．論争的な問題については憲法の解答が存在しないのならば，このような問題については，どの解答も憲法の適用ではなく補正である以上，問題となっている法令は当然に合憲なのではなく，理論的には改憲権力としての国民に決定が委ねらるべきである．ただ，複雑で時間のかかる改憲手続を頻繁に発動するのは技術的に無理であるという前提の下で，次善の策として，裁判官は議会や大統領など，裁判所よりも強く民主的に統制されている他の国家機関の決定の尊重を要請されるにすぎない．

---

6)　ドゥオーキンは消極主義を斥けるが，この意味での'activism'を法的プラグマティズムの一形態として批判し，後述する彼自身の「純一性としての法」の立場をそれから区別する．Cf. R. Dworkin, *Law's Empire*, Harvard U. P., 1986, p. 378.

論争的な憲法問題における民主的諸機関の決定の尊重は次善の策ではなく，最善の策であると考える立場，即ち，論争的な問題についての憲法の沈黙はそれについての民主的諸機関の決定に対する憲法的制約の不在を意味するから，かかる決定は端的に合憲であり，改憲手続に従って国民の裁可を得ることは理論上も不要であるとする立場は，その自己論駁性のゆえに排除される．論争的な憲法的問題においては，ある決定の違憲性だけではなく合憲性も論争の的であり，論争性を理由に違憲判断が真ではないと主張するならば，同じ理由で合憲判断も真でないことを認めざるをえない．

　憲法は国家権力に対してそれが明示的に禁止していないことをすることを許可しているとする，一般的合憲性推定原理によりこの立場を擁護することも不可能である．統治権力は市民から付託されたこと以外はなしえないとするロック的自然権思想の影響を受け，修正9条において憲法明文における諸権利の列挙は制限的列挙ではないことを明言している合衆国憲法においては，この原理を否定する理由のほうが強い．いずれにせよ，合衆国に限らず現代立憲国家においては，一般的合憲性推定原理は少なくともコントロヴァーシャルであり，消極主義者は憲法の沈黙に関して上述のような前提に立つ限り，この原理が憲法原則であることを否定せざるをえない．

　ここに述べた生硬な消極主義の排除が，「同じことを違った言い方で表現すること」——同じ司法消極主義的実践を「最善の策」でなくとも「次善の策」として追認すること——を要求するだけの，純理論的な意味しかもたないと考えるのは誤りである．論争的な憲法問題について，民主的司法消極主義者が裁判官に要求することが，「次善の策」として問題の法令の合憲性を推定することであるならば，彼らは次のことを承認しなければならない．すなわち，特に重要ないくつかの問題については国民の判断を仰ぐために実際に改憲手続を発動すべきであること，また，これらの問題についても，もし改憲手続が発動されたならば，問題の法令を破棄させる改正が行われるであろうと信ずべき十分な理由があるにも拘わらず，発議権者の怠慢・利己的サボタージュなどで手続の発動が妨げられているような場合は，裁判官が違憲判断をして手続の発動を促すことも正当化されることがありうることである．

3) 法固有の正統性——コンセンサスとしての法の破綻

　以上は「論争において憲法は沈黙する」というその前提を仮に認めた上での民主的司法消極主義に対する内在的批判であるが，根本的問題はこの前提に，すなわち，そこに示された「コンセンサスとしての法」の観念にある．この法観念に対しては，それが前提する実証主義的ドグマ，すなわち，「実証不可能な判断（法命題）は真ではありえない」というテーゼに注目して，認識論的・形而上学的見地から批判を加えることも可能であるが[7]，ここでは別の視角から，この法観念の不適格性を示し，それに代わるべき法観念の輪郭を素描したい．

　法は公権力によって強行されるだけではなく，社会における公私の権力行使を規制し，正当な力の行使と不当な力の行使とを区別する．単なる強制可能性ではなく，強制の正統化図式としての使用可能性が法の根本的特性をなす．しかし，法をこのような正統化図式として使うためには，我々は法自体が何らかの正統性をもつことを承認しなければならない．説明の成功は説明項の真理性に依存しない（偽なる理論も高い説明力をもちうる）が，正統化の成功は正統化項の正統性に依存する．法に承認されるこの正統性の根拠は何か．

　もちろん，「外的観察者」として法現象を説明しようとする人々はこの問いをイレレヴァントとみなし，正統性承認の事実を確認するだけで満足するであろう．かかる外的観察者の報告が法現象の説明としてもどの程度興味深いものでありうるかは疑問であるが，いずれにせよ，彼らも彼らの社会で彼ら自身の自由や権利（例えば，自己の法理論的著作に対する著作権）を擁護するために，法を正統化図式として使用する限り，この問いを回避できない．

　この問い自体が既に，法と正義を等置する自然法論にコミットしており，結論先取りのファラシーを犯しているという批判も当然ここで予想される．これは的を逸しているが，問題の解明に資する批判である．この問いを問う者は法と正義の一致を前提するどころか，法の要求が正義と衝突する可能性を承認す

---
7) この角度からの鋭利な批判として，cf. R. Dworkin, "No Right Answer?" in P. M. S. Hacker and J. Raz (eds.), *Law, Morality, and Society : Essays in Honour of H. L. A. Hart*, Oxford U. P., 1977, 58-84 (reprinted in a revised and expanded form in 53 *New York University Law Review*, (1978), pp. 1-32).

るからこそ，この問いを問うのである．法がいかなる正統性ももたないならば，法と正義との間には真正の規範衝突は生起しえない．法が客観的正義から独立した固有の正統性をもつからこそ，法と正義との間の道徳的葛藤が問題になる．法と正義との規範衝突の可能性を承認したとき初めて，法が客観的正義との合致に還元されない正統性をもつことが承認され，その根拠を提示する必要性が自覚される．

「悪法も法か」という問いにソクラテスが直面したとき，彼は法認識と法批判との区別というような方法論的問題を弄んでいたのではなく，実践的・倫理的葛藤を自己の問題として引受けたのであり，正義判断の客観的妥当性から独立した法の固有の正統性の根拠を追究したのである．この問題を解明できることは法概念論の適格性条件の一つである．もちろん，法固有の正統性など存在しないという解答が正解である可能性はア・プリオリに排除されてはいない．しかし，この解答は法固有の正統性を支持するいかなる理由も存在しないという全称判断を主張するものであるから，どの肯定的解答よりも強い挙証責任を負わされており，すべての有望な肯定的解答が論駁されたときに正当化される．

コンセンサスとしての法の観念はこの問題を解明できるか．この観念は法として異論なく承認されているものに法を限定するから，一見，この問題は何の困難もなく解決できるように見える．異論がないということは誰もが受容しているということであり，まさにこの事実が，論争的な正義の次元と異なる法固有の正統性を基礎づけるのではないか．残念ながら，問題はそれほど簡単ではない．まず，受容の事実から受容可能性への転換を可能にする議論が補充されなければならない．このような議論として，予見可能性ないし期待の保護，便益享受者の負担引き受け義務，黙示的合意などが考えられる．ここで立ち入って検討する余裕はないが，これらの議論は妥当範囲が限られており，法全体に適用可能な一般的正統化理由として使うのには無理がある[8]．

ここで強調さるべき一層重要な問題は，法固有の正統性なるものの固有性，すなわち，正義に対するその「規範的対抗力」をコンセンサスとしての法の観念が説明できないことにある．法が正義との道徳的葛藤を生起せしめうるよう

---

8) Cf. Dworkin, *supra* note 6, pp. 140-150, 193-195, 365-369.

な固有の正統性をもつということは，法が不正であることを主張・立証するだけでは法の正統性を全面的に否認できないことを意味する（もちろん，このことは法の要求が正義の要求によって覆されることがありえないということを意味しない）．しかし，コンセンサスとしての法の観念によれば，ある法規を不正と感じる人々が，不正な法は法ではないという確信の下に，その法規の法的妥当性を否認し，社会的論争を巻き起こした場合，まさにその事実自体によってその法規は法的身分を失い，法的身分と結合したその正統性をも喪失する．コンセンサスとしての法の観念を受容する人々がこの帰結を不合理として斥けるならば，彼らは法はその論争性にも拘わらず，法として存立しうることを，したがって，自己の法観念の破綻を認めざるをえない．

4) 論争的解釈実践としての法の誠実性――「正義への企て」と「純一性」の統合

それでは，コンセンサスとしての法に代わって，法の固有の正統性を的確に解明できる法の観念はどのようなものか．私はドゥオーキンが『法の帝国』において展開している「純一性としての法（law as integrity）」の理論[9]を「正義への企て」として法を捉える私自身の立場[10]と統合した法の観念にそれを求めたい．

コンセンサスとしての法の観念が，諸個人の行動を確定的なルールの支配の下に服せしめんとする企てとして，法実践を定義するのに対し，この新たな（古い？）法観念は，歴史的に持続する全体としての社会を，正しい原理を一貫して希求する意志の支配の下に服せしめんとする企てとして，法実践を解釈する．もちろん，制定法や判例など，法素材をなす社会の過去の諸決定は完全な整合性を示しているわけではないが，社会の決定の歴史を最善の相において照らし出す政治道徳理論，すなわち，この歴史への十分な適合性を失わない限りで道徳的受容可能性が最も高い理論が，社会が全体としてコミットしている公共的な正義構想とみなされる．これは社会の決定の歴史から独立した背景道徳や個人の道徳的信念から区別され，法的正当化の文脈に組み込まれる．

---

9) Cf. Dworkin *op. cit.*, esp. pp. 176-275.
10) 私のこの法概念論的立場については本書第1部を参照．

この公共的な正義構想は整合的でなければならないが、単純な原理の一枚岩的専制を要求する必要はなく、複雑な構造をもつことができ、矛盾した諸原理を同時に含むことはできないが、決定の内容に関わる実体的正義原理、決定への影響力の配分に関わる政治的公平原理、決定の適用・執行に関わる手続的デュー・プロセスなど、互いに競合する原理を含みうる（「正義への企て」と言うとき、私は「正義」という言葉をドゥオーキンの用法よりも広くこれらをすべて包摂する広い意味で使用している）．

　かかる理論を組み込んだ法的正当化の文脈の下での法的ディスコースは、確定的ルールの異論なき帰結を単に報告するのでなければ、個人的な道徳的信念を表明するのでもなく、社会全体が一つの整合的な正義の構想にコミットしていることを示すような仕方で、法素材の意味を歴史が許す最善の相において開示する「解釈的（interpretive）」実践である．かかる法的正当化の文脈自体が、前解釈的事実として単に「そこにある」のでなければ、規約定義によって創出されるのでもなく、かかる解釈実践の解釈、すなわち、ある社会における法解釈実践を、歴史が許す最善の相において意味付ける解釈によって開示される．

　「正義への企て」として法実践を捉えてこそ、全体としての社会がそれ自身の正義の構想をもつと想定され、法はこの構想の具現・発展として理解される．社会がコミットする正義の構想は社会の過去の諸決定への適合性の要請に制約されているため、背景道徳上のより良き正義の構想と合致するとは限らないが、合致しない場合でも、法を一つの正義の構想へと整合化しようとする「正義への企て」の営為自体が、正義の完全な実現から独立した「純一性（integrity）」という価値を法に付与する．正義それ自体から独立した価値としての純一性を法がもつためにこそ法は「正義への企て」でなければならず、法の正義志向の誠実性が純一性を成立させるのである．

　ドゥオーキンはさらに進んで、純一性が尊重される法社会においては、自己の社会の決定を尊重する政治的責務が友愛的共同性の責務の一種として正当化されるという議論を展開しているが、これは純一性だけでなく平等な配慮という原理に依存したものである．いずれにせよ、自己が属する特定の社会に対してのみ負う政治的責務の問題は別として、正義から独立した法固有の正統性を一般的尊重理由の見地から問題にするならば、純一性という価値自体が、友愛

の媒介から独立にこのような理由を与える．ある個人が倫理的に正しいと自ら信じる原則に真摯にコミットし，自己に有利に働く場合だけではなく，不利に働く場合もそれに従うとき，我々は彼の原則が誤ったものであると信じていてもなお，彼が「誠実性（integrity）」の徳を備えており，批判されても侮蔑さるべきではないこと，真正の敬意に値することを認めることができる．同様に，コンセンサスとしての法がそうなる可能性のある，そのときどきの対立諸利害の間の無原則な妥協の産物の寄せ集まりとしてではなく，我々の「正義への企て」の成果として，すなわち，我々自身の社会がコミットする一つの整合的な正義の構想の具現・発展として法を理解するとき，我々はその構造が歴史を引きずらない背景道徳上のより良き正義構想から見て不完全なものであると信じていても，社会の誠実性とでも言うべき純一性の徳を法がもつことを認め，法が盲従さるべきでないとしても尊重に値することを承認できる．

　このような法理解に立つならば，法は論争において沈黙するどころか，論争においてこそ雄弁に自己の本質を語り始める．法はもはや確定的なルールの異論なき含意の内に封鎖されてはおらず，社会の決定の歴史をその最善の相において照らし出す複雑ではあるが全般的な整合性をもつ正義構想の展開として解釈されるが，論争的な法の問題においては，まさにこのような構想に訴えて何が法であるかが論議されえ，かつ，論議さるべきなのである．もちろん，社会がコミットする政治道徳の構想が何か，また，かかる構想の含意が何かはそれ自体論争の的であり，機械的な判定基準はない．それにも拘わらず，この法の観念は，司法消極主義が依存する法概念論的前提をそれが根源的に論駁することからも分かるように，憲法的諸権利の拡張や裁判官の役割などについてきわめて重要な実践的意義をもつ．

　しかし，法をこのように「論争化」するならば，法は正義をめぐる「神々の争い」の戦場で引き裂かれ，もはや多元主義的社会における社会的統一の支柱としての役割を担うことはできないのではないか．この問いは，それとしばしば結びつけられる「神々の争い」の相対主義的解釈や，正義と善との混同を除去した後でも，なお問われうるものである．これまでの議論はまさにこの問いに答えている．既に示されたように，通常の想定に反して，コンセンサスとしての法は各自が正しいと信じる正義構想から独立に我々が法を一般的に尊重す

る理由を与えることはできない．社会がコミットする公共の正義構想を模索する論争的解釈実践の伝統において生成する法こそ，その純一性の徳のゆえに，正義の女神の「完全なる美」への情熱とは異質の静かな敬意を，この女神と法の形姿の懸隔を認める人々にも要求できるのである．

第6章　司法的人権保障の現代的課題

　前章では米国での政争・論争を手掛かりに，立憲主義と司法審査制の法概念論的基礎の問題を考察した．本章では日本の問題状況に即して，司法審査制と結合した立憲主義的人権保障の在り方をさらに具体的に考察してみたい．まず司法の機能に関わる諸問題を概括的に検討した上で，司法に託された人権保障の現代的諸課題に照明を当てたい．

1　司法権の本質

1）　司法権の主体としての裁判所——裁判と司法

　テレビや映画で時代劇を見ると，裁判の場面がよく出てくる．「遠山の金さん」などは，裁判の場面がいつも結末のクライマックスになっている．そこでは，犯罪の被疑者や被害者，証人などが白州の上に畏まり，裁判官である金さんが，一段高い所から，片肌を脱ぎ，立膝ついて，名調子でまくし立て，真犯人の悪業を暴き，それに泣かされた人々を救済する．犯罪の証人が実は真犯人だということが暴かれ，その場で捕り押さえられるなどという，どんでん返しもよくある．

　裁判官が紛争当事者たちに対して，一段高い所に座って威張っているように見えるという図は，現在でもそれほど変わらないかもしれないが，それにしても，この金さんの裁判は，現在の裁判所の裁判とは随分違う．大体，金さんは彼の判決の法律上の根拠を示さない．人情や条理などを自由に援用し，ほとんど無制約とも思える裁量を行使している．しかも，彼は裁判官であるだけでな

く，密偵として捜査する警察の役割，白を切る犯人を糾弾する検察の役割，無実の被告人を弁護する弁護士の役割など，全部一人で演じてしまう．彼の事実認定は，当事者が提出した証拠の客観的査定と推論に基づいてではなく，事件への自分自身の介入・関与によって得られた，証拠による裏づけのない体験的了解によってなされる．金さんが桜の刺青を見せると，いつも犯人は罪状を自認してしまうが，もし犯人が白を切り通したら，金さんは，真相を知らない人に対して説得的な立証ができないだろう．そもそも，当事者の主張・立証を調べる以前に，彼は白黒を「予断」しているのである．

　私たち観衆は，物語の世界に対する特権的な全知を享受する「神」の立場に身を置くことを「強制」され，金さんが正義漢であるだけでなく，真理を知っていることを知るべく定められているから，彼の裁判を安心して見ていられる．しかし，一旦，この物語的な仕掛けを取り外し，私たち自身をも彼をも現実の生身の人間に，すなわち，事の一面しか知らず，善良だとしても誤りうる有限な存在に引き戻してみるならば，彼がこれだけ「自由闊達」に裁判する権力をもつという事態は，恐ろしく感じられてくるだろう．

　しかし，この金さんの裁判も裁判であることには変わりない．裁判の本質は紛争の有権的裁断であり，金さんもこの意味での裁判権力を行使しているのである．このことは，現在の裁判所の機能を，単に裁判権力の行使とみなすことが不適切であることを示している．現在の裁判所の権力は，金さんの裁判権力よりも，はるかに厳格に制約されている．それを制約するのは，判決の内容的基準を示す実体法や，訴訟過程を統御する手続法など，判決に先立って存在する法である．したがって，現在の裁判所は，単に裁判権の主体としてではなく，司法権の主体として性格づけられ，また，統治機構上，立法部や行政部などの政治部門と区別されて，司法部として位置づけられている．現在の裁判所の司法権は，金さんの未分化で広範な裁判権力と比べて，機能的にはより特殊化し限定されているが，まさにそれゆえに，他の国家機関の権力作用からの独立性・自律性という点では，むしろ強化されているとも言える．このような司法権の概念は，法の支配の理念や三権分立思想の発展とともに生み出されてきたものであり，それらと切り離しては理解できない．

　さて，日本国憲法は，76条1項で「すべて司法権は，最高裁判所及び法律

の定めるところにより設置する下級裁判所に属する」とし，司法権が裁判所の専権に属することを定めている．さらに，このことを確認・保障するために，行政機関が終審として裁判を行うことを禁じ (76条2項後段)，裁判官の独立と身分保障を定め (76条3項, 78条)，裁判所において裁判を受ける権利を国民に保障している (32条)．

それでは，裁判所の専権に属する司法権とは何か．それが裁判権力一般ではないとしたら，一体何であるのか．司法部としての裁判所の機能を考える上で，これは根本的な問題であるが，日本国憲法は，司法権の概念の明示的な定義を直接与えてはいない．そこで，司法権の意義の確定ということが，重要な課題となる．

2) 司法権の意義

司法権の概念は，「裁判所に属する一切の国家作用」という，国家作用の主体によって定義された形式的意義において理解されることもあるが，ここで求められているのは，国家作用の性質に基づく実質的意義である．しかし，司法権の実質的意義については，立法作用や行政作用と異なる司法作用の特性の理論的な確定（理論的概念構成）の可能性を否定する立場（歴史的概念構成）もある．それによれば，司法作用と他の国家作用とは，それぞれの社会の特殊な歴史的事情により，たまたま異なった国家機関に割り当てられたという事実によってしか区別できず，その相違は歴史的にしか理解できない．特に，行政作用と司法作用との間には，何ら性質上の差異は存在しない．

歴史的概念構成は，司法権の実質的意義を，結局，形式的意義に還元している．しかし，日本国憲法の上記の諸条文，特に，76条1項は，立法や行政から性質上区別された実質的意義における司法権の概念を前提して初めて意味をもつ以上，憲法は理論的概念構成の可能性を前提している（司法権を形式的意義において理解すると，76条1項は無内容な同語反復になってしまう）．しかも，憲法自体は，かかる実質的な司法権の概念を明示的に定義していない以上，理論的概念構成は必要でもある．理論的概念構成が依拠する理念や原理が，歴史的に変遷・発展してきたという事実は，理論的概念構成の不可能性も，不必要性も意味しない．

通説・判例によれば，実質的意義における司法権とは，「具体的な争訟事件について，法を適用し，宣言することによって，これを解決する作用」である．この概念規定は具体的争訟性と法適用性を核とするが，その理論的根拠は必ずしも明確にされてはいない．ただ，裁判所の権限を定めた裁判所法3条の「一切の法律上の争訟を裁判し」という文言が，この関連で，よく引き合いに出される．しかし，憲法が裁判所に与えている司法権の意義を，国会が定めた法律によって解釈するのは本末転倒である．なぜなら，後述するように，司法権の概念規定は，国会の立法に対する裁判所の違憲審査権の性質・範囲にも関わってくるからである．

司法権の概念規定の理論的根拠は，やはり，立憲民主主義・権力分立・法の支配というような，憲法自体がコミットしている諸原理の下で，要請され，正当化されうる裁判所の役割に求められなければならない．佐藤幸治によれば，「法原理部門」としての裁判所の役割こそがそれで，立法部や行政部などの「政治部門」と異なる裁判所固有の存在理由がそこにある．この役割は，現実の力関係において異なる当事者が，対等の資格で参加でき，力関係によってではなく「純理性」の要請に基づいて公平な決定がなされる過程を確保することにあり，この役割に適合的なものとして，「具体的紛争の当事者がそれぞれ自己の権利義務をめぐって理をつくして真剣に争うことを前提にして，公平な第三者たる裁判所がそれに依拠して行う法原理的な決定に当事者が拘束されるという構造」が要請される[1]．

ここでいう「法原理的な決定」の性格，特に，それと政治道徳的価値判断との関係については，微妙な，しかし重要な法哲学的問題があるが，この点を別とすれば，この見解は基本的には穏当であると思われる．立憲民主主義，権力分立，法の支配といった諸理念が裁判所に要請しているのは，現代民主国家の立法過程・行政過程に内在する権力の危険性，すなわち，多数の専制，利益誘導政治，党利党略的パワー・ゲーム，官僚的統制の肥大などによって脅かされる個人・少数者の権利を擁護すること，および，そのための手続的ルートとして，原理と事実に訴えて理性的に論議する，対等な参加の保障されたフォーラ

---

1) 参照，佐藤幸治『憲法』新版，青林書院，1990年，269-270頁，同『現代国家と司法権』有斐閣，1988年，57-63頁他随所．

ムを人々に提供することであるからである.

このような意味での司法権の行使としての裁判は,判断の規範的前提に関する法原理的制約,判断対象の設定・判断資料の提出における当事者主導性,判断者の第三者的中立性,判断方法の純理的客観性(証拠と推論への依拠)などを基本的特徴としている.「金さん」の非司法的な裁判,すなわち,高度に裁量的で職権的で,関与者的・予断的で体験了解的な裁判とは,全く対照的である.後者はその対照的性格のゆえに,司法権の特質をかえって明確に逆照射してくれるといえる.

もっとも,現代型訴訟と呼ばれる新しい訴訟形態の登場により,司法の観念は現在,拡散・動揺しつつあるが,これについては4節以降で触れる.

2 司法審査

1) 付随的違憲審査制の意義と限界

日本国憲法が裁判所に与えている司法権のうち,最も重要な要素は司法審査権(違憲審査権),すなわち,一切の法律,命令,規則または処分の憲法適合性を審査し,違憲であればそれらの無効を宣言する権能である(憲法81条).

旧憲法下では認められていなかったこの司法審査権を裁判所がもつことは,後述するように,旧憲法が「臣民」の権利に付した「法律の留保」の廃止と併せて,人権保障の強化にとって,決定的な意味をもつ.

現在,司法審査制は日本だけではなく,立憲主義諸国に広く見られるが,大別して二つの類型がある.一つは,ドイツに典型的に見られるような抽象的違憲審査制であり,通常の司法裁判所とは異なる特別の憲法裁判所を設置して,これに法令等の合憲性を具体的紛争と関わりなく抽象的に審査させる制度である.もう一つは米国に典型的に見られるような付随的違憲審査制であり,通常の司法裁判所が,具体的争訟の解決に必要な場合に限り法令等の合憲性を審査する制度である.

そこで,日本の司法審査制がいずれの類型に属するものかが,法解釈上問題になる.判例は警察予備隊違憲訴訟で付随的違憲審査制説に立つことを明言し

ている（最高裁大法廷判決1952年10月8日）．通説も，具体的争訟の法による解決を司法権の本質とする上述のような司法権概念や，権力分立原理・国民主権原理などを根拠に，付随的審査制説を採っている．しかし，少数説ながら，司法裁判所が抽象的審査権能も併有するとする見解もある．付随的審査制説に立つ場合でも，憲法は抽象的審査制を単に定めていないというだけでなく，それを新設するための手続法令の制定を禁止してもいるのか，判例はかかる積極的禁止の趣旨も含むのか，という点については，見解が分かれうる．いずれにせよ，現行実定法上の司法審査制は付随的審査制であるというのが圧倒的多数の立場である．

　司法審査制は，選挙で選ばれた代表から成る国会が制定した法律をも，個人の基本的人権を侵害する場合は，違憲無効と宣言する権能を裁判所に与えるものであり，重要な人権保障機能をもつが，同時に，民主主義の多数者支配原理と緊張関係をももつ．形骸化が指摘される最高裁判所裁判官国民審査制度（憲法79条2項，3項）の活性化は，この緊張を緩和する一つの道であるが，裁判所に対する民主的コントロールの強化は，立法部や行政部などの政治部門と異なる法原理部門としての裁判所に強く要請される独立性や第三者的中立性，異端の個人や被差別少数者の人権保障の機能との間に緊張をもたらすであろう．裁判所の違憲審査権能を具体的争訟の解決に必要な場合に限定する付随的審査制は，これらの競合する諸要請に関する一つの賢明な妥協策とも言える．

　しかし，政治権力に対する立憲主義的コントロールを形骸化させないために，付随的審査制の枠をある程度緩和させることが要請される場合もある．例えば，「一票の価値」の平等化を求める一連の議員定数不均衡是正訴訟において，最高裁判所は，公職選挙法が定める選挙無効訴訟——これはいわゆる「民衆訴訟」の一種で，具体的争訟性の要件が法律によって特に免除されている（行政事件訴訟法5条，42条，公職選挙法204条）——の形式による訴訟を，公職選挙法違反のコントロールという本来予定された範囲を超えて，公職選挙法の議員定数配分規定そのものの違憲無効を主張する場合にも，適法と認めている．

　裁判所によって認められてはいないが，やはり，付随的審査制の枠の緩和の必要性を考えさせる事例もある．自衛官合祀訴訟（最高裁大法廷判決1988年6月1日）は，付随的審査制との関連で論じられることはあまりないが，この観

点から照明を当てることができる事例の一つである．この訴訟では，山口県護国神社に合祀された殉職自衛官の妻でキリスト教徒である女性が，合祀に至る過程での自衛隊の関与が政教分離原則（憲法20条1項，3項）違反であり，自己の宗教的人格権を侵害したことを主張して，国に対して慰謝料の支払いを求めたが，最高裁は政教分離違反も宗教的人格権侵害も否定し請求を斥けた．その際，多数意見は憲法20条3項がいわゆる「制度的保障」で，裁判で救済を求めうる権利を個人に付与するものではないとしている．妻の側は，具体的争訟性の一要件たる訴えの利益があることを示すために，「静謐な環境の下で宗教生活を送る利益」としての宗教的人格権の侵害を主張したわけであるが，これは夫の霊に対する排他的独占権を主張するものであり，他者の信教の自由に対する不寛容を示すものであるなどと判決により批判された．同様の批判は世論の反応の中にも見られた．

　宗教的人格権をこのように一蹴するのが適切か否かはたしかに問題であるが，この権利が未だ定着していないことは事実である．しかし，合祀への自衛隊の関与が政教分離違反であることを否定した点では，判決の多数意見は学説・世論によって広く批判されている．妻の慰謝料請求を斥ける多数意見の結論に同意しながら，この点では多数意見を批判する意見を付した裁判官もいた．このような点を考えると，宗教的人格権の問題のような，妻に対する権利侵害の問題とは一応切り離して，自衛隊の行動の合憲性を裁判で争う方法が必要ではないかという問題が浮かび上がってくる．立法による解決という方法は，この事例のように国家機関の違憲な行動によって圧迫されるのが社会の恒常的少数派である場合には，望み難い．一般化していうと，個人の具体的な権利の侵害として構成することが必ずしも容易ではないが，違憲の疑いが強い国家機関の行動で，通常の民主的立法過程を通じては統制しにくいものに対しては，付随的審査制の枠を多少緩めて，裁判による統制の道を開いてゆく必要はないか，という問題である．

　本判決の多数意見に対する批判の中に，不法行為責任の要件としての権利侵害と違法性について相関関係説を採り，前者が弱くても後者が強ければよいとした伊藤裁判官の反対意見や，行政活動の違法性をコントロールする機能を国家賠償制度にもたせるために，国家賠償責任に「客観的違法型の不法行為」

を含ませる観点から，この事例において国に賠償を命じる価値はあったとする行政法学者原田尚彦の意見などがあるが[2]，これらは上述の問題に応える試みとして評価できよう．

2) 司法消極主義

国民の基本的人権を保障するために，立法部や行政部の行動の合憲性を審査するという，政治的にもきわめて重要な司法審査権を，憲法は裁判所に与えているが，その政治的重要性にも拘わらず，否むしろ，そのゆえに，戦後日本の裁判所はこれまで，この権能の行使にあまり積極的ではなかった．数え方に若干異論もあるが，最高裁判所が，適用違憲を超えてはっきりと法令を違憲と判示したケースは，1990年12月までで五つだけである．すなわち，刑法尊属殺重罰規定違憲判決（1973年4月4日），薬事法距離制限規定違憲判決（1975年4月30日），二度の公職選挙法衆議院議員定数配分規定違憲判決（1976年4月14日，1985年7月17日），森林法共有林分割制限規定違憲判決（1987年4月22日）の五つである．その後，1997年4月2日に愛媛玉串料違憲判決が出たが，これは愛媛県の公金支出行為を違憲としたものである．法律自体を違憲としたものとしては，2002年9月11日の郵便法免責規定違憲判決が6件目である．下級裁判所は最高裁よりも違憲判断に積極的だった時期もあるが，最高裁の消極的姿勢に押されて，現在は消極化している．

立法部や行政部とは異なる独自の憲法判断を下すことに対する，裁判所のこのような消極的・回避的傾向は，司法消極主義と呼ばれている．裁判所の司法消極主義を支える法理・解釈技法としては，統治行為論，憲法判断回避準則の拡張，法令違憲判断を避けるための合憲限定解釈，立法部の立法裁量の尊重による合憲性推定など，様々なものがあり，それぞれについて，立ち入った批判的検討が学説によりなされている．

もちろん，司法消極主義の是非は重大な原理的問題に関わっており，これを単純に否定してすますことはできない．前述のように，司法審査性は民主主義との間に原理的緊張を孕んでおり，裁判官が自己の政治的信念に反するという

---

2) 参照，原田尚彦「合祀訴訟と当事者能力――妻には損害賠償請求権が帰属するか」『ジュリスト』1988年9月1日号，30-35頁．

だけで法令を違憲無効と宣言するというような，司法審査権の濫用は厳に慎まれなければならない．裁判官の個人的な政治信条によっては左右できない公共的価値としての憲法規範による制約という，内在的抑制が司法審査権にはある．

しかし，かかる内在的抑制に服することは，憲法解釈において裁判所が，立法部や行政部に追随すべきであるということを決して意味しない．立憲民主主義体制を維持発展させるためには，裁判所は立法部や行政部とは異なった固有の役割を果たすことが要請されているのである．第一に，司法審査による人権保障には，参政権や思想・言論の自由の保障のように，民主的政治過程の健全な作動の前提条件を，この政治過程の産物である立法や行政による侵犯に対して，保障するという機能がある．第二に，健全に作動する民主的政治過程でさえ陥り易い多数の専制に対して，個人や少数者の基本的な権利を保障するところに，単なる多数者支配的民主主義とは異なる立憲民主主義の本領がある．立法活動や行政活動などの政治過程の民主化だけでは必ずしも保障されない，個人や少数者の人権の保障こそ，司法審査制の根本的な存在理由である．民主主義と立憲主義とのかかる結合を維持発展させてゆく上で，司法審査権をもつ裁判所の責任は大きい．裁判所がこの責任を十分に果たしてゆく上で，過度の司法消極主義は問題がある．

日本の裁判所の司法消極主義の背景としては，司法試験の「科挙」的難関化や，キャリア・システムなど，裁判官養成の在り方の問題，最高裁事務総局による裁判官に対する官僚的統制の強化，判検交流による行政との批判的距離の喪失，政権交代の欠如による司法人事の多様性喪失など，様々な要因が指摘されてきた[3]．これらはいずれも重要な問題であるが，根本的には，人権保障の重要性に対する国民一般の意識・理解の弱さが挙げられよう．国家権力を立憲的に制約しようとするよりは，むしろ国家権力のパターナリズムに依存する受益本位の人権意識，また，異質な少数者や非同調的な個人に対する同質社会的な不寛容など，現在の日本社会の基本的な特質に関わる問題がそこにある．

---

3) 2001年の司法制度改革審議会の意見書を受けて進められている司法改革・法学教育改革が，このような問題の改善にどの程度貢献しうるかは予断を許さない．現在の司法改革の在り方に対する批判的評価として，参照，井上達夫・河井幹雄『体制改革としての司法改革——日本型意思決定システムの構造転換と司法の役割』信山社，2001年．

3　代替的紛争解決手続

　司法審査の重要性に触れたが，裁判所の日常的業務の圧倒的な部分を占めるのは，憲法訴訟にはならない通常の私人間の紛争の裁定である．このような紛争の処理が裁判所の基本的な機能であるが，紛争処理に関して，日本社会には訴訟回避傾向が強く，裁判とは異なる代替的紛争解決手続が好まれ，活用されているということが，夙に指摘されている．これは「裁判を受ける権利」という憲法 32 条が規定する人権が，日本では実効的に保障されていないのではないかという問題を提起している．したがって代替的紛争解決手続は民事的観点だけでなく，立憲主義的人権保障の観点からも考察される必要がある．

　代替的紛争解決手続には，裁判上の和解や民事調停などの裁判所内手続と，行政機関や民間組織による相談・苦情処理・斡旋・調停・仲裁・裁定などの裁判所外手続とがある．裁判という公式の紛争解決手続よりも，これらの代替的手続が好まれ活用されているという事態は，日本社会における法の役割や司法部の機能を考える上で避けて通れない，重要な問題を提起している．ここでは立ち入って論じる余裕はないが，簡単に要点だけ指摘しておきたい．

　第一に，このような訴訟回避傾向は，かつて，日本人の法意識・権利意識の後進性によるとされてきたが，1980 年代以降は，裁判制度の欠陥が原因であるとする見方が出てきている．それによれば，訴訟手続は時間と費用の面で非効率的であり，リスクが高く，ゼロ・サム的で融通が利かない．したがって，合理的なコスト計算に基づき，より柔軟な解決を求めて，人々は代替的紛争解決手続を選択しているという．さらに，裁判手続の利用を望む人々にとっても，裁判所の機構・人員の不備や弁護士の不足などにより，裁判手続へのアクセスが実質的には制限されているとする．

　しかし，この問題は，意識の「後進性」か，制度の欠陥かという二者択一的な発想で考えるのは適切ではない．「後進的」と呼ぶか否かは別として，戦後日本社会で形成されてきた一般的な法意識・権利意識に，訴訟回避を生むような一定の特質があり，それと裁判制度の欠陥や他の政治的・経済的諸要因とが因果的な相互作用の関係にあるというのが実情かと思われる．そうであるがゆ

えに，意識要因も可変的であり，これを日本人の「文化的本質」として固定的に捉えるのは誤りである．

　第二に，現象の説明とは別に評価の問題がある．これについていうと，多様な紛争解決手続が利用可能であるという事態は，決して悪いことではない．紛争の多様な性質に応じて，適切な解決手続も多様であり，一切の紛争について司法的解決が望ましいというわけでもないから，目的に応じて紛争解決手続が使い分けられるというのは，むしろいいことである．もちろん，裁判手続を利用したいにも拘わらず，制度の欠陥のゆえにそれができないという事態は改善されなければならないが，裁判への実質的なアクセスを保障した上で，裁判手続や様々な代替的紛争解決手続の間での，紛争当事者の選択の自由を拡張してゆくべきであろう．

　ただし，代替的紛争解決手続の在り方は，全く無制約でいいというわけではない．公平や人権というような基本的法理念は，そこにおいても尊重さるべきである．また，社会的実力において格差のある紛争当事者に，対等の資格で十分に主張・立証する機会を保障するという，司法的紛争解決手続の基本理念は，すべての紛争解決手続において貫徹されなければならない．弱者に対する不当な犠牲の押し付けを，「迅速かつ柔軟な紛争解決」の名で合理化するために，代替的紛争解決手続が利用される危険に対しては，常に警戒が必要である．

　これとの関係で付言すれば，日本人の訴訟回避傾向を制度の欠陥によってではなく，日本の裁判の予見可能性の高さという「メリット」によって説明し，さらに予見可能性を高めるための裁判所の積極的な規準形成を「日本型司法積極主義」と呼んで一定程度肯定的に評価する動きが近年台頭しているが，この予見可能性の高さは，正義や公正よりも効率を優先するなど問題のある政策選択に基づく紛争処理の定型化を日本の裁判所が進めてきたことの帰結であり，それが孕む負の側面にも注意する必要がある[4]．また，憲法判断における既述の司法消極主義とこれを対比すると，日本の裁判所の「司法の謙抑性」論の真摯性が疑われるだろう．

　4）　交通事故損害賠償の逸失利益算定基準の性別格差の問題との関係でこの負の側面を鋭く指摘するものとして，参照，野崎綾子『正義・家族・法の構造変換——リベラル・フェミニズムの再定位』勁草書房，2003年，第4章．

4　戦後の人権保障理論の発展

1)　人権と公共の福祉

　日本国憲法は，法律によっても奪うことのできない個人の基本的人権を保障し，この保障を実効的なものにするために，前節までに見たように，裁判所に司法審査権を与えている．しかし，同時に，憲法は人権を「公共の福祉」の制約の下に置いている．憲法12条後段は，憲法が保障する自由および権利について，「国民はこれを濫用してはならないのであって，常に公共の福祉のためにこれを利用する責任を負ふ」とし，さらに，13条後段は「生命，自由及び幸福追求に対する国民の権利については，公共の福祉に反しない限り，立法その他の国政の上で，最大の尊重を必要とする」と述べ，基本的人権が一般的に公共の福祉の制約に服することを定めている．また，個別的な人権のうち，居住・移転・職業選択の自由と，財産権については，公共の福祉による制約に改めて言及している（憲法22条1項，29条2項）．

　憲法はこのように基本的人権を，公共の福祉という一般的・抽象的な原理の制約の下に置きながら，公共の福祉の意味内容については，何ら明示的な説明を与えてはいない．したがって，公共の福祉の概念を明確にしないと，国家権力による人権侵害が公共の福祉の名で簡単に正当化できることになり，人権保障が骨抜きにされてしまう．旧憲法は「臣民」の権利に対し，「法律ニ定メタル場合ヲ除ク外」とか「法律ノ範囲内ニオイテ」などの表現によって「法律の留保」を付し，法律によりさえすれば人権制約が許されるとした．新憲法はこの「法律の留保」を廃止し，人権保障を強化したわけであるが，公共の福祉の概念は曖昧なまま自由に使用されると，「法律の留保」と同じ効果をもってしまう．実際，曖昧な公共の福祉の概念に無造作に訴えて，法令による人権制約の合憲性を簡単に認めてしまった判決も少なくない．

　したがって，戦後憲法学においては，憲法による基本的人権の保障の確立・強化を図るために，公共の福祉の概念を，濫用不可能な形で明確化し限定することが，何よりもまず取りくまるべき重要な課題となった．

2) 内在的制約説

この課題を果たす一つの重要な試みで，その後の議論の出発点にもなったのが，宮沢俊義の内在的制約説である[5]．

その基本的な発想は，「人権は人権のみによって制約される」という命題によって要約される．人権を制約するものは，人権を超越した国家の命令などではなく，その人権と衝突する他の人権のみである．この立場によれば，公共の福祉とは，人権相互の衝突を調整するための実質的公平原理である．すべての個人の人権を尊重することは，このような公平な調整原理の尊重を当然含意する．したがって，公共の福祉は，人権に対する外在的な制約ではなく，人権の本質に内在する制約である．

さらに，ここでいう「公平」とは形式的な公平ではなく，実質的な公平であるとされているが，その趣旨は，社会的弱者の生存権・社会権（憲法25～28条）の保護のために，強者の経済的自由権（憲法22条1項，29条）の制約が要請されるということである．ここには，「自由国家から社会国家へ」とか，「自由権から社会権へ」などという標語によって表現されるような，社会民主主義的・福祉国家的公平観念がある．この公平観念は，ひとり宮沢においてのみならず，戦後の進歩的知識人の間で支配的であった．

この内在的制約説は，公共の福祉の概念から，人権保障を骨抜きにするような融通無碍の操作可能性を取り除き，憲法価値としての基本的人権の，国家の他の政策目標に対する優先性を確立した点で，人権保障理論の発展に大きな貢献をなしたと評価できる．しかし，なおそこに問題がないわけではない．

第一に，この理論は，公平観念の中に社会民主主義的福祉国家思想を盛り込み，経済的自由権に対する生存権・社会権の優先性を明確にしたが，近代的人権概念の核ともいうべき精神的自由権（特に，表現の自由）の人権体系上の位置づけについては，必ずしも十分に明確にしてはいない．例えば，労働者が組合運動を通じて集団的に行使する団結権・団体交渉権・団体行動権（憲法28条）が，使用者の経済的自由とだけではなく，労働者個人の思想・良心の自由

---

[5] 参照，宮沢俊義『憲法II――基本的人権』新版再版，有斐閣，1974年，218-240頁．

(憲法19条) や言論の自由 (憲法21条) と衝突した場合, どうなるのかという問題を考えてみても, 精神的自由の位置づけの必要性が明らかになる. また, 精神的自由と経済的自由との関係についても, さらに解明が必要である.

第二に, 内在的制約説は抽象的な理念論にとどまり, 人権を規制する立法や行政活動の違憲性を, 裁判で争うための具体的・実効的な訴訟方法論を示してはいない. 実体法のレヴェルでいくら人権の重要性を説いても, 裁判における主張・立証の仕方についての具体的指針を示す憲法訴訟論が伴わないと, 人権保障の理念は画餅に帰するおそれがある.

3) 二重の基準論

人権以外の政策目標による人権制約の正当化を排除するという, 内在的制約説の基本思想を継承しながら, 上述のような問題点を克服し, これを批判的に発展させる試みとして登場したのが, いわゆる「二重の基準論」に依拠する憲法訴訟論である. これは, 米国の憲法理論をモデルとし, 我が国では芦部信喜をパイオニアとして発展させられた[6].

この理論の基本前提をなすのは, 精神的自由を人権体系上最優先的地位に置くという, 実体的憲法価値論上の優先基準である. すなわち, 精神的自由は精神的自由によってのみ制約され, 経済的自由に優越するのに対し, 経済的自由は精神的自由や生存権・社会権の保護のために, また一般的な政策目的のために, 制約可能である.

かかる実体的価値論に基づき, 裁判における合憲性審査の具体的基準が探求され, 精神的自由の規制の場合のほうが, 経済的自由の規制の場合よりも, 一層厳格な基準が適用さるべきだとされる. すなわち, 精神的自由の規制については, 合憲性の推定が排除され, 規制者たる国など権力主体の側に, 立法事実 (規制立法の目的や手段の合理性を支える社会的・経済的事実) の証明を含む厳格な挙証責任が課されるのに対し, 経済的自由の規制については, 規制者たる立法部の裁量がより広く認められて, 合憲性が推定され, 立法事実の存否に

---

[6] 参照, 芦部信喜『憲法訴訟の理論』有斐閣, 1973年, 同『現代人権論』有斐閣, 1974年, 同『憲法訴訟の現代的展開』有斐閣, 1981年, 江橋崇「二重の基準論」芦部信喜編『講座 憲法訴訟』第2巻, 有斐閣, 1987年, 125頁以下など.

関する挙証責任は違憲性を主張する側が負う．

　さらに，精神的自由規制，経済的自由規制のそれぞれについても，規制目的や規制方法に応じて，さらに細かい区分がなされ，妥当すべき審査基準が厳格性の程度において段階的に設定されている．精神的自由に関する審査基準は，表現の自由を核にして具体化されているが，事前抑制や過度広汎規制は，文面上違憲無効という最も厳格な基準が適用され，さらに，それ以外の規制についても，表現内容の規制の場合と，表現の時・所・方法の規制とが区別され，後者については，「より制限的でない他の選びうる手段」の基準が適用されるのに対し，前者については，それよりも厳格な「明白かつ現在の危険」の基準や，「定義付け衡量」の基準が適用されている．経済的自由に関しては，積極的政策的規制と消極的警察的規制とが区別され，前者については，立法部の裁量を広汎に認める「明白性の原則」が適用されるのに対し，後者については，合憲性推定はやはり許すものの，表現の時・所・方法の規制の場合に対応するような立法事実の具体的審査を要求する「厳格な合理性」の基準が適用される．

　審査基準の二重化という点では，判例においても，規制目的が消極的か積極的か，規制方法が直接的か間接的かなどの観点から，一種の「二重の基準論」が形成されているが，これは精神的自由を経済的自由と同列に置く「横割り」の二重の基準論であるとされ，本来の二重の基準論，すなわち，精神的自由を経済的自由の上位に置く「縦割り」の二重の基準論から区別され，批判されている．判例の二重の基準論は，精神的自由と経済的自由との区別とは異なった区別の観点に立つことにより，経済的自由規制の合憲性審査を，精神的自由規制の場合と同様に厳格化するのではなく，逆に，精神的自由規制の合憲性審査を，経済的自由規制の場合と同様に緩和している．すなわち，表現内容の規制は消極的な経済的自由規制並みに，表現の時・所・方法の規制は積極的な経済的自由規制並みに審査基準が緩和化されている．本来の二重の基準論からの批判も，この点に向けられている．

　このような二重の基準論は，経済的自由権対社会権という，戦後支配的であった対立図式の下では，埋没させられがちであった精神的自由の基幹的重要性を前面に押し出した点，および，人権を紙の上の存在に終わらせず，裁判を通じて実効的に保障してゆくための鍵となる，人権規制立法の合憲性の具体的な

審査基準をきめ細かく確定した点で，戦後人権保障理論の成熟にとって，画期的な意義をもつと言ってよい．現在の憲法学においては，このアプローチが，唯一のではないにしても，一つの支配的なパラダイムの地位を獲得しており，広範な影響力を享受している．

4) 二重の基準論の問題点と今後の課題

　二重の基準論はこのように大きな影響力を今やもつだけに，このパラダイムの綿密化・精緻化の作業だけでなく，原理的な批判的再検討も必要になってきているように思われる．特に，精神的自由の最優先的地位は，二重の基準論の根幹をなすものであり，その詳細な審査基準論全体の存在理由も，それに依存しているにも拘わらず，この根幹的主張を擁護するための実体的憲法価値論の議論は，民主政治のプロセスの保障にとっての精神的自由の必要性という，射程の限られた議論以外には，必ずしも十分には展開されていない．むしろ，精神的自由の優位という価値論的前提を自明化した上で，審査基準論の技術的洗練を図ることに，主として関心と精力が向けられてきたといえる．内在的制約説の上述の第二の問題点を克服するという狙いが，二重の基準論にはあることを考えれば，この点は理解できなくはないが，このアプローチの一層の深化と発展を促すという意味でも，その価値論的前提の批判的検討は無駄ではあるまい．ここでは，精神的自由一般の経済的自由一般に対する優位という前提を自明化することに対する，原理的な疑問を，二つ提示しておきたい．

　第一に，精神的自由は非政治的な表現の自由や，私事に関する自己決定も含むから，民主政治のプロセスの保障手段であるという道具主義的な理由づけだけでは，その一般的優位を正当化できない．やはり，精神的自由が経済的自由よりも内在的価値において優越しているという前提が必要である．しかし，経済的自由が精神的自由よりも内在的価値において劣るというのは，「知識人」特有の偏見ではないか．経済活動が物質主義的な欲望追求であるというイメージが，一つの動機として，そこには伏在しているようであるが，このような一般化は再検討の余地がある．例えば，老舗の信用や地域社会との絆を保持するために良心的な営業を続ける人や，過疎地域の振興のために自らリスクを負ってヴェンチャー・ビジネスを始める人の経済活動が，富と名声を求めて「売れ

る」小説を書く人の表現活動よりも，物質主義的であると断定することはできない．

仮に，経済活動が一般的に物質主義的であるとしても，だから経済的自由は精神的自由に劣るとするのは問題がある．何をする自由かによって自由の価値を序列化する発想が，そこにはあるが，これは結局，自由の価値を自由そのものにではなく，自由を行使して選択された活動の価値に還元するものである．しかし，自由の核心を，自己の生き方の自律的な探求という意味での自己決定に求めるならば，この還元は受容できない．この自由観に従えば，選択された生き方が，より善きものかという問題とは独立に，善き生の自律的探求としての自由そのものに価値があるのであり，公共の権力の正当化と制約の根拠になるのは，生き方の卓越性ではなく，この自由そのものの内在的価値である．

この観点に立つならば，例えば，中卒の学歴しかないために，社長と呼ばれるのを生き甲斐にして事業に精を出す人や，一国一城の主として独立するために個人タクシーをやりたいと，何度も運輸省に申請を繰り返すタクシー運転手にとっての営業の自由は，自己の研究を発表しようとする大学教授にとっての言論・出版の自由に比して，内在的価値において何ら劣るところはない．もちろん，他者の自由や権利に与えるインパクトという点では，何をする自由かによって違いがありうるが，これは行使される自由の内在的価値における相違とは別である．しかも，自由の行使の社会的帰結という点では，精神的自由と経済的自由とでは，いずれがより有益であるとか，より有害であるとか一般的に断定することは困難である．また，自由の帰結主義的な序列化が可能だとしても，それは，精神的自由の経済的自由に対する優位を正当化するよりは，むしろ，精神的自由の保障を偶然的な諸事情に依存させ，不安定化・脆弱化することになるだろう．

第二に，二重の基準論は，精神的自由の経済的自由への依存について，リアリスティックな認識を欠いているのではないか．仮に，経済的自由が精神的自由よりも内在的価値において劣るとしても，前者の保障が後者の保障の不可欠の条件であるならば，前者は後者に準じて厳格に保障さるべきであるということになるが，この二つの自由の依存関係についての先鋭な問題意識は，二重の基準論には見られない．

しかし，両者の間には「経済的自由なくして精神的自由なし」といえるほどの緊密な依存関係がある．このことは，社会主義計画指令経済体制の下で，表現の自由が存在しうるか，という問題を考えてみれば，明らかになるだろう．紙の生産・流通，印刷業，出版業，新聞社，放送事業などをすべて国家が管理している所に，体制を批判する言論や出版の自由などがありうるだろうか．また，芸術活動や芸術作品のための市場が存在せず，国家がすべての芸術家のパトロンであるような所で，亡命することなく，芸術表現の自由を貫くことが可能だろうか．社会主義体制だけでなく，資本主義体制の下でも，例えば，言論・出版の自由は，検閲などによらなくとも，出版社やその他のメディアの営業の自由を規制することにより，効果的に抑圧できるだろう．

　一般化していえば，精神活動は真空で営まれるのではなく，財やサーヴィスなど，社会的資源を必要とし，かつ，それ自体かかる社会的資源として供給され，流通するのである．したがって，社会的資源の生産・供給・流通・消費等に関する決定権の分配の仕方は，精神活動の自由の保障にとって決定的な意義をもつ．すなわち，この決定権が特定主体に集中すればするほど，精神的自由の抑圧が容易化され，それが多様な主体に分散すればするほど，かかる抑圧は困難化し，精神的自由の活動舞台が拡大される．経済的自由の規制拡大は，国家という権力主体への資源配分決定権の集中化を意味し，その保障の強化は，資源配分決定権の無数の主体への分散を意味する[7]．

　二重の基準論に対する以上の原理的な疑問は，正確にいえば，精神的自由の優位に対するものというよりは，経済的自由の劣位に対するものである．判例

7）長谷部恭男は経済的自由は経済法制に依存するのに対し，表現の自由は出版法等に依存しないとして，私の議論を批判する（長谷部『テレビの憲法理論』弘文堂，1992年，31頁）が，私のポイントは表現行為は経済行為として営まれるのが通常であり，経済的自由を構成する法制に依存すると同時にそれを制約する規制によって制約されるということである．また，政府規制が恣意化する危険性が表現の自由の場合の方が経済的自由よりも高いという彼の主張（同書30頁）は経験の事実に反するし，特定職業規制は万人に適用可能なら個人の自律を侵害しないという彼の議論（同書29頁）は，特定宗教の規制も万人に適用可能なら個人の自律を侵害しないという不合理な帰結を含意してしまうだろう．

　なお，森村進も「全体として自由な市場が存在している限り，ある種の営業の自由が不合理に規制されていても，ただちに精神的自由が侵害されているとはいいにくい」として，私の議論を批判する（森村『財産権の理論』弘文堂，1995年，156-157頁）が，「全体として自由な市場」が存在していても，政府を批判する特定の個人や集団の生活基盤をなす経済活動を政府が標的にして選択的・裁量的に規制を行えるなら，精神的自由は容易に扼殺しうるのである．

の横割り的二重の基準論とは，二種の自由の同列化という点で似ているが，その趣旨は逆である．すなわち，精神的自由の保障を経済的自由並みに緩和することではなく，経済的自由の保障を精神的自由に準ずる方向へ厳格化する必要性を示唆している．

　ここに提起した問題はきわめて原理的なもので，見解が鋭く対立しうる．まさに，そうであるがゆえに，このような原理的問題について大いに議論がなされるべきであり，かかる論議の発展・深化が，人権保障理論の今後の一つの重要な課題をなすのである．すなわち，審査基準論や訴訟方法論の技術的洗練に努めるだけでなく，自由の意義や，人間存在にとっての基幹的権利，現代社会における様々な自由や権利の機能連関などについて，原理的考察を深め，それを踏まえて人権体系を再構築する実体的な憲法価値論を発展させる必要がある．審査基準論なき憲法価値論は空虚であるが，憲法価値論なき審査基準論は盲目である．また，いわゆる新しい人権なども，かかる実体的憲法価値論の発展がなければ的確には基礎づけられない．

5　新しい人権

1)　新しい権利主張の噴出

　これまで，人権保障理論の発展を見てきたが，現実のほうは，判例の二重の基準論に見られるように，理論よりも「遅れ」がちである．しかし，現実が理論に先行している面もある．1960年代以降，住民運動や市民運動とも連動して，これまで人権保障理論が十分に扱ってこなかったような，「新しい人権」の主張が噴出してきた．また，この新しい人権は，しばしば，「現代型訴訟」と呼ばれる新しい訴訟形態を伴って主張されている．これらは現実の先行の最も重要な例であり，人権保障理論が取り組みを要請されている現代的課題の先端的部分をなす．本節では新しい人権について，次節では現代型訴訟について，簡単に見ておきたい．

　新しい人権として主張されるものには，日照権，プライヴァシー権，知る権利，アクセス権，平和的生存権，環境権，静穏権，嫌煙権，消費者の権利，納

税者の権利, 自己決定権, 患者の人権, 子供の人権など, 種々様々なものがある. その性質を単純に一般化して論じることはできないが, 都市化・高度産業化・原子力化・情報化・ハイテク化・管理社会化など, 現代社会の新しい諸条件が生み出した, 立法や行政によって未だ十分に対応されていない新しい生活侵害に対する救済要求を基盤としていること, したがって, 手掛かりにできる具体的な法令上の根拠がないため, 憲法の前文や概括規定などに依拠して主張されるのが通常であることなどが, 一応, その特徴として挙げられる.

　これらの新しい人権のうち, 日照権とプライヴァシー権は, 判例上, かなり確立されている. 前者については, 日照妨害を理由にしたマンション建設工事の差し止め請求も認められ, 後者については, モデル小説に関して, 「私事をみだりに公開されない権利」が, 私服警官によるデモ参加者の写真撮影に関して, 「承諾なしにみだりに容貌・姿態を撮影されない自由」が承認され, また, 弁護士による前科の照会に区役所が応じたのも, プライヴァシー侵害にあたるとされている. しかし, 他の新しい人権については, 知る権利に関する情報公開条例のように法令上の根拠がある場合を除き, 判例上承認されているとはいえない. 例えば, 環境権は, 大阪国際空港公害訴訟や名古屋新幹線公害訴訟でも主張されたが, 一般的な人格権以上の, 特別の具体的権利としては承認されていない. また, 子供の人権については, 丸刈りを義務付ける校則に関し, 中学生が表現の自由等を援用して, 損害賠償や校則の無効確認等を求めた事件において, 1985年11月13日に熊本地裁は原告の請求をいずれも棄却ないし却下した. 兵庫県小野市立中学校丸刈校則事件においては最高裁が1996年2月22日に校則は抗告訴訟の対象となる処分性を欠くとして上告を棄却した.

2)　社会的な意義と機能

　それでは, このような新しい人権の主張の社会的な意義と機能について, どのように理解し評価すべきであろうか. 簡単に要点だけ述べておきたい.

　第一に, 人権は普遍的価値理念であるが, その根本的要請は, 自律的で尊厳ある生を送るための不可欠の諸条件の保障にあり, 人間が置かれる社会的諸条件の変化に応じて, 保障さるべき不可欠の諸条件も, したがって, 人権の具体的態様も変化しうる. 例えば, 「自由権から社会権へ」という図式がかつて支

配的だったのに対し、現在では「社会権から人格的自律権へ」という図式が登場しつつあるが、その背景には、勃興期産業資本主義による労働者階級搾取→資本主義の成熟に伴う福祉国家的再分配と混合経済の進展→集権化・官僚化・平準化・既得権肥大化による福祉国家の逆機能化というような、社会の構造的諸条件の変化がある。その意味で、現代生活の新たな諸条件に対応して主張される「新しい人権」という考え方は、原理的には決しておかしいものではない。

第二に、新たな社会的諸条件への立法部・行政部の対応が遅れているときに、市民の側がイニシアティヴをとって、新たな救済要求の実現に向けて、裁判を通じて積極的に働きかけていくことは、民主主義の活性化にとっても意味がある。司法的救済が得られない場合でも、訴訟の提起自体が大きな社会的インパクトをもち、社会的関心を高め、立法的・行政的対応を促すという効果をもちうる。

第三に、新しい人権を主張する人々の間に、ややもすると、主張される新しい人権の正当性を自明の前提とし、いかにそれを勝ち取るかという運動論だけに終始する傾向が見られるが、これは問題である。これだと、新しい人権は、住民エゴ、ごね得、物取り主義等の合理化イデオロギーになりかねない。新しい人権として主張されるもののうち、真に尊重に値するものと、そうでないものとを区別するために、主張される権利の内容・範囲を明確化し、その正当化根拠を示すための、規範的な議論をもっと展開する必要がある。新しい人権の主張もまた「正義への企て」でなければならないのである。

最後に、今述べた点と関連するが、新しい人権が法的権利として承認されるための条件について一言したい。通常、かかる条件として、権利の主体・対象・内容・範囲の明確化・特定化と、社会的コンセンサスの成立が挙げられるが、後者については若干検討が必要である。単に、コンセンサスが得られればいいというのであれば、公共性のない無責任な利益主張も、マス・メディアを駆使した扇動的な政治的宣伝やキャンペーンで、大衆の共感を獲得できさえすれば、権利として認められるということになってしまう。したがって、コンセンサスそのものではなく、コンセンサス形成の質と態様が問題になる。

ここで重要なのは、今使った「公共性」という概念であるが、これは、国が決めた政策目標への盲従と、そのための犠牲の一方的受忍を「上から」要求す

るような,「垂直的公共性」ではなく,対等な個人間の相互性に基づく対話を基礎とする「水平的公共性」を意味する.それは,利害と価値観と異にする多様な諸個人が,自他の諸権利の相互主義的承認の基礎となる公平な原理・原則と,客観的事実とに訴えて,理性的な議論を互いに活発に営むことを通じて合意を形成してゆく過程に存する.新しい人権の主張が公共的な受容可能性を獲得できるのは,それがかかる論議過程を経て社会的に認知された場合である.この意味での公共性は,単なる多数の支持や民主的参加に還元されるものではなく,本書第1章で示したような正義の普遍主義的要請に基づく反転可能性の吟味,他者の視点から見た受容可能性の相互的吟味に依存する.新しい人権の主張もまた「正義への企て」でなければならないと言ったのはこの意味においてである.

6 現代型訴訟

1) 現代型訴訟の特色

環境権が主張された,大阪国際空港公害訴訟や名古屋新幹線公害訴訟に典型的に見られるように,新しい人権の救済を求める訴訟は,多数の人々の複雑に絡み合った利害に関わるために,従来の私権保障型の訴訟とは異なった性格をもつ.これらは一般に「現代型訴訟」と呼ばれ,近年その性格が注目を浴び,論議を呼んでいる[8].現代型訴訟は,通常,伝統的な訴訟形態との比較で,次のように性格づけられている.

第一に,当事者について,伝統的訴訟においては,個人対個人という構造になるが,現代型訴訟においては,強者対弱者集団という形,すなわち,国や地方公共団体や大企業など,公共的な性質の事業を営む巨大な組織体が被告になり,この事業によって被害を受けた,あるいは受けるおそれのある多数市民の集団が原告になるという形になる.

第二に,原告が受ける侵害と,求める救済の性質については,伝統的訴訟に

---

[8] 現代型訴訟の諸問題のすぐれた展望を与えるものとして,参照,田中成明『現代社会と裁判』弘文堂,1996年,第4章.

おいては，特定された過去の侵害の事後的救済が通常求められるのに対し，現代型訴訟では，多数の人々の生活利益に関わる広汎で長期的な侵害で，特定化が困難なものが問題となり，したがって，求められる救済も，過去の特定の損害の賠償にとどまらず，差止めや将来の損害の先取り的賠償など，将来生ずべき侵害の防止や補償に及ぶ．

第三に，伝統的訴訟の機能が私権保障にあるのに対し，現代型訴訟は，国の政策の是非を問い，一般社会に対して広く問題提起を行うという政策形成的な機能をもつ．

最後に，裁判官の役割については，伝統的訴訟では，当事者主導的な対審構造の下で，裁判官は基本的に受動的な役割を果たすのに対し，現代型訴訟においては，考慮さるべき利害関係や事実関係の複雑さ，見解対立の深刻さ，原告と被告の力関係や訴訟遂行能力における不均衡などに鑑み，裁判官の後見的・職権的な訴訟指揮の強化が求められる．

かかる現代型訴訟では，第三，第四の特色が示すように，裁判の機能や裁判所の役割が著しく拡大されているため，その是非，特に，それが司法部としての裁判所の性格に適合的なものかをめぐって，論議がなされている．

このような伝統的な枠を超えた司法部の機能拡大を伴う現代型訴訟の登場は，日本に特有なものではない．米国でも，「公共訴訟」とか「制度改革訴訟」とか呼ばれるものが論議を呼んでいるが[9]，これは，裁判の政策形成機能や，裁判所の職権的役割を，日本の現代型訴訟よりももっと徹底させたものである．そこでは，人種別学の解消や，精神病患者や囚人の待遇改善といったような，社会的に見解の対立のある重要な政策目的を実現するために，裁判所が，学校・精神病院・刑務所などの制度の改革のための計画の作成・執行・執行監督・成果査定など全過程において，職権的機能をフルに行使して継続的に指導的役割を果たしている．特に人種別学解消のための，バス通学による強制的学童配置措置の裁判所による執行は，大きな社会的論争を喚起している．

---

9) 参照，大沢秀介『現代型訴訟の日米比較』弘文堂，1988年．

2) 司法部の機能拡大

このような現代型訴訟において求められる裁判所の機能拡大が，果たして正当なものか，正当だとして，どこまで承認できるものかについては，米国でも，日本でも厳しい見解の対立がある．一方には，裁判所のこのような機能拡大は，立法部や行政部など，政治部門から独立した司法部としての裁判所の，固有の存在理由を否定するものであり，裁判の過度の政治化により，裁判所の権威と裁判の正統性を危うくするものだという批判がある．しかし，他方には，政治部門だけでは十分に対応できない，新たな社会状況の下で生まれた市民の新しい救済要求に，裁判所が積極的に応えてゆくためには，このような司法の機能拡大が必要であり，それを回避するならば，裁判所に対する国民の信頼は，かえって失われてしまうという意見がある．

この問題に，ここで簡単に結論を出すことはできないが，問題を考える手掛かりだけ示しておこう．米国の制度改革訴訟の一部に見られるように，実体的な法的権利の確定は二の次にし，裁判所が立法的・行政的手法を多用して，職権的に救済を図るというのは，法の支配や権力分立との関係でたしかに問題である．また，救済が必要だとしても，そのために裁判所が過度に職権的な役割を果たすのは，司法権を「金さん」的な裁判権力に引き戻すもので，前述したような，市民の間での主体的な論議実践を通じた水平的公共性の陶冶という観点からも問題である．しかし，それにも拘わらず，形式的な議論に逃げて，権利の実効的な救済には熱心ではないという，日本の裁判所にしばしば見られる傾向を正してゆくためには，米国の制度改革訴訟などからはやはり学ぶべきところがある．

一例だけ挙げると，子供の人権に関して先に触れた熊本丸刈り校則訴訟（『判例時報』1174号48頁以下）などは，原告側の意図においては，日本における制度改革訴訟の試みであったと解釈できる．校門圧死事件などにも象徴されるように，日本の学校には，子供たちを校則でがんじがらめに拘束する「牢獄」と化している所が，残念ながら少なくなかった．日本で制度改革訴訟の手法が，あるいは必要となっているかもしれない制度としては，学校がまず思い浮かべられるような実態があった（現在はその反動として子供の放縦化が進ん

でいる面もあるが，規律強化がまた反動として広がる可能性がある）．

　この訴訟において原告が求めた救済は，過去における精神的損害に対する賠償だけでなく，校則の無効確認，その公示，将来における不利益処分の禁止などに及び，この点でまず，制度改革訴訟的性格をもつ．さらに，裁判所は損害賠償請求については棄却し，その他の請求については，原告が訴訟係属中に卒業したので訴えの利益が消滅したという，形式的な理由でこれらを却下したが，原告側も主張したように，この訴訟は一人原告の利益のみならず，彼の弟や，将来その中学校に入学するすべての子供たちの利益を代表して提起されたものであり，この点にもその制度改革訴訟的性格が現われている．この訴訟のこのような現代的性格に対し，熊本地裁は理解を示さず，重大な社会問題に関わる切実な制度改革要求を，形式的議論によって切り捨てた（もっとも，損害賠償請求を棄却した裁判所の論法からすれば，校則無効確認請求等についても，却下しなかったとしても棄却していたであろうことは想像に難くない）．校則が罰則を設けていないことを理由に処分性を否定した小野市立中学校丸刈校則事件の最高裁判決にも，同様な形式主義的切り捨ての論理が見られる．この例は，現代社会に浸透するミクロな「規律訓練権力」[10]に対する異議申し立てと批判的統制への権利を人々に実効的に保障する上で，裁判所が積極的な役割を果たすことが可能であり，かつ必要であることを示している．

---

10)　Cf. M. Foucault, "Disciplinary Power and Subjection," in S. Lukes（ed.）, *Power*, New York U. P., 1986, pp. 229-242.

第IV部

法動態論(2)
法価値の現代的発展

第7章 自由と平等の現代的諸相
　　──憲法学との対話

1 自由と平等

　自由と平等は，現代の基本的な政治理念であり，立憲民主主義社会における法創造・法適用の指針となる基本的な法価値である．この陳腐な命題を書き出しにするのには，理由がある．現代法哲学・政治哲学において，1970年代以降活況を呈してきた規範的正義論の問題状況は，「人権と功利」という図式でしばしば要約される．これに対しては，「自由と平等」という古典的な問題設定は一体どこに行ってしまったのか，という疑問を抱く人々が，特に旧世代の間では，少なくないかもしれない．しかし，「人権と功利」という図式は，「自由と平等」という問題設定を放棄するものではなく，むしろ，この古典的な問題を考察するための，異なった思考範型・議論様式を明確に区別しようとする志向に根差す．現代において人々に何らかのアピールをもちうる政治道徳理論は，自由または平等という価値理念の解釈たらざるをえないという意味で，この両理念は依然基本的である．

　自由または平等という理念，および両者の関係をめぐる問題が，現代正義論において依然基本的な位置を占めているということは，反功利主義的諸理論においては，特に説明するまでもなく明らかである．ロバート・ノージックとロナルド・ドゥオーキンは，功利主義的な全体福祉の最大化や，その他の集合的目標に対する「横からの制約（side-constraints）」や，「切り符（trumps）」として，反目的論的・反功利主義的個人権概念を先鋭に打ち出している点で志向を同じくするが，前者が古典的な自由権的諸権利を基礎にして，最小限国家を

唱道するのに対し，後者は平等な尊敬と配慮への権利という，抽象的な人格権を基本原理にして，ニュー・ディール以降の現代福祉国家を擁護しており，両者の対立はまさしく「自由優位論（libertarians）」と「平等優位論（egalitarians）」との対立として性格づけうるものである．形式的構造において類似する両者の権利論に，対立競合する内容を与えているのは，自由・平等という諸理念，およびその相互関係に関する両者の相異なった解釈である．

　ブルース・アッカーマンはその主著『リベラルな国家における社会的正義』（*Social Justice in the Liberal State*, 1980）において，世代内・世代間の出発点の平等を確保するために，大幅な再分配を行う積極的国家を「中立性（neutrality）」の原理に基づいて擁護しているが，この原理は自己の人格または善き生の構想が，他者のそれよりも内在的に優れていることを，他者に対する力の行使の正当化理由にすることを禁止するものであり，平等理念についての一解釈であると言える．ドゥオーキンはリベラリズムの基礎は，中立性ではなく彼の言う意味での平等（平等な尊敬と配慮への権利）であるとして，アッカーマンを批判するが，両者の対立はむしろ，平等理念に対する解釈の相違として理解できる．

　功利主義に対抗しうる体系的な代替理論として「公正としての正義」の理論を提示し，現在の正義論議の主動因となったジョン・ロールズは，既述の論客たちによってそれぞれ異なった角度から批判されているが，彼の理論の主要編制理念は，「自由かつ平等な人格の間の，世代から世代へと承継されてゆく持続的な公正な協力枠組」であり，自由の要請と平等の要請とをアド・ホックにではなく，原理的な次元で，両立させ調整しようとする試みである．

　反功利主義的諸理論の場合ほど明白ではないが，自由と平等は功利主義においても基本的な意味をもつ．功利主義は，福祉の最大化に還元できない一切のア・プリオリな価値理念を排除し，自由や平等もその例外ではなく，自由・平等という価値は功利主義においては，たかだか派生的・手段的地位をもちうるにすぎないと，通常考えられているが，これは誤りである．たしかに，功利主義は個人の選好についての情報と，その実現への動機づけとを最も多くもつのは，当の個人であるという前提の下で自由を，また限界効用逓減の法則と効用関数の異個人間における同一性の前提の下で，財の平等な分配を，それぞれ福

祉の最大化の手段として派生的に導出するが,自由と平等が功利主義にとってもつ意味は,これに尽くされない.

功利主義はすべての個人の選好を,その内容は問わず強度のみに注目して,社会的幸福計算に算入するが,そこには,「幸福とは何か」に対する解答を,上から押し付けずに個人の選択に委ねるという「幸福の自己決定としての自由」の思想が現われている.また功利主義は,選好主体が誰であるかを問うことなく,強度の等しい選好は等価なものとして扱うという,平等算入公準(「何人も一人として,かつ一人としてのみ算入さるべし」)に立脚している.すなわち,効用の最大化という功利主義の目的自体の中に,自由と平等についての一定の解釈が,既に併合されているのである.もちろん,自由と平等についての功利主義的解釈は,反功利主義的諸理論から誤ったものとして,あるいは不的確であるとして批判されているが,このことは功利主義も,自由と平等の理念にそれなりの仕方で依存していることを否定するものではない.

自由と平等はこのように,現代法哲学・政治哲学において依然基本的な価値原理であり,両者の関係は基本問題としての地位をなお占めているが,この問題を困難にしているのは,単に,自由と平等とが,対立緊張関係にある相互に独立した価値である(と考えられている)ということだけではない.そもそも「自由とは何か」,「平等とは何か」が,既に激しい論争の的であり,これらの価値は自己の内部に,既に矛盾対立——例えば,消極的自由と積極的自由の対立,機会の平等と結果の対立等々——を抱えているように見える.これらの価値原理の有意性に懐疑を向ける者さえ存在する.

また,これらの原理の理解の仕方によっては,自由と平等とがそれぞれ固有の重要性をもつ,相互に独立の原理であるという前提が否定され,自由と平等との対立緊張という問題の設定の仕方自体が,ミスリーディングであるということになるかもしれない.あるいは,アマーティア・センのように,分配様式を規定する原理である平等と分配対象となる価値の一つとしての自由は論理的次元が異なるがゆえに,この対立図式は誤っているとする見方もある.したがって,自由と平等の関係の問題を解明するためには,性急に自由と平等との調整基準を提示しようとする前に,自由と平等,それぞれの価値理念の意義を再検討することが必要である.

もちろん，この小文でこの課題を十分に遂行することはできないが，以下では，その手掛かりとして，二つの価値理念がそれぞれ現代社会において置かれている問題状況について簡単な素描を試みたい．これはまた，これらの価値を法の領域で発展させることを期待されている憲法学に対する問題提起の試み，憲法学と対話の糸口をつかむ試みでもある．まず，平等から見てみよう．

2 平等の問題状況

1) 平等理念は無用か

ドゥオーキンは自由一般への権利なるものを否定し，表現の自由，集会・結社の自由，職業選択の自由等々の個別的諸自由への権利を，平等な尊敬と配慮への権利という抽象的人格権から導出するという仕方で，権利論の枠内で平等の自由に対する先行性を主張している．この立場からすれば，自由対平等という仕方で問題を設定するのは誤っているということになろう．他方，ドゥオーキンとはある意味で逆の視角から，この問題設定の前提を批判する立場も存在する．すなわち，平等はその崇高な響きにも拘わらず，実は空虚な理念であり，具体的諸自由・諸権利に訴える議論を指導する力もなければ，それに対抗する力もなく，むしろ後者に寄生しているとする見解で，ミシガン・ロー・スクールのピーター・ウェステンによって唱えられ，多少論議を呼んだものである[1]．

平等は論争的な理念であるが，少なくとも次の点では，ほとんどの人の見解が一致している．すなわち，平等は人と人とを異なった仕方で扱うことを，すべて禁止するものではなく（例えば，医療資源の分配において，病弱者と健康者とを同一に扱うのはナンセンスである），不当な差別のみを排除する．では不当な差別とは何か．それは，当の取扱いに関連する重要な点で相違がないにも拘わらず，ある人を他の人よりも有利に，または不利に取り扱うことである．すなわち，「すべてを等しく」ではなく，「等しきものを等しく」扱うことが平等の要請である．後者は正義の古典的定式の一つで，形式的正義理念とも呼ば

---

[1] P. Westen, "The Empty Idea of Equality," in 95 *Harvard Law Review* (1982), pp. 537-596.

れるものである.

　以上の点が示しているのは, 平等は形式的正義理念を含意するということであるが, ウェステンはこの点を超えて, 平等理念を形式的正義理念と端的に等置し, これを空虚であるとして批判している. 彼によれば,「等しきは等しく扱わるべし」は, 結局,「ある規則によって等しく扱わるべき人々はその規則によって等しく扱わるべし」を意味するにすぎず, これはたしかにア・プリオリな真理であるが, それは, これが無内容な「単純な同語反復 (a simple tautology)」だからである. 決定的なのは要件としての等・不等, 効果としての取り扱いの等・不等を判定する実質的基準であるが, 平等理念自体はこれを特定しておらず, 具体的諸自由・諸権利を定める規範によって初めて特定され, 一旦, これらの規範が与えられれば, 平等理念はそれらの適用の要請に解消されるから, 全く無用である. ウェステンはさらに, 合衆国憲法修正第14条の平等保護条項を適用する最高裁判所のいくつかの判決例を分析し, 現実の法的推論において平等理念への訴えが, 何ら実質的な説明力を有していないばかりか, 不必要な議論の混乱の原因になっていると主張する.

　ウェステンのこの議論は, 正義の古典的諸定式を空虚公式として批判するハンス・ケルゼンやアルフ・ロスなどの, 実証主義的法理論家の議論に連なるものであり, 法哲学の世界では目新しいものではない. しかし, 次の点は強調されてよい. 第一に, 上のような法実証主義者と異なり, ウェステンは価値判断一般の主観性・恣意性を主張してはおらず, むしろ, 概念的混乱を除去することにより, 価値をめぐる議論をできるだけ合理的なものにしようとする姿勢をとっている.

　第二に, 彼は平等保護条項の憲法上の重要性を否定しているわけではなく, むしろ, これを平等理念の媒介によらずに, 直接「人種的烙印から自由である権利」等々の, 個別的諸権利の集合として解釈した方が, 人種差別・性差別等に対するその人権保障機能が強められるし,「合理性基準」と「厳格な審査基準」, さらには中間的な「厳格な合理性基準」といったような, 司法審査水準のカテゴリカルな段階づけに代えて, 個別的権利の性質に応じた, 一層キメの細かい司法審査が可能になるとする. 市営水泳プールからの黒人の排除に対する違憲判決に対して, ジャクソン市が市営プールの廃止で対応したのを, 平等

の要請を満たしているとして合憲とした，パーマー対トムソン判決に対する批判や，被差別少数派を優遇する「積極的差別解消措置（affirmative action）」を，逆差別だとして，平等の名において攻撃する立場に対する批判において，ウェステンのこのような姿勢が，端的に現われている．

　ウェステンのこの議論は次のように要約できよう．すなわち，平等の実質は平等以外の何かにあり，この「何か」は，単一の理念では包摂しきれない多様な個別的諸権利の複合体である．この見解は興味深いものであるが，次のような問題点がある．第一に，平等と等置された形式的正義理念は，空虚なトートロジーではない．私は別所でこの理念の核心が普遍主義的要請にあり，単なる所与の規則の適用の要請に還元されない実質的意味をもつことを示したので，参照を乞いたい[2]．

　第二に，仮に形式的正義理念の内容が十分豊かでないにしても，このことは平等理念が空虚であることを示すよりも，平等と形式的正義理念との等置が誤っていること，平等は形式的正義理念よりも強い理念であることを示唆している．ウェステンはこのような強い平等理念の候補を何も検討していない以上，彼の結論は支持されない．

　第三に，平等の実質をなす諸権利のリストは，憲法明文に示されているわけではない．かかるリストが恣意的ではなく憲法上の権利であることを示すには，憲法がコミットしている政治的・道徳的理念に訴えてかかるリストを正当化しなければならない．その際，何らかの仕方で解釈された平等理念が，正当化根拠として導入されざるをえないであろう．

　第四に，平等だけでなく抽象的理念一般は，それだけでは具体的諸権利を自動的に含意せず，様々な補助的諸前提を必要とするが，このことは抽象的理念が十分ではないことを示すだけで，必要でないことは意味しない．

2）　複合的平等論

　平等を具体化する基準は複合的であるという，ウェステンの認識は重要である．彼の誤謬は，基準の多様性を理由に，理念の規制力を否定した点にある．

---

[2]　本書第1章および井上達夫『共生の作法——会話としての正義』創文社，1986年，第2, 3章参照．

平等を規制的理念として維持しながら，基準の複合性に十分な配慮を加えることが必要であるが，この課題への一つのアプローチとして，マイケル・ウォルツァーの「複合的平等（Complex Equality）」の理論が挙げられる[3]．

ウォルツァーによれば，我々が差異に憤激するのは，それが「支配」と結合するとき（例えば，白人の黒人支配，男性の女性支配，有産者の無産者支配等々）であるから，平等理念の核心は支配からの自由であり，平等はその本質において自由と整合的である．彼の理論のユニークな点は，人の人に対する「支配（domination）」を，ある「財（good）」（機会・権能も含む）の他の財に対する「支配（dominance）」と結合させている点である．彼によれば，それぞれの財には，歴史的に生成した人々の共通了解に基づく社会的意味が付着しており，この意味がその財を財＝価値たらしめるとともに，その分配原理をも決定する．異なった財は，社会的意味を異にするがゆえに，分配原理も異にし，異なった「正義の諸領域（spheres of justice）」を構成する．

例えば，医療資源その他の生活必需品は「必要（need）」に応じて，富（金銭と商品）は市場でのパフォーマンスに応じて，刑罰や栄誉は「値（desert）」に応じて，市民としての基礎的能力を養成する初等教育は万人に等しく，高等教育は「才能（talent）」に応じて，「公職（office）」は奉仕される人々の選択に応じて，分配さるべきであるというのが共通了解である．

ある財 x の分配が，その固有領域を超えて，他領域の財 y の分配を，y の社会的意味に無関係に決定するとき，x の y に対する支配が成立する．例えば，金持ちだけが政治権力・公職・名誉・医療・余暇・高等教育等々を享受できる場合を考えれば分かるように，人の人に対する不当な支配は，ある財の，他のすべてまたは多くの財に対する支配にほかならない．したがって支配的財の排除，すなわち，正義の諸領域を区別し，ある領域に固有の分配原理が他領域を侵犯しないように配慮することが，平等の要請である．

この複合的平等の理論に従えば，基準の多様性は平等理念の空虚性を示すどころか，異なった領域に対応する異なった分配原理の多元的共存こそが平等理念の要請であり，支配的財，または財全般の画一等分を要求する「単純平等

---

[3] M. Walzer, *Spheres of Justice: A Defense of Pluralism and Equality*, Basil Blackwell, 1983.

(simple equality)」や，単一の分配原理ないし分配図式の画一的支配を主張する他のすべての分配的正義の理論は，斥けられなければならない．

現代正義論においては，個人権理論対功利主義という対立とは別に，個人主義的リベラリズム対「共同体論（communitarianism）」という対立の構図が浮かび上がってきている．共同体論は，正義など政治的諸価値を，普遍人類的観点から抽象的・体系的理論構成によって構想することを排し，固有の歴史と伝統をもつ個々の政治共同体の共通了解のうちに，かかる価値の基礎を求めるもので，ウォルツァーの理論もこの流れに属する．彼の理論は多様性を抑圧する「プロクルステスのベッド」とか，複雑な現実に適用されるにはあまりに単純な理念といった，平等にしばしば結び付けられる負のイメージを払拭し，しかも，支配からの自由という自律の理念と，共同体の伝統・共通了解の尊重とが，平等理念の媒介によって統合可能であることを示そうとするもので，かなり魅力的であり，実際，好意的反響も少なくない．しかし，「信じるには話がうますぎる」面がある．

第一に，ウォルツァーも認容しているように，ある財の支配性自体が，その財の社会的意味の一部である場合がある．「生まれの良さ」という財が他の財を支配するカースト制社会や，受験技能によって獲得された官職が支配性をもつ中国の科挙などがその例である．この場合，支配的財の排除，正義の諸領域の自律性という平等のモティーフと，個々の政治社会の伝統・コンヴェンションを超越する観点を否定する共同体論的モティーフとは，相剋する．

第二に，ドゥオーキンもウォルツァー批判において指摘しているように[4]，各財には単一の固有の分配原理が，共通了解によって指定されているというのは，少なくとも現代社会では幻想である．正義の主要問題は，いずれも激しい論争の対象であり，共通了解の破綻において生起しているものである．ウォルツァーの主張は，かかる社会においては的外れであるか，あるいは，予め設定された正義の諸領域の分割図式を，批判者を説得する議論抜きで押し付ける，マヌーヴァーになる．

分配的正義の問題に的確に答えうるためには，平等は複雑な構造をもった理

---

4) Cf. R. Dworkin, *A Matter of Principle*, Harvard U. P., 1985, pp. 214-220.

念でなければならないこと，さらに，財の意味は時代や文化によって，大きく変わりうることを指摘したのは，ウォルツァーの重要な貢献であるが，共通了解の破綻において生起する問題を，一般的・批判的原理に訴える議論によって解決しようとする営為の重要性を看過したところに，彼の限界がある．

3) 何の平等か

　分配対象が何であるかにより，分配基準は異なりうるという，複合的平等論の指摘は一般的には正しい．そこに含まれている重要な洞察は，何を分配するのかという問題が，いかに分配するのかという問題に先行する重要性をもつということである．この認識の哲学的深化と，功利主義の問題点はその最大化原理や「帰結主義（consequentialism）」だけでなく，あるいはそれらよりも，その「厚生主義（welfarism）」——事態の評価において唯一重要な情報は，諸個人の厚生＝選好充足度であるとする立場で，「選好本位主義」と言う方がより正確であるが，ここでは定訳に従う——にあるとする認識とが相俟って，現代正義論における平等論議では，「何の平等か」という問題が中心問題になってきている．

　この問題に関しては，現在三つの考え方がある．第一は「厚生の平等」で，財そのものではなく財の効用，すなわち，財の分配によってもたらされる，諸個人の厚生ないし選好充足の度合いを，平等にしようという考え方である．第二は「資源（resources）の平等」で，厚生ないし幸福というような，個人の主観的選好に関わる問題に立ち入ることをやめ，幸福の物的条件をなす，資源の平等な分配を図る立場である．第三は「能力（capabilities）の平等」で，人間的な生を送るための，基本的諸能力の実現度の平等を指導理念にする立場である．

　厚生の平等は，障害など，ハンデを背負った人々に，より手厚く分配すべきであるという，広く共有された直観を一応説明しうる反面，「満足した障害者」は保護せず，「贅沢な趣味（expensive tastes）」をもつ人々に，より多く分配するという帰結ももつ．また自分の人生に対する満足度の平等を，魅力的な理念にするためには，不合理な不満を排除する「道理のある後悔（reasonable regret）」という概念に，従ってまた何らかの資源の平等の理念に，依存せざ

るをえないのではないかという問題がある．

　資源の平等は，主としてドゥオーキンによって，幸福追求の自律性・自己責任性と，外的条件の実質的平等とを結合するものとして擁護されているが，人により個体化方法が異なる諸資源の，初期等分の可能性の問題，選択または賭のような「選択運（optional luck）」に基づく結果の不平等は認め，不可避的な「悲運（brute luck）」や，才能に基づく結果の不平等は排除するという区別の支持可能性と，その方法としての，仮設的保険市場モデルの有効性の問題などがある．特に，どのリスクに対してどれだけの保険を人々がかける̇で̇あ̇ろ̇う̇かという仮想的保険選択問題への解答は，当の保険をかけるべ̇き̇で̇あ̇る̇という規範的判断を前提しており，この判断の正当化こそ中心的問題であって，仮設的保険モデルは問題を先送りしているだけではないかという批判が可能である．

　能力の平等は，経済学者アマーティア・センによって展開されており，厚生の平等の難点を避けながら，資源の平等の，能力実現率異個人間相違に対する配慮の不徹底性を，補正しようとするものであるが，能力の指数化問題のほか，能力実現率の不平等を，資源配分という間接的方法を超えて，生命操作技術等の直接的手段により是正することも正当化してしまうのではないか，実現機会が平等化さるべき「基本的能力」の同定は特定の生活理想の卓越主義的強要につながらないか，能力実現が他者に課す機会費用を配慮するためには資源の平等の制約を受け入れる必要があるのではないかなどという問題がある．

　「何の平等か」をめぐっては以上のような興味深い難問が多くあり，生産的な論議の展開が予想される[5]．

4) 憲法学への期待

　以上，平等をめぐる哲学的問題状況を瞥見した．平等に関してはフェミニズムや多文化主義からも新たな問題提起がなされているが，これについての私の理解・評価については，別著[6]の参照を乞いたい．ここで概観した問題群はか

---

　5) この問題群に関する基礎文献としては，cf. R. Dworkin, *Sovereign Virtue : The Theory and Practice of Equality*, Harvard U. P., 2000（小林公・大江洋・高橋秀治・高橋文彦訳『平等とは何か』木鐸社，2002 年），A. Sen, *Inequality Reexamined*, Oxford U. P., 1992（池本幸生・野上裕生・佐藤仁訳『不平等の再検討——潜在能力と自由』岩波書店，1999 年）．
　6) 井上達夫『普遍の再生』岩波書店，2003 年，第5・6章参照．

かる新たな諸問題を考察するための基礎にもなりうるものである．

　法学の中で，以上のような議論と最も深い関わりをもつのは憲法学であろうが，従来の日本の憲法学は，アメリカ憲法学の影響の下に，人権を裁判で実現するための訴訟方法論として，違憲判断基準を挙証責任と立証方法という見地から段階づけることに主たる関心が注がれ，平等など，憲法価値の内容・根拠に真正面から取り組む議論は，やや影を潜めていたように思われる．訴訟方法論は人権を紙の上の存在に終わらせないためにきわめて重要であるが，憲法価値の実体的内容に関する理論の発展が伴わなければ，間違った方向にも深く切り込んでしまう切れ味のいいナイフのようなものである．裁判でいかに実現するかの議論は，何を実現するかの議論によって導かれなければならない．かかる実体的理論の発展がなければ，いわゆる「新しい権利」なるものも，十全には確立されまい（確立されなくてよいものもあるかもしれないが）．

　平等の問題に関する，この不十分な展望が，かかる理論の発展にどれほど役に立つかはわからないが，思考を進めるきっかけにでもなれば幸いである．ここに述べたことが，無知に基づく暴言にすぎないことを示す，憲法学者からの御批判を期待する．

　ここで目を「自由」に転じたい．自由や自律の概念についての哲学的分析は別所で展開しているので[7]，ここではパターナリズムとメディアという現代社会に浸潤する二つの「力」との関係で，自由が置かれている問題状況を瞥見することにしよう．

3　自由の問題状況(1)——パターナリズムと自由

1)　個の尊厳

　近代人権思想の基礎をなすのは，個の尊厳の理念である．「個の尊厳」とい

---

7)　井上達夫「講義の七日間——自由の秩序」同編『新・哲学講義7　自由・権力・ユートピア』岩波書店，1998年，同『他者への自由——公共性の哲学としてのリベラリズム』創文社，1999年，第5-7章参照．

う言葉で何を理解するかについては，もちろん，見解が分かれる．しかし，この抽象的命題自体には，ほとんど異論はないだろう．この命題は，抽象的ではあるが，空虚ではない．それは，人権の尊重が何を要求し，何を禁止するかについて，単純で確定的な解答を与えるものではないが，人権を真剣にうけとめようとする人々に，何に対して懐疑と批判の姿勢を保持すべきか，何を特別な正当化なしに受容してはならないかを，教えている．

　日米経済摩擦を始め，最近，様々な文脈で，現代日本社会の性格の一つとして指摘されるものに，パターナリズムがある．実は，パターナリズムは現代日本に固有なものではなく，現代福祉国家一般に，日本を批判する米国にも，多かれ少なかれ見られるものである．それは決して「異常な現象」ではない．しかし，個の尊厳を人権の基礎に据えるとき，パターナリズムは，人権と緊張関係にあるものとして，批判的吟味を要求するものとして立ち現われてくる．

　パターナリズムは，国家の個人に対する知的・倫理的優越性の前提の下に，後見的配慮という形での，国家の個人に対する強制・干渉・操縦（マニピュレーション）を要請する．そこで前提されているのは，賢明な慈父たる国家によって保護され，しつけられるべき未熟な子供としての個人の像ではないか．そうだとすれば，それは，いかにして個の尊厳の理念と両立するのか．国家が個人の権利主張を，個人の権利よりも重要な全体の利益や価値が存在するという標榜の下に否定するのに対して，人権擁護派は鋭く反発する．しかし，当の個人よりも国家の方が，その者の利益をよく知っているという標榜の下に，個人の権利主張を否定することを国家に許すパターナリズムは，個人の人格性に対する，一層深い次元での侮蔑を伴っているのではないか．

　パターナリスティックな国家は，自己を支配者としてではなく，保護者として理解する．しかし，被支配者としての個人は，依然，抵抗の意志と能力を潜在的に秘めた主体として扱われているのに対し，被保護者としての個人は，国家による「理性的」統御の客体にすぎないのではないか．パターナリスティックな国家は，個人を搾取してはいないかもしれない．しかし，それは個人を去勢し，家畜化しているのではないか．これらは応えらるべき重要な問題であり，これらの問題を棚上げにして，現代国家の後見的機能を，人権保障の実質化の名の下に，手放しで礼讃することはできない．

2) パターナリズムと憲法学

1980年代以降，日本の法学者の間でも，パターナリズムの問題に対する関心が高まってきている．私的自治の原則に立脚する民法や，被害者なき犯罪のような問題を抱える刑法などの領域では，この問題は特に新しい問題ではないのかもしれないが，憲法学者も含めて，個別領域を超えた議論が成立し始めているのは，注目すべき現象である[8]．しかし，パターナリズムと人権との間の，上述のような原理的緊張関係を考えるならば，なぜこの問題がこれまで，日本の憲法学者の間で，それほど活発に議論されてこなかったのかが，問われなければならないだろう．敢えて推測すれば，次のような事情が背景にあるのではないか．

第一に，国家の後見的配慮を自明視する受益本位の「人権意識」が，一般の人々の間で根強く，個の尊厳の観点から，パターナリズムに異議申立てをするような社会的土壌が，十分に形成されていなかった．

第二に，内在的制約説に典型的に見られるように，個人を超越した全体の利益・価値の名における犠牲要求から，人権を擁護することに，個の尊厳の中心的意義を見出す傾向が強かったため，被規制主体たる個人自身の利益を正当化根拠にする，パターナリスティックな規制に対しては，言わば，ガードが甘かった．

第三に，「自由権から社会権へ」とか，「自由国家から社会国家へ」という図式がドグマ化したため，自己決定と自己責任を核とする自律の理念を時代錯誤とみなす風潮が生じ，パターナリズムの問題性を自覚させる思想的基盤が風化した．この図式と結合した福祉国家思想は，ややもすると，個人の自律性よりも依存性を強調することに集中し，自律の社会的条件確保という当初の理念を離れて，生活向上を自己目的化し，個人に対するパターナリスティックな保護・干渉の，なしくずし的拡大に対する思想的歯止めを失った．

---

[8] 参照，中村直美「法とパターナリズム」日本法哲学会編『法と強制』(法哲学年報1982)，有斐閣，1983年，山田卓生『私事と自己決定』日本評論社，1987年，同「自己決定権をめぐって——佐藤教授に答えて」『法学教室』102号，佐藤幸治「日本国憲法と『自己決定権』——その根拠と性質をめぐって」『法学教室』98号，嶋津格「法的パターナリズムと自由」『法学教室』100号，古城誠「パターナリズムと政府規制」『法学教室』101号．

この最後の事情が，恐らく，最も重要な規定要因であろう．「自由権から社会権へ」という図式は，依然根強い影響力をもつ．しかし，この図式で，立憲主義の巨視的な構造変化を表現するのは的外れである．近代立憲主義の伝統は，絶対主義国家の専制に対する市民的諸権利の保障から，民主主義国家における多数の専制に対する少数者の人権保障へと推移してきた．問題の図式に従えば，後者の段階の立憲主義は，無産大衆の犠牲における少数ブルジョアジーの特権保護を合理化する，悪しき自由主義イデオロギーであり，自由国家から社会国家への発展に伴って克服されるということになろうが，このような立憲主義理解は疑問である．

　多数・少数の区別は，人間存在の多面性に応じて多元的であって，経済的観点だけではなく，宗教・思想・文化・人種・性行動・趣味・嗜好など様々な観点から，少数者は定義されうる．一人の人間は，勤労大衆の一員であると同時に，宗教的少数者でもありうる．単一の階級や集団に自同性を吸収され尽くされないところに，人が個人であるということの意味がある．したがって，誰もが何らかの点で少数者なのであり，「教養と財産」をもつ階級だけが，少数者としての自由を必要とするわけではない．

　また，経済的観点から見ても，この高度大衆消費社会においては，多数者は，「真の豊かさ」を享受しているか否かは別として，「真の豊かさ」を求めうる程には，既に豊かである．そこでは，真の弱者はもはや「勤労大衆」ではなく，身体障害者・日雇い労働者など，「忘れられた少数者」であり，彼らの救済が，民主主義国家における少数者の人権保障としての立憲主義の射程に入る[9]．

3) 国家からの自立

　立憲主義が，多数の専制に対する少数者保護という段階から，さらに構造変化を遂げうるとすれば，その方向は，「自由権から社会権へ」という図式にではなく，「国家からの少数者の保護から，国家からの多数者の自立へ」という図式に求められるだろう．個の尊厳にとって，現代国家の脅威は，国家が多数

---

[9] 佐藤幸治も，やや違った角度からではあるが，「自由権から社会権へ」という図式を批判し，「自由権から社会権へ，そして人格権へ」という観点を対置している．参照，佐藤・前掲論文（註8），7-8頁．

者による少数者抑圧の手段となる危険だけではなく，あるいは，それ以上に，多数者が国家への過度依存により，家畜化される危険にある．パターナリズムは，自殺や麻薬など，不可逆的または自力修正不能な選択や，その他，特別の正当化を与えられた，一定の例外的な場合に限定して導入される限り，問題は少ないが，それが原則に転化するとき，後者の危険を現実化させる．

　パターナリスティックな国家（パターナリズムを原則化した国家）は不寛容なのではなく，過保護なのであり，自律的な個人をムチで迫害するのではなく，「転ばぬ先の杖」でスポイルするのである．パターナリズムは「エクセントリックであることの自由」の否定と結び付けられることもあるが[10]，後者はどちらかと言えば，道徳主義的不寛容の問題であり，多数の専制からの少数者保護の問題の射程に入る．パターナリズムの問題の最も深刻な部分は，この射程を超えたところに，すなわち，まさに「ノーマルな多数」を，保護の名における恒常的干渉により，幼児化させ，無責任な受動的・他力本願的受益主体にしてしまう危険性にある．

　現在の日本の社会と国家は，パターナリズムだけでなく，異質者への不寛容をも重要な特色としている．したがって，「国家からの少数者の保護」と「国家からの多数者の自立」とのいずれがより重要な要請かについては，見解が分かれよう．しかし，「国家からの保護から，国家からの自立へ」という図式は，少数者保護が多数者の自立よりも重要性に劣るというのではなく，前者に加えて，後者の重要性も自覚さるべきだという趣旨である．この図式が憲法解釈論・憲法改正論上，いかなる具体的含蓄をもつかについては，未だ詰めておらず，憲法学者の御教示を乞いたい．ここで言えるのは，ミルの危害原理におけるような，パターナリズムの絶対的排除は行き過ぎであるとしても，人権の基礎としての個の尊厳の理念を真面目に受け取るならば，パターナリズムは原則化してはならず，個別的に特別の正当化を厳格に要求すべきであること，いわゆる経済的自由の規制には，パターナリスティックな規制にあたるものも多いから，経済的自由一般をドグマティックに精神的自由の劣位に置く二重基準論は見直しを要することである．

---

10) 参照，嶋津・前掲論文（註8），129頁．

なお、ここでいう「国家からの自立」は、憲法学者樋口陽一によって強調されている「国家による自由」の視点[11]と対立するものではなく、接合させうるものである。「国家による自由」は中間集団による社会的抑圧から個人の自由や人権を保障するために国家が積極的役割を果たすべきことを強調するが、かかる中間集団はまた「組織票」などにより政治過程を壟断して反公共的な特殊権益を既得権として享受しており、国家パターナリズムに寄生している。「国家からの自立」は中間集団と国家とのこのような寄生関係を切断することにより、「国家による自由」を担いうるだけの公共的主体性を国家に回復させる。国家からの自立は「大きい政府から小さい政府へ」という図式に回収されるものではなく、逆に、人権や正義という普遍主義的原理を様々な社会的諸力に対して貫徹しうるだけの強い倫理的筋力をもった「毅然たる法治国家」を要請するのである[12]。

4 自由の問題状況(2)——メディアと表現の自由

1) テレビの憲法理論とトクヴィル

　インターネットの普及はテレビのようなマス・メディアを陳腐化すると言われた時期もあったが、情報技術の発展はテレビ放送の高度化・多様化ももたらし、テレビというメディアの影響力は高まりこそすれ、衰える気配はない。さらに光ケーブルの普及により、テレビがインターネットと融合する時代が近づいてさえいる。このようなテレビという現代的メディアが表現の自由等に関して提起している新しい諸問題に対して、近代憲法理論は有効か。長谷部恭男は、その著書『テレビの憲法理論』[13]において、近代憲法理論の表層はともかく、その深層構造は的確に同定されるならば、依然基本的に有効な指針たりうると

---

11) 樋口陽一『近代国民国家の憲法構造』東京大学出版会, 1994 年参照.
12) この点を敷衍するものとして、井上達夫「何のための司法改革か——日本の構造改革における司法の位置」井上達夫・河合幹雄編『体制改革としての司法改革——日本型意思決定システムの構造転換と司法の役割』信山社, 2000 年, 285-320 頁参照.
13) 長谷部恭男『テレビの憲法理論——多メディア・多チャンネル時代の放送法制』弘文堂, 1992 年.

答える．現代的なメディア問題に腰を据えて取り組むためには，新奇な流行思想に飛びつく前に，まず近代の思想遺産から学ぶべきだという点では私も同感である．このような貴重な遺産の例として，私はトクヴィルの『アメリカにおけるデモクラシー』第 1 巻第 2 部第 3 章「合衆国におけるプレスの自由」[14]を挙げたい．

　トクヴィルは次のような二大テーゼに立脚している．第一に，新聞・出版の自由については，放縦と隷従の中間項は存在しない．メディアの自由の放縦化が生む悪弊だけを規制しようとしても，規制を実効化するには，結局メディアを公権力に完全に隷従させることが必要になってくる．したがってメディアの自由を保障するためには，放縦化の悪弊を，権力からのメディアの独立がもつより大きなメリットのゆえに受忍する必要がある．

　第二に，放縦化の悪弊の是正は，メディア内部での競争による相互的なチェック・アンド・バランスに任せるべきである．トクヴィルによれば，フランスの新聞とアメリカの新聞とを比べると，前者の方が世論に対して強い扇動力をもつが，その理由は，フランスにおいては中央集権化が政治機構だけでなく新聞にも浸透しているのに対し，アメリカにおいては分権化・分散化が政治機構だけでなく新聞にも貫徹していることである．新聞メディアの扇動効果を中和する唯一の手段は，その数を増やすこと，すなわち，新聞を多元化し競争させることである．彼はこの命題を「アメリカにおける政治学の公理」とさえ呼んでいる．

　トクヴィルのこのテーゼは，彼の時代には存在しなかったテレビというメディアが新聞を凌ぐ大衆的影響力をもちつつある現代において，どこまで有効か．トクヴィルの時代と現代とでは，一体何が変わらず，何が変わったのか．長谷部の立場は大体次のように要約できるだろう．新聞はトクヴィル的発想でよいが，テレビは事情が多少異なる．受信の「非排除性」の問題を解消した有料放送方式による新しい専門的テレビ放送については，新聞と同様，自由競争を保障すべきだが，「非排除性」が避けられない地上波による従来型の総合編成のテレビ放送については一定の公共的考慮に基づく規制が必要である．この公共

---

14) Cf. A. de Tocqueville, *Democracy in America*, ed. by J. P. Mayer, Anchor Books, 1969, pp. 180-189.

的考慮の内容に関して長谷部は示唆的な議論を展開しているが，ここではテレビの憲法理論の脱トクヴィル的性格に関わる二つの問題だけ簡単に論及したい．

2) 表現の自由における人権と公共財の関係

メディアの表現の自由は厳密な意味での人権ではなく，むしろ公共財であるというのが，長谷部の基本的立場である．彼はこの厳密な意味での人権を樋口陽一やロナルド・ドゥオーキンの見解を援用しつつ「個人権」として理解した上で，この基本的立場の論拠を二つ提示する．第一に，個人権理論によれば，人権の本来的享有主体は個人であるから，法人としてのメディアには人権主体性がない．第二に，個人権としての人権は社会的利益のための個人への犠牲要求に対して歯止めをかける「切札」であるが，メディアが享受する表現の自由の根拠は一定の公共財の供給という社会的利益の実現であり，かかる利益とのトレード・オフを制約する切札性をもたない．第一の論点については，社説のように，法人メディアがそれ自身の思想信条とアイデンティティをもった意見表明主体として行う表現活動については，法人そのものの人権主体性が考えられないのかという問題があるが，ここでは第二の論点に焦点を合わせたい．

メディアの表現の自由の根拠は公共財の供給だと言うときの「公共財」の意味が問題であるが，長谷部は二つの，かなり性格の違う要素をこの概念で包括しているように思われる．一つは標準的な経済学的意味における公共財で，「非排除性」のゆえに市場によってはパレート最適な需給均衡を実現できず，その効率的供給のために国家の介入を必要とする財である．対価提供者だけに放送サービスを制限するのが技術的・コスト的に無理であるという「非排除性」をもった地上波テレビ放送等は，この意味で公共財である．もう一つは，いわば政治哲学的意味における公共財，むしろ公共価値と呼ぶべきもので，放送の受け手の人権保障に関わる．長谷部においては対等な自律的人格として尊重される権利という個人の根幹的な人権を実効的に保障するために不可欠な「基本的情報」の供給が，この意味での公共財ないし公共価値として位置づけられている．

この二つの公共財概念の間には重要な相違がある．たしかに，人権保障という「サーヴィス」についても非排除性による市場の失敗が問題になるから，政

治哲学的公共財ないし公共価値は通常，経済学的公共財でもある．しかし，その逆は真ではない．経済学的な公共財概念は，問題の財が人権保障サーヴィスか，人権とは呼べない諸個人の欲求・選好の対象かに依存しないからである．また，公共価値たる人権保障サーヴィスの場合，当の人権の価値論的な比重ないし優先順位という「質」が問題になるが，人々が欲するものを欲するだけ供給するのに市場が成功しているか否かという「量的」な選好充足効率に関わる経済学的公共財概念は，この問題を捨象してしまう．

　公共財概念のこの二つの側面を区別するなら，「メディアの表現の自由は人権ではなく公共財だ」という言い方はミスリーディングであり，長谷部の真意ともずれるだろう．メディアの表現の自由は法人メディアの人権ではないとしても，単なる経済学的な公共財ではなく，聴衆たる諸個人の根幹的人権に根差す政治哲学的公共価値であることが，この言い方ではボカされ，メディアの自由がむしろ経済学的公共財の方に還元されてしまう．

　これだと，市場によっては効率的に充足できない多様な利益・選好と十把一からげにメディアの自由がトレード・オフされ，広範な政策的規制に服せしめられることになるだろう．また，治安維持や防衛はときの権力がメディアに対する統制を強化するときにしばしば濫用する便利な口実であるが，治安と防衛は経済学的公共財の教科書的典型例であるから，メディアの自由の経済学的公共財への還元はこのような統制口実の濫用への歯止めを腐食させることにもなりかねない．経済学的公共財概念が捨象している公共財相互の価値論的な区分けや順位づけを明確にするには，「メディアの自由は人権ではなく公共財だ」と言うのではなく，むしろ「メディアの自由は単なる公共財ではなく，人格的自律という根幹的人権に根差す公共価値だ」と言うべきではないか．

3) 基本的情報の多義性とメディアの脱階層化

　公共財と呼ぶか公共価値と呼ぶかは別として，長谷部は総合編成テレビ放送に特別の公共性を帰し，この種の放送を国家の特別の規制に服せしめる根拠をそこに置く．この特別の公共性は基本的情報の供給に存する．しかし，彼の「基本的情報」の概念はなお多義性・曖昧性を残しているように思われる．

　基本的情報はまず，一種のメタ情報として理解されている．情報とは本来，

無意味なノイズと有意味なメッセージとが区別されるところに成立するが，情報化社会においては情報の洪水の中に人々が巻き込まれ，何が自分にとって意味のあるメッセージかがかえってわからなくなる．すなわち，情報の過剰がメッセージをノイズ化してしまうというパラドックスがある．そこで情報化が進行するほど，いかなる情報がレレヴァントかを示すメタ・レヴェルの情報（情報についての情報）が必要になってくる．

長谷部の基本的情報の概念にも，このような現代的要請をふまえたメタ情報概念が入り込んでいる．しかし，何が自分にとって意味のある情報かは，まさに自分自身の生き方に懸かっている．情報選択の基準としてのメタ情報は諸個人の善き生の構想に依存し，普遍的・一義的に確定しているものではない．多様な善き生の構想を人々が自律的に追求する多元的な自由社会のヴィジョンを長谷部も共有しているが，国家が情報のレレヴァンスについての共通基準を確定し，テレビという媒体によってそれを人々に教示するというのは，このリベラルな社会像と適合しないのではないか．

他方，長谷部はジョン・ロールズの言うような「基本財（primary goods）」の一種としても基本的情報を理解している．この意味での基本的情報とは，どのような善き生の構想を追求するにせよ，それを可能にする条件として人々が必要とする情報である．これはたしかにリベラルな社会像と適合するが，具体的にどのような情報が基本財とみなしうるかは，必ずしも明確ではない．情報の所在と入手方法についてのレファレンス情報はメタ・レヴェルの情報だが，情報選択基準についての情報と異なり，レレヴァンス評価を情報検索主体に委ねた手段的汎用性をもつから，基本財的性格が明確である．

しかし，この種の情報はややトリヴィアルだし，テレビ媒体がその供給の必要かつ有効な手段かどうか疑問がないわけでもない．やはり，人間の文化・価値観・生の形式の多様性の事実に対する理解や，政治過程に参加する能力と関心を培養するような「公共の事柄」に関する知識の供給が，基本財としては重要だろう．前者は人々が自己の生の構想を自律的に探求する能力や，他者の異なった生き方に対する寛容を陶冶するために不可欠であり，後者は多元的で自由な民主的社会の体制の維持発展のために必要である．長谷部もこのような情報を念頭に置いていると思われる．

文化価値の多様性や公共的問題の知識の必要性について異論は全くないが，問題はその供給を総合編成テレビ放送の特別の任務とし，その特別の公共性の根拠とすることの適否である．映像と音声を一体化させたテレビ放送はきわめてヴィヴィッドで迫力があるが，その裏返しとして，隠蔽効果や歪曲単純化効果も大きい．「見せることによって隠す」という，アリストテレスによっても政治の技芸の一部として指摘されている古典的情報操作を，テレビほど効果的に遂行できる媒体はないのではないか．大学教育などにおけるマイノリティや女性の視点の排除歪曲をめぐり「政治的適切性（political correctness）」論争が米国で先鋭化しているが，テレビ媒体についてはこの問題がもっと深刻な形で現われるだろう．例えば「少数民族の文化」を放映しないのが問題だというよりも，編集された映像がかえって多数派のステロタイプ的偏見を助長してしまうことが問題になる．政治報道について言えば，1990年の湾岸戦争のテレビ報道が，多国籍軍がイラクの軍事施設だけをピンポイント的正確さで空爆する「無血のテレビゲーム戦争」という虚像を，世界中に流布したことはなお記憶に新しい．

　だからこそよけいに，テレビに対する放送内容公正化のための規制が必要だと反論されるかもしれないが，私はかかる内容規制に疑問をもつ．文化的多様性や公共の事柄に関する基本的情報は，事実に対する人々の多様な解釈と評価を反映するものでなくてはならない．基本的情報概念自体の多義性は問題だが，基本的情報の内容の多様性は必要である．しかし，基本的情報の供給を理由にして，他のメディアにはなされない特別の内容的規制を許す公共性を総合編成テレビに認めると，逆に，この特定のメディアを特権化し，それが伝えるものこそが基本的情報だという通念をはびこらせることになる．オックスフォードの法哲学者ジョゼフ・ラズの「認知（validation）」の概念がこの問題に関して参考になる．

　ラズは表現の自由の一つの根拠を，多様な生活形式に社会的な「認知」を与えることに求めている．ある生活形式が「認知」されるというのは，それが公的なコミュニケーション回路の中で表現の機会を得ることにより，社会的な共通知識の一部となって，その実践者の孤立感が解消され，「公的受容可能性の検印（the stamp of public acceptability）」を付与されることを意味する[15]．ラ

ズは認知対象の多元化として表現の自由の問題を捉えているが，現代社会では認知主体の多元化への要請も問題にする必要がある．というのは，情報化と大衆化が手を携えて進行する現代社会では，認知付与機能をもつ公的なコミュニケーションの舞台がテレビに独占されつつあるからである．例えば，学者の世論への影響力（世間的権威）が学界での評価の高さよりテレビ出演頻度で決まるということさえ，昨今では驚くべきことではなくなりつつある．ある見解や立場がテレビで紹介されて初めて「公的受容可能性の検印」を受けるという時代が既に始まっているのかもしれない．

　このような状況においては，ある種のテレビ媒体を特別な公的規制に服せしめることにより，基本的情報の供給者として特権化することは，そのようなテレビ媒体による認知機能の独占をさらに進め，メディアの階層化を固定することになるだろう．基本的情報の供給に関しても，メディアの階層的差別を廃して，多様なメディアに対等の条件で競争させることにより，認知機能の「集権化」を廃すること，その意味でトクヴィルに立ち返ることが，現代においてこそ必要なのではないか．

---

15) Cf. J. Raz, "Free Expression and Personal Identification," in *Oxford Journal of Legal Studies*, vol. 11 (1991), pp. 309f.

第8章 共同体と責任
―― 不法行為法における共同体的正義論の意義と限界

1 法哲学的論争状況と不法行為法の危機

　不法行為法は，民法学者加藤雅信が「民法の花形」と形容したように[1]，膨大な専門的研究蓄積がある領域で，門外漢の私は正直なところ立ち入るのにためらいを感じる．しかし，共同体的な関係性という倫理的基礎の上に不法行為法を再構築することにより，現代不法行為法の危機を克服する道を模索するという大胆な問題設定を法社会学者棚瀬孝雄が試み，民法学と基礎法学との生産的な対話のための新たな場を切り開いてくれた．棚瀬のこの問題設定の視角と，共同体論対リベラリズムという現代法哲学・政治哲学において浮上してきた論争状況との間には，興味深い連動と移調の関係があるので，後者への私の関心と関連させつつ，棚瀬理論にコメントを若干加えることで，この対話の促進にささやかな貢献を試みたい．

1) 共同体論と棚瀬理論の接点

　不法行為法再建の基礎としての共同体的正義という棚瀬の発想は，リベラリズム批判という形で主として米国で台頭してきた「共同体論（communitarianism）」という思想運動と密接な関係がある．それについては，私はいくつかの別稿で展望と批判的検討を試みたが[2]，ごくかいつまんで言えば，この思想

---
[1] 加藤雅信「損害賠償制度の展開と『総合救済システム』論――棚瀬教授の批判によせて」『ジュリスト』987号（1991年），75頁．
[2] 参照，井上達夫『他者への自由――公共性の哲学としてのリベラリズム』創文社，1999年，第4-6章．

運動は次のような文脈と志向をもつ.

1970年代以降,ロールズの正義論を発火点として活発化した規範的な法哲学・政治哲学の論争は,功利主義と反功利主義的権利論との対立,自由優位論 (libertarianism) と平等優位論 (egalitarianism) との対立という二つの次元が錯綜する形で展開されてきたが,これは,広い意味におけるリベラリズム内部の,哲学的自己解釈をめぐる論争だったと言える.アメリカ政治のジャーゴンを使えば,福祉国家志向をもつ平等優位論が「リベラル」で,自由優位論が「保守」ということになるが,自由優位論もまた,古典的なリベラリズムのある側面,特に,善き生の探求における自己決定と自己責任,市場メカニズムなどを重視する観点の復活を試みるもので社会的保守主義とは一線を画している.しかし,1980年代に入ると,このリベラリズムの「内輪揉め」を根源的・超越的に批判する立場として,共同体論が浮上してくる.

共同体論によれば,自由優位論も平等優位論も同じ穴のムジナである.すなわち,一方は市場的競争による社会的紐帯の腐食を,他方は肥大化した福祉国家の下での官僚化・集権化による市民の統制客体化をもたらした.いずれも,私的な利益や関心の追求に埋没する個人と,公共性シンボルを独占して自己の統制権力を正当化する国家とへの,社会の両極分解を促進した.いずれも,個人の社会的連帯能力と公共的責任感を陶冶する具体的な人間的結合の場,自治的な公共性参加の場としての共同体を崩壊させてしまった.

また,共同体論の観点から見れば,功利主義と権利論との論争も,この問題状況に対して盲目である.むしろ,功利主義は公共性を諸個人の私的欲望充足の集計値の最大化に還元することにより,また反功利主義的権利論は,社会的利益のための自己犠牲の拒否を個人権の名において正当化することにより,いずれも,公共性の共同体的基盤の崩壊に拍車をかけただけである.かくして,リベラリズムの思想と実践は,そのいずれの局面においても,個人のアノミー化・アパシー化の加速的進行という,先進産業社会・大衆民主主義社会に共通の深刻な危機に,共犯的に加担している.共同体論は,以上のような状況認識・問題意識に立って,個人と国家の間に介在する様々な共同体的諸関係の再生に危機克服の道を求める.

棚瀬が乗り超えようとする個人的正義と全体的正義は,それぞれ,自由優位

論型の個人権理論と，功利主義的な効率志向をも加味した平等優位論型権利論とに，ほぼ対応すると思われる．彼は個人的正義に対して，責任の法的客観化と帰責ゲームにより責任意識の逆説的な腐食をもたらしたと批判し，また全体的正義に対して，被害を集合化して救済を普遍化する集権的な管理機構により，具体的な被害者と加害者との対面性の喪失を，したがってまた人間的な共感と連帯の希薄化をもたらすと批判する．そして両者に代わるものとして，加害者が被害者の痛みを分かち合う関係の配慮を不法行為責任の倫理的基礎に据える共同体的正義の発展の必要性を説く[3]．以上の立論は，市場の利己主義と福祉国家の官僚制との狭間で陥没したとみなされた人間的共同性の復権を説く共同体論の視点と，紛れなく符合している．

不法行為法の危機は，伝統的不法行為責任理論に対する「法の経済分析」からの批判という面を中心に語られることもある．しかし，「経済学帝国主義」により法学テリトリーの侵略ということだけが問題ならば，それは法学者にとっての「業界的危機」ではあっても，法そのものの危機を直ちに意味するものではない．不法行為法そのものの危機なるものがあるとするならば，それは根本的には，現代社会の構造的ディレンマと連動しているはずであり，そういう視角に立ってこそ，実りある論議が可能になる．社会主義体制との競争において「勝利」を収めたかに見える自由主義世界が，深刻なディレンマを孕むことを指摘する共同体論の問題意識と，不法行為法の危機とを接合させる棚瀬の考察は，この意味で重要な問題領域を開拓している．しかも，義務論的な個人責任理論と帰結主義的・効率志向的な「法の経済分析」との対立が，個人権理論と功利主義との対立の亜型と言うべき次元に止まっているのに対し，棚瀬の共同体論的視角は，かかる対立の両項の批判的乗り超えを試みていることも注目に値する．

2) 共同体論と棚瀬理論の距離

しかし，法哲学・政治哲学における共同体論の問題提起と棚瀬のそれとの間には，重心の置き方にずれがあることも指摘しておく必要がある．第一に，共

---

[3] 棚瀬孝雄「不法行為責任の道徳的基礎」『ジュリスト』987号（1991年），68-74頁．

同体論は「公民的共和主義（civic republicanism）」と連携し，「公共の事柄」を配慮する責任を自発的に引き受ける「公民的徳性（civic virtue）」を陶冶するために，分権化された自治的共同体における参加民主主義の活性化の必要を唱えるが[4]，棚瀬においては，この観点は前面に出されてはいない．彼の共同体観は政治的というよりむしろ倫理的である．特に，孤立した諸個人が相互の権利領域に対して有する消極的不干渉義務を超えて，「関係的配慮」を不法行為責任の基礎にする必要性を強調する点で，道徳的発達理論の領域で「権利の倫理（an ethic of rights）」に対抗して「配慮の倫理（an ethic of care）」を提唱したキャロル・ギリガンの影響が見られる[5]．

もっとも，加害行為が惹起した紛争の解決自体を，当該社会集団の成員が国家の専門機関（司法官僚と行政官僚）に任せるのではなく，共同の熟慮と討議によって自治的に処理すべき公共の事柄として位置づける可能性が，棚瀬理論の中に全くないわけではない．例えば，棚瀬は「不法行為の責任は，やはり当該社会関係の中で，人々に『不法』として現実に了解されるものに基礎づけられなければ，被害者の怒りをぶつけていくことも，また加害者が被害者の痛みを直接に，人間的共感をもって感ずるということも生じえない」[6]として，責任の社会的な「了解可能性」の必要を説いている．

また，要件効果図式に基づく司法的解決（個人的正義の場合）や，損害負担図式に基づく行政的処理（全体的正義の場合）とは違った，痛みを除去するための対面的コミュニケーションを核とする「不法からの回復のプロセス」の探求の必要性を強調している[7]．以上の点からすると，責任追及の社会的了解可能性を保障し，痛みへの共感によって回復を促進するために，当事者以外の同

---

4) Cf. J. G. A. Pocock, *The Machiavellian Moment : Florentine Political Thought and the Atlantic Republican Tradition*, Princeton U. P., 1975 ; B. Barber, *Strong Democracy : Participatory Politics for a New Age*, University of California Press, 1984 ; M. J. Sandel, "The Procedural Republic and the Unencumbered Self," in S. Avineri and A. de-Shalit (eds.), *Communitarianism and Individualism*, Oxford U. P., 1992, pp. 24-28 ; C. Taylor, "Cross-Purposes : The Liberal-Communitarian Debate," in N. Rosenblum (ed.), *Liberalism and the Moral Life*, Harvard U. P., 1989, pp. 159-82. この主題をめぐる雑誌の特集として，例えば，"Civic Republicanism and Its Critics," in 14 *Political Theory* (1986), pp. 423-93.

5) Cf. C. Gilligan, *In a Different Voice : Psychological Theory and Women's Development*, Harvard U. P., 1982.

6) 棚瀬・前掲論文（註3），73頁．

7) 同，74頁．

胞市民が「良き聞き手」,「良き助言者」として参加する何らかの自治的紛争解決手続の構想が,棚瀬理論から今後発展してくる可能性はある.それが一体どういうものなのか,調停や和解など従来の代替的紛争解決手続とどのような関係にあるのか,陪審制や参審制の変形的応用も考えられるのか,地域社会の自治組織の活用も図るのかなど,明確化を求めたい点がいろいろあるが,今後の理論展開を期待したい.

　第二に,共同体論は,個人の権利保護よりも,むしろ共通の歴史と伝統の中に埋め込まれた共通の善き生の構想に従って,人々の徳性を発展させることを政治的共同体の(したがってまた,それが形成する法の)目的とする「共通善の政治」を提唱しており,伝統主義的・習律主義的倫理観や道徳主義的パターナリズムと結び付く傾向がある[8].しかし,棚瀬は「じとっとした関係性の中に個人を閉じこめてしまう,自由主義以前の共同体的拘束から,コミュニタリアンの正義を区別する」立場を採り,「いったん個人主義をくぐり抜けた地点での連帯の可能性が探られなければならない」と主張する[9].この主張は,共同体的正義の指針の一つとされた「人格の尊重」が,「当事者の実質的対等化」に加えて有する含意として提示されており,単なる平等化を超えて,人格的自律の尊重を要請していると解釈できよう.

　このずれは,対象領域の選択自体に反映されている.リベラリズム批判として台頭してきた共同体論の直截的な法的含意は,表現の自由やプライヴァシー,同性愛・ポルノグラフィーの脱犯罪化など,従来のリベラルな寛容原理の法的制度化形態の批判ないし見直しにあるが,棚瀬は,伝統的・支配的な倫理観に挑戦する個人ないし少数派集団の自由の保障に関わる憲法的・刑法的諸問題ではなく,あえて不法行為法の領域を共同体的正義の発展のための舞台として選

---

8) Cf. M. Sandel, *Liberalism and the Limits of Justice*, Cambridge U. P., 1982, pp. 179-83; do., "Morality and the Liberal Ideal," in The New Republic, May 7, 1984, p. 17; A. MacIntyre, *After Virtue: A Study in Moral Theory*, 2nd ed., University of Notre Dame Press, 1984, pp. 244-55. 反ソドミー法を合憲としたパワーズ判決(1986年)を批判する論文でサンデルは,性道徳の法的執行には慎重な態度を示しているが,これは個人の自律の尊重によるのではなく,家族的な「親密(intimacy)」の保護など,伝統的な共同体的価値の尊重によるものである.リベラルな寛容を批判し,「善き生」に関するコンヴェンショナルな道徳観に訴えた議論を,法的強制の正当化に積極的に導入することを要請する姿勢は貫徹されている.Cf. Sandel, "Moral Argument and Liberal Toleration," in 77 *California Law Review* (1989), pp. 521-38.

9) 棚瀬・前掲論文(註3), 73-74頁参照.

んだ．この背景には，共同体論の射程を拡大するという意図もあろうが，それだけではなく，共同体論の「ポスト・リベラル」な側面には共鳴しても，「プリ・リベラル」なものの復活傾向をもつ側面からは距離を置きたいという動機が，やはり働いているように思われる．

しかし，プリ・リベラルなものを復活させることなしに，ポスト・リベラルであることが，はたして可能なのか．「じとっとした関係性」に巻き込まれることなしに，「被害者の痛みを直接に，人間的共感をもって感ずる」ことが，いかにして可能なのか．「権利の倫理」を捨て去ることなしに「配慮の倫理」を強化することがいかにして可能なのか．共同体的正義論が共同体論の「おいしいところ」だけつまみぐいしているという批判を避けるためには，これら一群の根本的な問題に答えなければならないだろう．

2　配慮と責任

以上，不法行為責任に関する棚瀬の「共同体的正義」論を，より広範な思想運動としての共同体論と比較することにより，その哲学的・社会理論的背景を明らかにするよう努めた．以下では，彼と加藤雅信との論争も踏まえつつ，不法行為責任の基礎をめぐる棚瀬の立論に簡単な検討を加えたい．

1)　個人責任原理と関係的配慮との関係

共同体的正義論は両面作戦をとる．個人的正義を批判する第一戦線においては，孤立した諸個人がアカの他人同士として，自己への干渉を拒否し相手への干渉を自制しあうような社会に代えて，諸個人が相互に積極的な配慮を与えあうことにより「濃密な関係性」によって結ばれる社会が擁護される．他方，全体的正義を批判する第二戦線においては，加藤の総合救済システム論を典型とするような，福祉国家的社会保障の基礎にある責任の社会化・集合化を徹底して救済普遍化を図る立場が斥けられ，あくまで，加害者個人が，被害者個人に向き合って「きちんと責任をとる」[10]ことの重要性が強調される．すなわち，責

---

10)　同書，72頁．

任の集合化により匿名化される個人が，もう一度つかみ出され，責任の第一次的主体の座に据えられる．ここで，第一戦線における関係的配慮の強調と，第二戦線における個人責任原理の強調とは，一体どのような関係にあるのかという疑問が，自ずと生じる．

両者は，責任を言い逃れたり他者に転嫁したりしない人間的誠意の美徳の再興という志向によって，一応，整合化されているように見える．棚瀬によれば，個人的正義は，責任のなすりつけあい（帰責ゲーム）や，法的に強制される賠償義務を超えた道徳的責任意識の切り詰め（還元主義）を促すことによって，全体的正義は，集権的事故管理機構に潜む「道徳的危険（moral hazard）」や対面性喪失効果によって，いずれも，この基本的な徳性を人々の間で腐食させるのに対し，共同体的正義は，かかる徳性を陶冶するコミュニティ的連帯の形成を求める．しかし，この人間的誠意の美徳にも，やはり両面がある．第一戦線においては，他者への配慮や思いやりの側面が，第二戦線においては，自分の行為の始末は自分でつけるという自己責任の側面が強調されており，この二つの側面それぞれの基礎にある社会像・人間像の間には，緊張がないとは言えない．

関係的配慮の要請は，相互依存性が人間存在の根本条件をなすことを前提しているはずである．なぜなら，諸個人が相互に独立した自足的存在であるならば，他者との間に濃密な関係性の絆を形成するか否かは，個人の生き方の選択の問題であって，かかる選択を制約する社会的責務の問題ではないということになるだろうが，共同体的正義論は，その名の通り，正義の構想として提示されており，諸個人の自律的探求に委ねられた多様な善き生の特殊構想の一つに自己を限定するものではないからである．他方，行為の加害性を行為主体個人に帰責する個人責任原理は，個人が他者に依存せず自分で決断し，その帰結に対する責任を自分で引き受けられる主体であることを想定している．この相互依存性と自己責任性との間には，少なくとも二つの点で緊張がある．

第一に，加害者個人の被害者に対する自己責任性を強調することは，事故当事者と他の社会成員との間の，より広い相互依存の絆を捨象ないし軽視することにつながりうるだろう．加藤が棚瀬による共同体的正義と全体的正義との対置に疑問を呈し，総合救済システムは「被害が発生し，それに苦しんでいる人

がいるのに，それを他の構成員が放置，傍観していてよいのかという観点から，むしろコミュニティ的な人間のつながりを回復する制度としてとらえられる」[11]と反論しているのも，この観点から理解できよう．後述するように，関係的配慮の普遍化には限界があるが，しかし，それを期待しうる相互依存関係を，事故当事者間に限定するのは，逆に，恣意的な過剰制限である．これより多かれ少なかれ広い社会的文脈において相互依存を捉えるなら，責任の集合化の要請に何らかの配慮をせざるをえなくなる．換言すれば，責任の集合化は資源配分の効率化や被害者救済の実効化だけでなく，相互依存の絆の強化というコミュニティ的原理によって要請される面もある．

　第二に，相互依存性の視点をとるならば，それは，被害者だけでなく，加害者にも向けられざるをえない．たしかに，懲罰的損害賠償が問題になるような，悪辣な打算に基づく不法行為を実行する者も世間にはいる[12]．しかし，通常，事故は被害者を苦しめるだけでなく，加害者も苦悩させるのであり，「明日は我身」という人間的共感に根差す関係的配慮の対象から，加害者だけ除くのは不当であろう．例えば，仕事や家族の問題に悩みながら車を運転しているときに，思わず不注意で人身事故を起こしてしまったというようなことは，誰の身にも起こりうる悲劇である．不注意という一点だけを取り上げて，責任を加害者一人に負わせてすませるのではなく，不注意に至った具体的な文脈を共感的に理解すること，一般化すれば，人間行為を一定時点における一定の行為主体の意志を起点とする孤立した因果系列としてではなく，他者との様々な関わりを含む個人の生活史全般の中で意味づけられる文脈の挿話として了解すること，これが，人間を相互依存的存在と見ることのコロラリーとして要請されるはずである．この視点をとるとき，「すべてを理解することは，すべてを許すことだ」という箴言に含まれる洞察と，加害者の自己責任性とをいかに調和させるのかという難問が浮上してくるだろう．

　これに関連して付言すれば，他者への配慮の責任と言うときの「責任」と，危害を加害者に帰責するときの「責任」とは，同じく「責任」と言っても意味が違う．「権利の倫理」に対して「配慮の倫理」を擁護したギリガンは，後者

---

11) 加藤・前掲論文（註1），77頁．
12) 参照，道垣内正人「懲らしめとしての損害賠償」『法学教室』154号（1993年），58-68頁．

を「責任の道徳 (the morality of responsibility)」とも呼んでいるが,そこで言う「責任」は帰責可能性ではなく,語の原初的意味たる「応答 (response)」の能力,すなわち,具体的問題状況において一人一人の人間が抱える具体的な必要や苦境への感応力・共感的理解力であり,権利の倫理の形式的・抽象的思考様式と対比された「文脈的・物語的 (contextual and narrative)」思考様式を特色とする[13]. 彼女によれば,権利の倫理は「道徳的行為者から彼らの個人生活の歴史と心理をはぎ取り,道徳的問題をその生起に偶発的に付随する社会的事情から切り離す」のに対し,配慮の倫理は,道徳的葛藤の「文脈的個別性 (contextual particularity)」への応答を要請することにより,「女性の道徳的判断を識別するためにしばしば言及される同情と寛恕 (compassion and tolerance) を働かせるような,原因と結果についての理解」を可能にする[14]. 関係的配慮がこのような応答性としての責任と結合するとするならば,加害者個人への帰責としての責任の強調には,何らかの抑制が働かざるをえないだろう.

ここに見たような人間の相互依存性と自己責任性との間の緊張は,古くからのアポリアの一つである. 共同体的正義論は責任概念の両義性に部分的に依存して両者の結合を図っているが,何よりもまずこの緊張を自覚した上で,その解消ないし緩和の可能性について,突っ込んだ議論を展開することが,哲学的信任状を得るためには必要だろう.

2) 関係的配慮の場

関係的配慮と加害者の自己責任性との緊張を自覚するならば,前者を不法行為責任の基礎にするのは一種の「範疇錯誤 (category mistake)」ではないかという疑問が誘発されるが,同じ疑問は,関係的配慮が本領を発揮する人間関係の場と,不法行為責任が追及されるような人間関係の場とのずれという形でも提起されうる. これについて二点だけ指摘しておきたい.

第一に,関係的配慮は,棚瀬が言うところの「濃密な関係性」を含意するが,これはまさにその濃密性のゆえに,普遍化することには限界があるだろう. 濃

---

13) Cf. Gilligan, *supra* note 5, at 19, 38.
14) Cf. *ibid.*, p. 100.

密な関係的配慮を我々が期待できるのは，やはり，互いに対面的な付き合いを普段から営んでいる人間集団，あるいは少なくとも，共感的コミュニケーションを実効的に遂行しうるほど十分に実質的価値ないし規範的期待構造を共有する人間集団，すなわち，強い意味での共同体の内部に限られよう．人間関係の「語法（idiom）」としての共同体を社会的実体としての共同体から区別すること[15]は理論的には可能だが，この「語法」が現実に誰に通じるのかを問うならば，やはり実体的共同体を念頭に置く必要がある．この「語法」の慣用的ニュアンス，すなわち，期待される関係性の規範内容が豊かであればあるほど，それが通用する実体的共同体は狭くなる．また，他者への配慮は「涸れざる泉」ではない．それは時間や労力その他の物理的・心理的負担を伴う．個人がもつこのような倫理的エネルギー資源は有限であるから，配慮の対象となる他者の範囲は配慮の濃密性に反比例して狭まらざるをえない．

　関係的配慮の普遍化には実際上の困難さだけではなく，論理的限界もある．すべての人を等しく配慮するということは，誰にも特別な配慮をしないということである．しかし，ある人間集団が共同体の絆で結ばれるのは，相互的配慮の「絶対量」によるだけでなく，「特別な配慮」，すなわち，その集団外の他者に対して与える以上の配慮を集団内で与え合うという相対的な「差異化」の事実による．これは，私が友人と自ら呼ぶ人に対して，見知らぬ他者にも負う「平等な配慮」の責務以上の献身をなすことを拒否するとしたら，その人は私が彼を真の友とみなしているとは信じないのと同様である．関係性とは常に何者かとの関係性であり，その者との特別な絆を結ぶコミットメントである．これは配慮の相対量の差異化の相互的引き受けを含意している．"relationship"と"relativity"が語源的に同根であるのは，この意味で偶然ではない．

　付言しておけば，共同体的な絆としての配慮が，万人に対する無差別公平性とは異質な特殊主義的ないし個別化的性格をもつという点は，共同体論の論客や，配慮の倫理を擁護したギリガンによっても，自由・平等・公平などの普遍主義的価値を志向するリベラルな正義論に対する批判や，あるいは道徳的発達論におけるその対応物（コールバーグ理論がその典型）に対する批判という形

---

15)　これは，シンポジウム「現代社会と不法行為法——法の理念と生活世界」（1992年10月25日〔於〕東京大学法学部）の企画準備会での議論の際に，和田仁孝が示した見解である．

で，承認されている[16]．

いずれにせよ，関係的配慮が，普遍化できない特別の絆で結ばれた濃密な共同体の存在を前提するならば，これを不法行為責任の一般的基礎にするのには問題がある．不法行為は，交通事故のように，多くの場合，行きずりのアカの他人同士の間で起こる．人間の移動のボーダーレス化の波に日本社会ものみこまれつつある以上，外国人との間の不法行為事件も増加していくだろう．棚瀬は「袖振り合うも他生の縁」という諺を援用するが[17]，それまで全く見知らぬ他人同士であった者に，例えば交通事故を契機に，突如として特別の配慮を負い合う共同体の絆を結ぶよう要求するのは無理である．自動車のような危険物を操作する者は，他者一般に対して特別の注意義務を負うという議論は可能だが，これは関係的配慮とは別の論拠である．

関係的配慮の対人的限界問題は，いわゆる「隣人訴訟」をめぐる論議とも関わっている．この事件で裁判所は，被告の不法行為責任を認める根拠として，「幼児を監護する親一般の立場から」他人の子供が危険水域に入らないようにする注意義務があるという論法を用いた．これに対し，民法学者森島昭夫は「そうなってくると，論理的には，たまたま通りがかりに，全く関係のないよその子供が少し危険なところで遊んでいたのを見たが，適宜な措置をとらないで通り過ぎたという場合に，子供が事故にあったあとで，その親から，〔中略〕不法行為責任を問われることになります．やはり，子供の危険を防止しなければならないのは，何らかの形で子供の面倒を見る義務のあることが前提となっていると思います」と批判している[18]．この批判は，関係的配慮が普遍化でき

---

16) Cf. A. MacIntyre, *supra* note 8, esp. p. 220 ; M. Walzer, *Spheres of Justice : A Defense of Pluralism and Equality*, Basil Blackwell, 1983, pp. 63-67 ; C. Taylor, "The Nature and Scope of Distributive Justice," in *Philosophy and the Human Sciences* (*Philosophical Papers*, Vol. 2), Cambridge U. P., 1985, pp. 289-303 ; Gilligan, *supra* note 5, at 72-74, 104, 164-67. ギリガンについては，関係的配慮の普遍化の可能性を示唆している所もあるが，その場合，配慮は「搾取と傷害への非難（condemnation of exploitation and hurt）」とか，「誰も傷つけられてはならないという非暴力の前提（the premise of nonviolence）」にまで希薄化・消極化されている．Cf. Gilligan, *supra* note 5, at 74, 174. いずれにせよ，誰かが傷つかざるをえないような深刻な道徳的葛藤（責任の衝突）においては，配慮の倫理は，当事者がもつ権利のウェイトの強弱の比較衡量を要請する権利の倫理を斥ける以上，他者たる当事者のそれぞれと自己との関係性の深さの違いによって，異なった他者への競合する責任の一つを他より優先することを承認せざるをえない．

17) 棚瀬・前掲論文（註3），73頁．

18) 参照，星野英一編『隣人訴訟と法の役割』有斐閣，1984年，22頁．

ず，不法行為責任の一般的基礎になりえないことを指摘するものとして理解できるだろう．

第二に，関係的配慮を相互に期待しうるような，濃密な共同体的紐帯が存在する場合には，逆に，不法行為責任の追及が，そもそもかかる配慮への要請の表現形式としてふさわしいものか，前提となっている共同体的人間関係と両立可能なのかという疑問が生じてくる．不法行為責任の追及は，主として金銭的賠償を要求する当事者対立構造の訴訟という形式をとることになるが，かかる責任追及形式が当事者間の共同体的な信頼関係を回復させるよりは，むしろその破綻を決定的にしてしまうことは周知の事実である．隣人訴訟においても，このことが問題となった．この種の事件の訴訟適合性については論争があるが，否定する立場も肯定する立場も，共同体的人間関係の尊重の要請と，裁判による個人の権利実現およびルール形成の要請との，いずれを優先させるかでは対立していても，二つの要請が相克しており，同じ紛争の解決において両立させるのは困難であるという認識自体は共有している[19]．

もっとも，既述のように，棚瀬は従来の司法的紛争解決手続とは違った，加害者と被害者の対面的コミュニケーションによる不法からの回復のプロセスの必要性を唱えている．かかるコミュニケーションの活性化のために，調停委員による解決案の権威的押し付けを排した形での調停の活用も示唆している[20]．しかし，不法行為訴権を認める以上は，当事者の意志を無視して調停による解決を強制できない．調停前置主義を不法行為事件に拡張しても，この点は変わらない．また，不法行為訴権を廃止したとしても，調停が共感的コミュニケーションの場になるよりは，むしろ訴訟の代用物になり，調停の擬似訴訟化がか

---

19) 参照，同書，96-120, 165-93 頁（否定説として星野，肯定説として六本・青山の見解が参考になる）．比較法文化論的な論議として，参照，小島武司・C. アティアス・山口龍之編『隣人訴訟の研究──論議の整理と理論化の試み』日本評論社，1989 年．

20) 棚瀬・前掲論文（註 3），74 頁．ただ，棚瀬は近年の別稿（英語論文）では，交通事故の損害賠償をめぐる紛争を素材として，日本社会の非訴訟的性格を，代替的紛争解決手続の方を相対的に有利にする隠されたコントロールによって説明する「管理モデル」を提唱している．そして訴訟が被害者救済の充実や法発展の活性化に不可欠であるとし，かかる訴訟のメリットを不可視化する日本の紛争管理メカニズムに対して，それが結局は「正統性喪失」という形で自己の墓穴を掘るものであると厳しく批判している．Cf. T. Tanase, "The Management of Disputes : Automobile Accident Compensation in Japan," in 24 *Law & Society Review* (1990), pp. 651-91. この見解は現在の棚瀬の共同体的正義論とは調和し難いように見えるが，既にそれは放棄されたのか，あるいは両者は何らかの形で整合化されうるのか，明確化を今後に期待したい．

えって進行するという可能性もある.

 さらに，もっと根本的な問題がある．調停であれ，裁判上の和解であれ，合意内容は債務名義として承認され，国家による強制執行の対象となる．不法行為責任も法的責任である以上，その存否や範囲をめぐる紛争の解決手続として何を選択するかは別として，国家の組織的強制力を発動する法的執行と結合する．関係的配慮を単なる「法外在的な道徳」に止めておかずに，不法行為責任という法的責任と結合させようとする限り，仮に不法行為訴権を廃止して調停等に一本化したとしても，かかる法的執行可能性まで排除することはできない．しかし，関係的配慮が意味する人間的な交流・共感のプロセスと，公権力により強制執行されうる責務の確定をめざす交渉との間には，性質上両立しがたいものがある．両者をあえて結合させるなら，怒り・悲しみの表出や謝罪などの人間的交流が純粋な内発性と誠実性を失って形骸化し，さらには賠償金の上乗せないし軽減など利害得喪を計算した戦略的手段にさえ容易に転化しうるだろう．

 共同体的な配慮の倫理に法的な執行可能性を与えることが，この倫理を強化するよりも歪曲・腐食させる危険をもつことは強調に値する．棚瀬は個人的正義に対し，法的責任の限定により道徳的責任意識の切り詰めをもたらしたと批判するが，「法的責任の道徳化」は「道徳的責任の法化」をももたらすこと，生活世界の崩壊の危機感から，この世界の倫理と心理を法の論理に持ち込む試みが，この世界の法依存性を高め，法による「生活世界の植民地化」[21]をかえって進行させるという逆説的帰結をもちうることが，そこでは見落とされているように思われる．

 先に，共同体的正義論が共同体論のプリ・リベラルな道徳主義的側面には距離を置こうとしていることに触れ，その点の徹底可能性に疑問を表明したが，ここでの問題はその疑問とも関わっている．ここで問題にしている共同体的正義論の盲点は，政教分離や道徳の法的執行の謙抑を要請するリベラルな寛容原

---

21) この概念については，J・ハーバーマス『コミュニケーション的行為の理論』下（丸山高司・他訳），未来社，1987年，8章を参照．この概念は，住民参加によるコミュニティ自治の活性化という観点から，近隣紛争への法的介入を批判する論者によっても援用されている．参照，名和田是彦「現代社会における『法的なもの』の動揺と拡散」日本法哲学会編『法秩序の生成と変動』（法哲学年報1988），1989年，30-44頁．

理に対する共同体論の批判の盲点と，パラレルな関係をもつからである．後者は，リベラルな寛容の基礎にある次のような洞察を無視ないし軽視している．すなわち，政教分離が必要なのは，宗教が重要でないからではなく，政治の宗教化が政治を危険にする以上に，宗教の政治化が宗教自体を堕落させるからである．「悪徳からの解放」を法的強制の正当化根拠にするのに謙抑的でなければならないのは，個人の倫理的人格形成が重要でないからではなく，法的強制が生む恐怖心や打算からの外面的有徳性が，内面的有徳性を腐敗させるからであり，徳の陶冶を国家の法的統制に委ねることが，家族や様々な中間共同体から成る社会の倫理的人格陶冶能力を奪い，法的統制の及ばないところで悪徳の栄えを奨励するからである．棚瀬はリベラルな寛容原理を直接の批判対象にしてはいないが，この原理の批判者たちと同じ陥穽に囚われているように私には見える．すなわち，社会の倫理的紐帯の腐食を法の倫理的謙抑性に帰責し，法を倫理的積極主義の方向へ活性化させて，失われた紐帯を回復しようとするまさにそのことによって，この紐帯の腐食の促進要因である法万能主義ないし法帝国主義に，無意識の内に加担しているのである．

関係的配慮には，それにふさわしい固有の人間関係の場がある．そこから切断してこの配慮を擬制的に普遍化する試みや，この場を法の領土に併合する試みは，関係的配慮を活性化させるよりも，むしろ，希薄化ないし腐食させる傾向がある．関係性を法理論の中で位置づけるにあたっては，このことに特に留意する必要があるだろう．

この結論は本書が提示する法概念とも即応している．「正義への企て」としての法概念は正義実現における法の積極性を承認するが，共同体的徳性の陶冶による倫理的人格形成というような「善き生」の特殊構想に関わる問題に関しては法の謙抑制を含意する．この法概念が依拠する普遍主義的正義理念は第1章で論じたように[22]，リベラルな「善き生の特殊構想に対する正義の優位」を多元的社会において，含意するからである．

棚瀬の共同体的正義論は，不法行為責任の基礎の問題を，「民法学と法社会学の対話」の平面に止まらず，法哲学・政治哲学・倫理学・発達心理学などの

---

[22] 本書第1章第4節(6)参照．

領域における重要な論争と連動しうる基層にまで掘り下げて考察することにより，広範かつ多様な分野の人々が参加でき，相互啓発を享受しうる魅力的な問題領域を開拓した．この知的開拓の力量には並々ならぬものがある．本章で試みた若干の批判的論評は，棚瀬理論の深く広い問題提起力への追加的証言を意図するものにすぎない．この理論をめぐる学際的フォーラムが今後さらに活性化することを期待しつつ，ひとまず筆をおく．

第9章 公正競争とは何か
―― 法哲学的試論

1 序――「公正競争」概念の虚と実

　公正な競争とは何か．公正な競争の舞台を設定し，公正な競争の遂行を指導する規範的理念は何か．この問題を法哲学的観念から解明するのが本章の課題である．

　「公正な競争」は曖昧なゆえに政治的に操作されやすいきわどい概念である．それは先鋭な政治的対立の火種をも孕んでいる．例えば，1980年代に米国のレーガン政権は自由市場経済の再生と小さい政府への転換とを旗印にして，規制緩和による競争原理の貫徹に乗り出し，諸外国にも市場開放を求めた．日本に対しても，コメをはじめ米国が競争優位に立つ農産物市場の開放については特に外交圧力を強めた．しかし，自動車・AV・家電などの分野で米国市場を席巻した日本の輸出攻勢に対してはこれを激しく批判し，単なる「自由競争（free competition）」ではなく「公正な競争（fair competition）」の必要を説いた．これは次のような懐疑を招いた．「公正な競争」とは自分が勝者になる場合にだけ競争の促進を求め，敗者になると競争を制限しようとする二重基準的なレトリックではないか．あるいは，ゲームのルールを自分が勝ちやすいように変えるのを合理化するイデオロギーではないか．

　たしかに，利益団体の圧力に影響されやすい政治家が「公正な競争」を語るとき，このような懐疑には理由があることが多い．しかし，明らかに不公正な競争手段はやはり存在する．米国の自動車産業勃興期に，自動車会社が鉄道会社を買収してつぶし，当該鉄道の沿線住民が自動車を買わざるをえなくするよ

うな荒業があったと聞くが，これなどはそのグロテスクな例だろう．記憶に新しいところでは，マイクロソフト社が基本ソフトの市場支配力を梃子に，技術的には競争優位にない応用ソフトの抱き合わせを強要して反トラスト法違反を問われた事例が世界の注目を集めた．マ社は反論しているが，創造的な技術革新によって米国経済を再生させたアメリカン・ヒーローから独占資本家に変身したビル・ゲイツは，心ある人々にとっては，いまや「堕ちた英雄」である．

　このような例においては，独占的実践は人々の「義憤」をも喚起する．ゲイツが堕ちた英雄とみなされるのは彼が負けたからではなく，その勝ち方が「汚い（unfair）」からである．それが示すように，消費者の選択権やライヴァル企業主体の参入機会を不公正な手段で剥奪・制限するのが許されないという信念は，御都合主義的な政略と一蹴できない経済倫理の性格をもつ．さらに，それは産業政策や資源配分の効率化のような政策目標にすら還元できない，より基底的な「正義感覚」に根ざしている．例えば，「鉄道から自動車へ」の転換は米国経済の飛躍的発展をもたらし，雇用増大や生活水準の全般的向上をももたらしたかもしれない．もちろん，排気ガス公害・交通事故・エネルギー浪費など「自動車の社会的費用」も指摘されるだろう．しかし，問題は，自動車を起爆剤にした産業構造の転換がかかるコストを上回る便益をもたらしたと仮定したとしても，鉄道を廃線させるために鉄道会社を買収するような行為は「不公正（unfair）」として非難されるのを免れないという点にある．同様に，マイクロソフトの市場独占は規模の経済によりソフト商品の価格を下げ，消費者の利益に貢献しているというマ社の反論はうさん臭いが，仮にこれがあたっているとしても，かかる独占的地位を保守するためになされる「抱き合わせ」のような行為は許されないだろう．

　このように「公正競争」は，既得権擁護の政略にも効用最大化の戦略にも還元できない倫理的脊椎をもつ．しかし，この倫理的脊椎が何か，それがどの程度強靱なものかは，「公正」という規範理念によって我々が何を理解するかに依存している．以下では，本書第1部で提示した「正義への企て」としての法概念が依拠する普遍主義的正義理念を機軸に公正理念を原理的に再定位し，市場的競争の文脈においてそれがもつ規範的含意を探索することにより，「公正競争の法哲学」の試論を提示したい．独禁法だけでなく，公正な競争社会のた

めの政治経済体制全般の再検討に向けて一石を投ずるのが本章の狙いである．

2 「公正としての正義」から「正義としての公正」へ

1) 公正概念と正義概念の関係

「公正 (fairness)」の概念をめぐる論議の有力な引照基準としてよく挙げられるのは，いまや既に「古典」となったジョン・ロールズの『正義論』である[1]．この著作は「公正としての正義 (Justice as Fairness)」をスローガンにしており，公正が基本的な鍵概念になっている．「自由かつ平等な道徳的人格の間の公正な協力枠組」として世代から世代へと継承されうるような政治社会の基本構造を設定する原理の地位に正義を置いたロールズは，基本的諸自由の体系への平等な権利を各人に保障する正義の第一原理と並んで，公正な機会の万人への保障と，最も恵まれない層の人々の境遇の最善化を求める「格差原理 (the difference principle)」という二つの制約の下で，社会経済的利益の分配の不平等を認める正義の第二原理を提唱した．

しかし，「公正としての正義」という標語が示すように，ロールズの狙いは公正についての彼の一定の直感的理解に依拠しながら正義の概念を解明することであり，公正概念そのものが被解明項になっているわけではない．その結果，公正概念についての対抗解釈を提示する立場からの批判に対して，彼は的確な応答をなしえていない．例えば，正義原理を導出するための公正な選択状況として，彼は選択主体から性・人種・出身階層・才能など自己の特殊利害を知るために必要な特殊情報を剥奪する「無知のヴェイル (the veil of ignorance)」を核とする「原初状態」を仮設し，この情報制約の下では確率分配が不可能だという理由で，最悪の帰結を最善化するマクシミン・ルールを合理的な選択基準であるとし，それに基づいて格差原理を正当化している．これに対し，経済学者ハーサニーは，自分がどの人の立場に置かれる確率も等しいという「等確率想定 (equi-probability assumption)」の下で期待効用最大化を選択基準にす

---

1) Cf. J. Rawls, *A Theory of Justice*, Harvard U. P., 1971.

る方がより合理的であるだけでなく，すべての人の立場を平等に配慮する点でより公正であるとし，この場合には平均的功利主義が正当化されることを示した．しかし，ハーサニーのこの批判に対するロールズの応答はハーサニーに失望の念と苛立ちを表明させるほど要領をえないものである[2]．

そこで，私はロールズの戦略を反転させたい．「公正としての正義」よりもむしろ「正義としての公正」を語る方が，すなわち，公正概念を被解明項にし，正義概念を解明項にする方が的確であると考える．公正概念よりも正義概念の方が一層明確であり，かつより広範な共通理解の可能性をもつからである．正義をめぐる執拗で熾烈な論争の歴史を想起するなら，この主張は奇異に聞こえるかもしれない．この疑問に応えるために，まず「正義概念 (the concept of justice)」と「正義構想 (conceptions of justice)」を区別する必要がある．

たしかに，分配・補償・制裁などの基準を具体化する正義構想は多様に分裂し，先鋭に対立競合しているが，異なった正義構想の間に真正の対立関係があると言えるのは，それらがあくまで同じ概念の異なった構想だからである．例えば，「各人へはその業績に応じて」と「各人へはその必要に応じて」との間には真正の対立関係があるが，「目には目を，歯には歯を」と「右の頬を打たれたら，左の頬を差し出せ」との間には対立というよりもむしろ「すれ違い」ないし通約不能性の関係がある．それは，前者の原理対がともに同じ正義という概念の異なった具体化構想として対峙しているのに対し，後者の原理対は正義と愛という異なった概念の具体化構想を呈示しているからである．「同害報復としての正義」と「無抵抗としての愛」は同じ概念空間を占めようと競い合っているのではなく，異なった概念空間を志向しているため，対立するのではなく，人間の生の異なった次元への妥当要求をもつ規範として共存する．したがって，異なった正義構想の間に真正の対立競合関係があることは，逆に，それらに通底する共通の正義概念の存在を含意する．

このような共通の正義概念の古典的定式化として使用されてきたのは，「等しき事例は等しく扱え (Treat like cases alike)」という命題である．この命題については，これを単なる準則化ないし類型化の要請として解釈した上で，空

---

2) Cf. J. C. Harsanyi, *Essays on Ethics, Social Behavior, and Scientific Method*, D. Reidel Publishing Company, 1976, pp. 37-63.

虚公式であるとか，所与の法準則の「適用の正義」に関わるだけで実定法準則自体の批判的評価原理や改革指針を何ら提供しないとか，あるいは高々，国家機関の決定や行動の予見可能性の保障を求めるにすぎないというような批判がなされてきた．しかし，かかる批判の前提をなす，類型化要請への共通の正義概念の還元は誤りである．「等しきは等しく」は単なる類型化要請としてではなく，個体的同一性に基づく差別を排除する普遍主義的要請として解釈されなければならない．

　普遍主義的要請としての正義概念はルソーの一般意志，カントの定言命法，ヘアーの普遍化可能性テーゼなど様々な古典的・現代的理論に具現されており，ロールズの無知のヴェイルの原理的再構成の指針にもなりうるものである．それは，法準則や法的決定がその内容において個体的同一性における差異に基づく差別を含まないことを要請するにとどまらず，その正当化理由においてもかかる差別の排除を要請する．すなわち，普遍主義的要請としての正義は，ある準則・決定の採択を，その下で厚遇されるのが自分であり冷遇されるのが他者であるというような動機に基づかしめることを排除し，仮に自他の立場を反転させたとしても受容可能な理由によりその準則・決定が正当化可能な場合にのみそれを採択することを要請する．この意味で，それを「反転可能性（reversibility）」の要請と言い換えてもよい．白人は黒人になれず，男は女になれないなど，現実には自他の立場は反転不可能であるという指摘はこの要請に対する批判にはならない．自他の立場の反転が現実には不可能ないし困難だからこそ，逆に，我々はもし自分が他者だったらという「反実仮想的（counterfactual）」な条件の下で自己の主張を道徳的テストにさらすこと，すなわち，自分の視点だけでなく他者の視点からも自己の要求が正当化可能か否かを反省的に吟味することをいっそう強く要請されるのである．この意味で「反転可能性」は「公共的正当化可能性」をも含意する[3]．

2) 正義基底的アプローチの優位

　このような普遍主義的正義概念によって公正概念を規定する「正義としての

---

[3] 普遍主義的正義理念のこの意義については，参照，本書第1章，井上達夫『他者への自由──公共性の哲学としてのリベラリズム』創文社，1999年，第3・7章．

公正」の観点は，ロールズの「公正としての正義」に対して次のような理論的優位性をもつ．第一に，ロールズは人種差別や性差別など一般的範疇による不当な差別は個体的同一性による差別の排除によっては排除できないと考え，個人に関する特殊情報を剥奪する無知のヴェイルを導入したが，これは二重の誤謬を犯すものである．一つには，個体的同一性による差別の排除は基準の内容にのみ関わると想定しているが，これは誤りであり，普遍主義的要請は既述のように基準の正当化理由にも関わる．自他の立場の反転可能性のテストを正当化理由にも貫徹するなら，人種差別・性差別など一般的範疇による差別も被差別集団に属しているのが自分でなく他者である限りでのみ受容可能な理由に依拠している点で排除される．

さらに無知のヴェイルは，個人に関する特殊情報を一切排除する点で「たらいの水と一緒に赤子を流す」誤謬を犯している．ある正義構想のある社会に対する妥当性を評価する上で，その社会を構成する諸個人の諸属性に関する特殊情報はレレヴァントな情報であり，排除さるべきイレレヴァントな情報は「どの個人が自分であるか」である．「正義としての公正」の観点は，公正な社会的選択の条件をなす情報制約として，特殊情報ではなく個体的同一性の知識の排除こそが本質的であることを明らかにする．

「正義としての公正」の第二の優位性は，それが無知のヴェイルとマクシミン・ルールから格差原理を導出する「公正としての正義」の不公正さを明らかにする点にある．これにも二重の意味がある．

まず，マクシミン・ルールは「最悪事態観」という極度のリスク回避性向をもつ者にとってしか合理的でないと批判されるが，この選択原理の問題は不合理性よりも不公正性にある．これを理解する前提として，ロールズの「正義の優位（the primacy of justice）」の観念に触れておく必要がある．彼はこれを「公正としての正義」のもう一つの支柱にしているが，これは，人々が多様な善き生の構想を追求する多元的社会において公正な協力枠組を設定する正義原理は，かかる多様な善き生の特殊構想のいずれからも独立に正当化可能であると同時に，いずれに対しても制約性をもたなければならないとする要請である．ロールズ自身は「正義の優位」を目的論を排除する義務論の原理として理解しているが，この理解は反卓越主義と義務論とを混同するものである．また，

「正義の優位」を正義構想の脱哲学化へと拡大解釈する晩年のロールズの「政治的リベラリズム」も正義構想の多元的対立を隠蔽抑圧している．私は目的論・帰結主義とも両立する反卓越主義の原理としてこの要請を純化・再構成し，さらに，政治的リベラリズムに対する批判的距離を明示するために，「正義の基底性」という表現を使用している[4]．

「正義としての公正」の観点からは，正義の基底性は独立の公準というより，普遍主義的正義理念のコロラリーである．反転可能性の要請は，多元的社会においては，政治体の構成原理が自己の視点からだけでなく自己と善き生の構想を異にする他者の視点からも受容可能でなければならないという要請を含意するからである．さて，冒険的な人生を送るか，石橋を叩いて生きるかというような危険負担性向は合理性の問題というよりも，むしろ善き生の特殊構想に属する問題である．マクシミン・ルールは石橋を叩く生き方を望む人々には魅力的だが，波乱に富んだ人生を求める者には耐え難いものだろう．このルールを正義構想の選択原理にすることが不当なのは，それが不合理だからではなく，正義の基底性に反するから，すなわち，特殊な善き生の構想に依存しているがゆえに，それと異なる善き生の構想を追求する人々に対して公正ではないからである．この点では，期待効用最大化という，「両極を避け中庸の道を歩む」式のリスク選好に依拠するハーサニーの議論も同じ問題を孕む．

「公正としての正義」の不公正さは正当化装置としてのマクシミン・ルールにだけでなく，結論としての格差原理自体にも潜んでいる．この面での不公正さは分配問題に直結する．最下層の人々の境遇の最善化を求める格差原理は，「最下層」の範囲の不確定性の問題を別としても，「最下層」以外の人々が「最下層」の境遇の最善化のためにどのような犠牲をどのような形で負担しようと，彼らの境遇が「最下層」を下回らない限り，無関心であるという点で，「最下層」以外の人々に対する公正な配慮を欠くと言わざるをえない．例えば，最上層・上層から最下層に所得移転する再分配政策と，最下層に次ぐ下層や中層から最下層に所得移転する再分配政策との間の選択が問題になったとき，もし，「増税からの逃げ足」を富者はもつが富者以外はもたないとか，その他の理由

---

[4] 参照，井上達夫『共生の作法——会話としての正義』創文社，1986年，5章，同『他者への自由』（前掲註3）．

で後者の方が最下層の境遇をより高く向上させるとするなら，格差原理は後者を正当化する．ロールズは功利主義に対して，効用の集計値の最大化のみを志向し分配の公正に関心をもたないと批判するが，彼もまた，最下層の境遇という指標の最大化のみを志向し，そのためのコスト負担の分配の公正に関心をもたないという批判に服するのである[5]．既述のようなマクシミン・ルールに潜む不公正性を別としても，格差原理は自分が最下層に属する場合にしか受容しえない原理であり，まさに反転可能性を欠くがゆえに，最下層以外の人々に対して公正な原理としての地位を標榜しえない．「正義としての公正」は格差原理自体に潜むこの不公正性をも明らかにする．

　要するに，「公正としての正義」は対立競合する正義構想に通底する共通の制約原理としての普遍主義的正義理念の意義を軽視し，特異な公正観念に優越的地位を与えたために，人々の善き生の構想や社会経済的利害の多様性に対する十分な配慮の公正を欠くに至った．「正義としての公正」は普遍主義的正義理念の優位を復活させ，反転可能性のテストを「公正としての正義」にも貫徹することにより，この過誤を是正する．公正について公正に語るためには，正義を基底に据えなければならない．では，このような「正義としての公正」は，市場的競争秩序の規範的枠組に関していかなる含意をもつだろうか．この本題を以下，節を改めて検討したい．

3　公正競争の規範的枠組

1) 競争資源分配の公正化──通時的平等に向けて

　市場的競争秩序の規範的原理としての公正概念は従来，「結果の平等」に対する「機会の平等」，あるいは「実体的正義」に対する「手続的正義」という観点から論じられることが多かった．しかし，これらの二項対立図式は公正競争の規範的枠組を解明する上で，必ずしも的確ではない．

　市場的競争における公正とは，競争過程に参入する機会が平等に保障されて

---

[5]　この観点からの批判の一例として，cf. R. Dworkin, *Sovereign Virtue : the Theory and Practice of Equality*, Harvard U. P., 2000, p. 331.

いることを意味し，競争の結果として生じる勝者と敗者との格差の是正や縮減を要求するものではないという見方が広く流布している．この見方によれば，機会の平等としての公正競争概念は競争プロセスの適正を確保する手続的正義の理念に依拠しており，結果の平等のような人々の分配状態の正不正を，それをもたらした競争プロセスから独立に評価する実体的正義の原理とは異質である．この通念は競争における公正原理が結果の平等それ自体を目的にするものではないとする点では正しい．しかし，それは競争が公正か否かが分配の公正と無関係であるという含意も有している点では誤りである．

競争の結果を我々が公正として受容しうるのは，競争の条件が公正な場合であり，かつその場合に限る．しかし，競争条件の公正性とは複雑な概念であり，単に参入機会が形式的に開かれていることに尽くされない．個人間の競争について言えば，競争の結果としての分配の格差が個人の努力や選択に帰せられる場合には，その格差を公正として受容することに問題はないだろう．しかし，個人が統御できない条件によって結果が決定されている場合は，競争条件の公正を疑う余地が生まれる．「結果の平等」に対しては，個人の自由な発意に基づく分配帰結の差異化の可能性まで奪うのは不公正であるという批判が向けられている．しかし，参加者には統御不能な条件によって結果が決定された競争もまた，個人の自由な発意に応じた分配の差異化が不可能な点で，同様に不公正ではないのか．

では，結果に対する規定力を排除さるべき統御不能な条件とは何か．先天的な能力差や災害のような「悲運（brute luck）」については，「自由優位論者（libertarians）」と「平等優位論者（egalitarians）」との間で鋭い対立がある[6]．しかし，「結果の平等」と対置された「出発点の平等」に不完全にでも接近するために何らかの再分配措置が必要であるという観点は，市場への政治的介入における政府の失敗を批判する論客にも受容されている．例えば，ジェイムズ・ブキャナンは市場的競争の結果としての格差の公正性は，市場的競争に参入する前の初期分配の公正に依存するとする立場から，相続資産の格差や能力開発のための教育機会の格差を是正する必要を認めている[7]．自己所有に依拠

---

[6] この問題群を包括的に検討するものとして，cf. Dworkin, *supra* note 5.
[7] Cf. J. Buchanan, *Liberty, Market and State : Political Economy in the 1980's*, Wheatsheaf Books,

しながら相続権をラディカルに否定する自由優位論者もいる[8].

「正義としての公正」の観点から一般化して言えば，競争主体の間の競争資源（競争力をもたらす物的・人的資源の総体）の格差が，競争の結果をほぼ確実に予測可能な程に規定してしまう場合には，かかる競争の条件は公正ではない．このような競争条件は特定の競争主体に「勝利を約束」してしまうがゆえに，自分が勝利を約束された者である場合にしか受容しえず，反転可能性を欠くからである．このような場合には競争資源の初期分配の格差を縮減する措置が「結果の平等」のためではなく，「競争条件の公正化」のために正当化される．

しかし，競争条件の公正化のための競争資源の格差縮減は「弱者保護」を建前とした競争制限と混同されてはならない．日本の独禁法における「優越的地位の濫用の禁止」はこのような弱者保護のための特定取引類型の行政指導による規制という法運用をもたらしたとされ，行政指導の不透明性と併せて，競争法体系の基本理念との不整合性が批判されてきており，かかる法運用はその歴史的使命を既に終えたとされている[9]．この法運用の評価については，それが保護した業者（国内ライセンシー，輸入総代理店，百貨店納入業者，下請業者など）は本当に「弱者」なのか，取引先との実効的交渉力を本当に欠いていたのか，自前で流通経路を開拓しようとするスプリンター的業者や継続的取引関係から排除された他の業者から見れば「強者」ではないのか，他方また，この法運用は「強者」とみなされた取引先をも新たな他の「強者」の市場参入コストを高くすることにより競争圧力から保護したのではないか，かかる取引規制のコストは商品価格の上昇という形で一般消費者に，とりわけ購買力の乏しい低所得層というより無力な「弱者」に転化されたのではないか，等々，検討さ

1986, pp. 123-158. 相続財産や遺伝的能力など出発点の格差が競争帰結の最も重要な規定要因である事実とその倫理的問題性の自覚は，シカゴ学派の先達であるフランク・ナイトに既に見られる．Cf. F. Knight, *The Ethics of Competition*, Transaction Publishers, 1997 (first published in 1935), p. 48.

8) この点で最も明快かつ先鋭な論客の一人による議論として，参照，森村進『財産権の理論』弘文堂，1995年，111-117, 201-203頁，同『自由はどこまで可能か——リバタリアニズム入門』講談社現代新書，2001年.

9) 参照，村上政博『独占禁止法研究』弘文堂，1997年，6-8頁．この点に関する批判的討議として，参照，丹宗暁信・他『論争独占禁止法——独禁法主要論点の批判的検討と反批判』風行社，1994年，6章.

るべき問題点が種々ある．かかる問題点については指摘するにとどめ，ここでは競争条件の公正化のための競争資源の格差縮減（資源戦略と呼ぶ）と弱者保護のための取引規制による競争制限（保護戦略と呼ぶ）との相違に触れておきたい．

　第一に，資源戦略は競争主体間の競争資源の初期分配の極度の格差を是正して競争的環境を維持することを目的とするから，保護戦略のような個別の取引内容の規制ではなく，市場外での再分配措置による競争資源格差縮減を基本とする．個人レヴェルでは能力開発・技能訓練のための教育機会の保障，企業レヴェルでは中小企業やヴェンチャー・ビジネスへの資金供給・人材供給を促進するような公的支援やインセンティヴ供与などが要請されるだろう．公正競争の社会的環境を整備するためには独禁法だけでなく教育・労働法制・社会保障・産業政策など様々な制度・政策の連携調整が必要である．

　第二に，競争資源の格差是正は「上を引き下げる」より「下を引き上げる」ことで図るのが基本的には望ましい．これは公正が効率に優位するとしても，公正確保のための効率の犠牲の最小化を図ることは正当な配慮であるからだけでなく，強者は強者であることによって当然に不公正であるわけではないからである．強者が不公正になるのは，「新しい強者」の現出を妨害して自己の勝利を永続的に約束させようとするとき，「かつての強者」を打ち負かした彼（女）自身と同様な成長と挑戦の軌跡を他者が「現在の強者」である彼（女）を破るために辿ることを排除しようとするときである．このとき，この「現在の強者」は普遍化不可能な，反転不可能な仕方で自己と他者を差別している点で，まさに正義に反しているがゆえに不公正なのである．ビル・ゲイツが不公正と非難されるのも，彼がもう一人の「眼鏡をかけた腕白小僧（a naughty boy with glasses）」の成長を妨害しているとみなされたからである（このあだ名は革命的企業家だった若かりしゲイツに，親愛の情をこめて米国の人々が贈ったものである）．保護戦略は弱者保護を図っても既存の弱者と強者の力関係の構造的転換を促進せず，むしろ競争制限によりそれを固定化してしまう傾向をもつのに対し，資源戦略は既存の強者の地位の転覆を企てるような挑戦的な競争実践の促進をめざしている．

　しかし，この点では，法的な独占ではなく競争力の圧倒的優位によってもた

らされた「事実上の独占（de facto monopoly）」には何ら問題がないとする一部のリバタリアンの立場は教条的に過ぎるだろう[10]．事実上の独占の場合にも，マイクロソフトの「抱き合わせ（tie-in）」のように，自己の競争資源の濫用による新たな競争相手の成長の阻害はしばしば行われるからである．これは他者がもつ競争資源の活用を妨害している点で他者の競争資源の簒奪とも言え，このような取引実践の規制は資源戦略の観点からも正当化される．独禁法の「優越的地位の濫用の禁止」はこのような実践を排除するためにこそ運用さるべきだろう．

　第三に，何が競争資源になるかは，一義的かつア・プリオリに確定されているわけではない．市場において評価される財やサーヴィスは事前には予測不可能な可変性と多様性をもつ．まさにそれと同じ理由で，市場的競争の成功要因となる能力などの資源も予測不可能な可変性と多様性をもつ[11]．身体障害者が高齢化社会において介護機器の生産・流通の企業家として成功する場合のように，昨日ハンデとされた生の条件が今日は競争優位をもたらす要因になるかもしれない．保護戦略が強者と弱者について固定的なステロタイプに依拠し，かつそれを再生産する傾向をもつのに対し，資源戦略はこのような競争資源の可変性・多様性を考慮に入れることができるし，そうしなければならない．「弱者」とされた人々がもつ多様な能力・資質・知識・経験など潜在的な競争資源を活用しうるような，多様な事業機会をニッチとしてもつ懐の深い市場構造を形成する必要がある．

　しかし，このことは現時点において競争力障害とみなされた条件をもつ人々を放置しておいてよいという含意はもたない．障害を優位性に転換するためには競争資源を補塡する社会的支援がやはり必要である．また，潜在的な競争資源をもつにも拘わらず，社会的偏見（障害者差別，性差別，学歴差別，階級差別，民族差別等々）により，それを活用する機会を奪われている人々は存在す

10）　もっとも，リバタリアンにおいては私的独占規制における政府の裁量権力の濫用の危険性も重要な考慮要因になっている．例えば，cf. F. Hayek, *The Constitution of Liberty*, The University of Chicago Press, 1960, pp. 265-266. しかし，濫用の危険性については制度的抑制の方途――例えば，独禁法制とその運用に対する司法審査の厳格化――を考えるべきであって，濫用の危険を理由に有用かつ必要な規制の可能性を除去してしまうのは倒錯した議論であろう．

11）　この点の示唆として，cf. Buchanan, *supra* note 7, p. 132.

る．市場的競争においては経済的パフォーマンスの善し悪しが重要であるゆえに，社会的差別は中和される傾向があると一応言えるが，これは無条件には成り立たない．顧客や取引先の選好がかかる差別的偏見によって強く影響されている場合には被差別集団への帰属は競争力障害となり，市場的競争を通じて社会的差別が再生産されてしまう[12]．憲法14条1項が「人種，信条，性別，社会的身分又は門地」による差別を「政治的，経済的又は社会的関係において」（強調は井上）禁じていることが示すように，憲法価値としての平等は市場社会にも貫徹されなければならない．市場的競争が社会的差別を再生産するような構造をもつ場合には，それを除去するための国家の介入も必要になる．雇用差別排除立法だけでなく，銀行の融資先選定や企業の取引先選定における社会的差別の排除立法が，司法による憲法の私人間適用とならんで要請される．憲法価値としての平等は単にそれが憲法価値であるという理由によるだけでなく，競争資源分配の公正化という公正競争の基盤を確立するために必要であるという観点から，独禁法の解釈の基礎にも据えられるべきである．

以上の議論を総括しよう．市場が「勝者と敗者が予め定まった社会」あるいは「エリートだけが成功できる社会」をもたらすとき，もはやそれは公正な競争の場であるとは言えない．市場的競争が公正であると我々が信じうるのは，勝者と敗者の地位が絶えずダイナミックに転変し，誰も永続的な勝利の約束を得られない一方，誰も永続的な敗者の烙印を押されない社会をそれが生み出すときである．この意味での「通時的平等」が「正義としての公正」が含意する公正競争の基本理念であり，それは共時的な結果の平等と異なるだけでなく形式的な機会の平等をも超え，競争資源（とその実効的な活用機会）の分配の公正化を求める．

2) フェア・プレイの倫理

前項では公正な競争的環境を保持するための背景的条件を論じた．ここで次に，競争というゲーム（および，このゲームの規則をめぐる交渉というメタゲーム）のプレイヤーの行為規範に関して，正義としての公正がもつ含意を示し

---

12) この点の解明として，cf. C. Sunstein, *Free Markets and Social Justice*, Oxford U. P., 1997, pp. 151-166.

たい．フェア・プレイという言葉が我々に想起させる規範的直感は，スポーツだけでなく経済的競争にも妥当する．フェア・プレイについての我々の直感的了解が経済的競争の文脈でもつ含蓄を，普遍主義的正義理念のふるいにかけながら批判的・反省的に再構成するならば，次のような指針が提示できるだろう．

資本主義の精神——〈フリー・ライダーが勝者であってはならない〉

通常，経済学では公共財供給における市場の失敗の要因として，公共財の非排除性，すなわちフリー・ライダーの排除不能性が挙げられるが，なぜフリー・ライドしてはならないのかについて根本的な説明が与えられることはない．自己の目的関数の合理的最大化を図るホモ・エコノミクスの観点からは，フリー・ライドに導く裏切戦略はあまりに合理的で，他者の裏切によりフリー・ライドできない場合でさえ協力戦略より有利なドミナント戦略であるからこそ，囚人のディレンマが発生してしまうのである．ギブ・アンド・テイク的な相互性の見地からしても，他者が裏切らない保証がないときに自分が（もし他者が裏切らなければ）フリー・ライドに導きうる裏切り戦略を採ってはいけない理由はない．なぜフリー・ライドしてはいけないのか．理由は単純だが重要である．不正だから，そしてまさにそれゆえに不公正だからである．それも論争的な特定の正義構想に反するからではなく，競合する正義構想に通底する普遍主義的正義理念に反するからである．なぜか．フリー・ライダーは一定の制度や実践が提供する便益を享受しながら，その制度・実践を存続させるコストを他者に転嫁するが，これは自分はフリー・ライドしても他者には（その制度・実践が維持不可能となる限度以上には）それをさせない場合にのみ可能な行為であり，自他の普遍化不能な差別に依拠しているからである．

フリー・ライダー問題は公共財供給における市場の失敗として通常理解されている問題領域を超えて，経済的競争に影を落としている．サプライサイダー経済学の論客の一人ジョージ・ギルダーは資本主義の精神的基礎をマックス・ウェーバーの言うようなプロテスタント的世俗内禁欲倫理を超えた利他主義に求めた．資本家の投資は報酬を全く期待しないのではないが，前もって決められた報酬がないまま行われる「贈り物」と本質は同じである．それは「与えよ，さらば与えられん」という「宇宙の補償論理」への信頼を前提にしてはいるが，

失敗のリスクがきわめて高く，期待利益最大化原理に従えば不合理な行為である．「大部分の投資は失敗に終わる」にも拘わらず起業家が危険を引き受けるのは，自己が失敗したとしても，その失敗が「新しい知識という，企業家自身にとっても社会全体にとっても最も重要な資本を蓄積していく」からである[13]．

しかし，起業家は他の起業家のかかる危険負担行為からも学んでおり，自分だけが一方的に利他性を発揮しているわけではない．もし，経済的競争のプレイヤーが起業リスクを自らは回避し，他のプレイヤーがこのリスクを負担して収益性ある事業機会の存在を実証した後でその事業に参入し，先行プレイヤーをこの市場から放逐してしまうとしたらどうであろうか．一般にこの種の戦略をとるプレイヤーは先行起業家の試行錯誤経験から学んで失敗のコストは避け，成功した方法を一層効率的な仕方で発展させうるという「後発優位」の利点を享受できるし，これに優越的な資本力という利点が加われば，先行起業家を利用しつつ放逐することは困難ではない．市場社会で営まれる起業実践の正の外部性は享受しながら，自らはこの実践の存続のためのコストを負担しないこの種のプレイヤーはフリー・ライダーであるが，かかる戦略がドミナント戦略となる条件が整えば囚人のディレンマが発生し，寄生さるべき開拓的・創発的起業実践そのものが衰退し，経済社会は発展的活力を失うだろう．

この帰結は別としても，このような寄生的な競争戦略は不公正である．他者の起業実践の正の外部性の享受が許されるのは，自ら起業リスク負担の責任を回避しないときのみである．「資本主義の精神」なるものが語りうるとしたら，それは利他主義というよりも，他者にフリー・ライドして勝者となることを恥じる公正さにある．ヴェンチャー企業を「パイロット」として利用し，先見性を証明したものを標的にして巨大資本力の集中砲火によりこれを駆逐する大企業の横暴な戦略は，いかに効率的であるとしても不公正なものとして抑制さるべきである．このような不公正な競争戦略の排除は，独禁法の「優越的地位の濫用」の運用指針や知的財産権法の指導理念に加えられる必要がある．ただ，このことは弱者保護を口実にした集団の協調による競争制限や，革新的成功者の地位の既得権化が容認さるべきことを決して意味しない．以下で，これらの

---

[13] 参照，ジョージ・ギルダー『富と貧困——供給重視の経済学』（斎藤精一郎訳）日本放送出版協会，1981年，35-44頁．

点を明らかにしよう．

擬似公共性からの脱却——〈凡庸なるプレイヤーの集団的エゴイズムにより，卓越したプレイヤーの勝利が妨害されてはならない〉

　正義理念は普遍主義的正当化の不可能な特殊集団権益を追求する集団的エゴイズムを個人のエゴイズムと同様に，あるいはその欺瞞性と横暴性ゆえに一層厳格に排除する．正義としての公正の観点からは，集団的エゴイズムに根差す競争制限は，弱者保護を口実にしようと不公正である．種々のカルテルに見られるような集団的協調による競争制限は，「弱者保護」をその合理化根拠にすることが多い．集団的協調による「共存共栄」は，カルテル価格による超過利潤など一定の利益を競争力の強い事業者にももたらしうるが，なによりも競争力の弱い事業者にとって死活的利益となる．競争力の強い事業者には，協調体制から離脱して市場を拡大しようとする誘因がむしろ働く．その結果，皮肉なことに，談合破り，カルテル破りという社会的に見れば公正な競争戦略を選んだ事業者が，同業者集団からは「横暴な強者」とか，「抜け駆けするエゴイスト」というような「反倫理性」の烙印を押され，取引社会から排除する「村八分」的制裁を加えられるといった倒錯的な現象が生まれる．

　一つの象徴的事例として，1971年に茅ヶ崎市で起こった独禁法違反事件を挙げておきたい．経営合理化につとめてきたある牛乳小売業者が団地の自治会と共同購入方式による牛乳の単価引き下げの交渉を行い，販路を広げたのに対し，当地の牛乳小売業者組合である雪印牛乳協会湘南支部が「商道徳に悖る」としてこの業者を「村八分」する決定をし，メーカーの雪印乳業関東支社に集団的代金納入拒否の恫喝により当該小売業者への出荷を中止させ，この制裁でこの小売業者に共同購入方式をやめさせただけでなく，他の同業者に謝罪し今後の協力を約束する念書まで書かせた．驚いた団地住民が公取委に訴え，公取委はこれを独禁法8条（事業者団体による不当な競争制限の禁止）違反と認定した．岡田与好はこれを，自由競争経済システムの基礎たる「営業＝取引の自由」がカルテル協定の尊重をも含意する単なる「契約の自由」の保護を超えるものであることを示す「際立った事例」として挙げているが[14]，この事例はま

---

14) 参照，岡田与好『経済的自由主義——資本主義と自由』東京大学出版会，1987年，59-62頁．

た集団的エゴイズムの倒錯を典型に示している．

　そこでは消費者利益や，さらには自治会活動との連携という市民社会的価値を犠牲にした同業者集団の反社会的・反公共的な特殊利益追求が，彼らの間では「商道徳」という倫理性を付与されているのである．個人の利己性については，追求されているのが私利であるという自覚があるため，一定の自制が働く傾向がある．これに対し，外部社会にコストを転嫁して自集団の特殊利益の擁護を図る集団的エゴイズムの場合には，享受されている集団利益がいかに反社会的な特殊権益だとしても，個人の利益ではなく「みんなの利益」が強者と弱者の共存共栄により図られているという欺瞞的共通理解がその集団内部では支配するため，かえって自制が働きにくく，むしろ倫理的権威をすら標榜する傾向がある．これは擬似公共性の罠と言ってもよい．この罠から脱却するためには，正義としての公正の視点が不可欠である．普遍主義的正義理念は，集団的エゴイズムが自集団の利益を自集団以外の人々の利益に差別的に優先させ，それを自集団の外部の人々に対して正当化する反転可能な理由を欠くこと，さらにまた，言うところの「弱者保護」は自集団内部の弱者の保護にすぎず，そのコストを集団外の一層無力な弱者を含む公衆に転嫁している点で，弱者保護としても普遍主義的公平性を欠くことを明らかにするからである．

　逆に言えば，集団的協調による競争制限であっても，その目的が消費者利益の保護や人権の尊重など集団的エゴイズムを超えた社会的配慮に基づくことが明らかで，かつ制限手段もかかる社会的配慮を隠れ蓑にした特殊集団利益追求の余地を与えない仕方で必要最小限なものに限定されている場合は，不公正として排除さるべきではない．例えば，未成年飲酒やアルコール依存症の広がりが社会問題化し，アルコール飲料自販機への社会的批判が高まったのを受けて，ある地域の酒類販売業者組合が自動販売機による販売の自粛を申し合わせたような場合に，公取委がこれを販売方法のカルテルとみなして介入するのは場違いである[15]．

---

15) 永年，アルコール依存症患者の治療実践を通じて，社会的弱者の自立を育む環境形成に尽力してこられた国立久里浜病院名誉院長河野裕明氏の御教示によれば，現実にこのような事例があったそうである．酒税収入の低下を恐れる大蔵省の意向を公取委が受けて動いていたのではないかという疑念を河野氏は表明されたが，実情はともかく，この種の介入はこのような疑念を抱かせるほど公正感覚を欠くものと言えよう．さらに言えば，酒類自販機の放任は酒類販売免許制度

これは独禁法2条6項が不当な取引制限に付した「公共の利益に反して」という要件の解釈にも関わる．通説は「公共の利益」を「自由競争経済秩序の維持それ自体」とみなすのに対し，「国民経済全般の利益」とする説（全般的利益説と呼ぶ）や，「中小企業・消費者など経済的従属者ないし弱者の利益」であるとする説（弱者保護説と呼ぶ）が対抗しており，判例は石油価格カルテル刑事事件最高裁判決（1984年）において，競争制限が公共の利益に反しないのは，その目的たる法益と自由競争経済秩序維持の法益とを比較衡量して一般消費者利益の確保と国民経済の民主的で健全な発展という独禁法1条の目的規定に反しない場合であるとする[16]．しかし，通説は「競争の実質的制限」など他の要件の解釈に問題を移し替えているだけだし，全般的利益説は茫漠としすぎており，弱者保護説は反公共的特殊権益を享受する「弱者」（例えば，上述の牛乳小売組合事件におけるような，経営努力を怠らない卓越した競争相手を業界の集団的圧力でつぶすことにより既得権を守る「弱小業者」）の保護と，人権のような普遍主義的価値原理によって正当化される弱者の保護との区別を曖昧にする傾向がある．判例の比較衡量論も様々な法益に抽象的にリップ・サーヴィスを払っているだけで衡量の基準と論理を明確にしておらず，実質的にはカルテルを促す行政指導に白紙委任状を与えてしまっている．

　これらの諸説はいずれも「何が公共の利益であるか」を積極的に規定しようとして，かえって「公共の利益に反して」という要件に融通無碍の操作可能性を与えてしまっている．これに対し，「正義としての公正」の観点は「公共の利益」となる価値や考慮要因を規定することよりもむしろ，「公共の利益」に訴える議論の真摯性ないし誠実性（integrity）の条件を厳格にすることにより，「何が公共の利益を標榜しえないか」を明確にし，それによって「公共の利益に反して」という要件の操作可能性を縮減する．この観点からは，取引制限が「公共の利益」に反しないのは，その正当化が反転可能性のテストをパスする場合，すなわち競争制限に参与する事業者集団の外部の人々の観点から見ても

　　そのものと論理的に矛盾してさえいる．後者の競争制限を正当化する「公共の利益」があるとするならば，それは前者の規制をも要請するはずだからである．参照，河野裕明「アルコール依存の背景」『日本医師会雑誌』99巻7号（1988年），1162-1167頁．
　16）　これらの諸説の整理検討として，参照，根岸哲・舟田正之『独占禁止法概説』有斐閣，2000年，52-56，146-147頁．

不当として拒否できないような理由によって正当化でき，当該事業者の集団的エゴイズムによるのではないことが示しうる場合のみである．このテストのハードルは高く，「過当競争の弊害」など多くのカルテル擁護論は競争制限のコストを転嫁される人々に対して公平性を欠き，このテストをパスできない．

さらに，公共的な目的を隠れ蓑にした特殊権益追求を排除するためには，制限目的だけでなく制限手段の吟味も必要である．規制立法の違憲審査基準の一つとして挙げられる LRA の基準――「より制限的でない他の手段 (less restrictive alternatives)」の不在――は，公共性を偽装して特殊権益保護を狙う立法動機を吐き出させるという機能を実質的には有している．公共的価値を立法目的に掲げながら不必要に制限的な規制手段をとる立法は通常このような不純な政治的動機を隠しているからである．この LRA 基準は，公共的目的を建前に掲げた事業者の集団的協調による競争制限の誠実性のチェックを制限手段の側から強化するためにも転用できる．例えば，値下げ競争は商品の品質・安全性の低下を招き消費者に危害を与えるなどという口実でなされる価格カルテルなどは，この転用された LRA 基準によりはねられるだろう．成分表示の徹底など品質・安全性に関する情報の消費者への開示を促進する協定や規制の方が競争制限性が少なく，かつ効果的だからである．この種のカルテルは既に見たように逸脱者に対する「村八分」的制裁とも結合するのが普通だが，その現実の動機は良質の商品ないしサーヴィスをより廉価に提供できる競争力の高い事業者の排除ないし拘束である．

挑戦の優位――〈挑戦者の権利が成功者の既得権に堕してはならない〉

市場の既存の覇者に対し，新参の起業家やかつての敗者が挑戦するのは市場的競争ゲームにおいて正当な権利である．しかし，人間の悲しい性として，かかる挑戦者たちもいったん成功すると，自己の覇者たる地位を既得権とみなし，新たな挑戦者を排除しようとする．「ビル・ゲイツよ，おまえもか」と人が詠嘆する所以である．人の性ではあるが，やはりこれは不公正である．挑戦者としての彼らの権利は成功者としての彼らの既得権を保障しないどころか，むしろそれと両立不可能である．通時的平等の理念がここでも浮上する．本節の(1)ではこれを競争資源分配の公正化の観点から論じたが，ここでは権利と既

得権の区別の観点から敷衍したい．

「既得権（vested interests）」は「権利（rights）」ではない．これは普遍主義的正義理念の主要な含意の一つである．既得権は事実上の力で獲得され保持される利益であるが，権利は力と利に還元できない正義の論理によって正当化された要求である．"rights", "Recht", "droit", "jus" など権利を意味する欧米語はいずれも「正」をも意味し，正義理念との結合を明らかにしているが，日本語の「権利」という言葉は語源的には力を意味する「権」と利益の「利」からなると言われるように[17]，「力で保守された利益」のイメージを喚起するため，権利と既得権の区別を曖昧にしやすい．しかし，権利が正義の構想である以上，それは普遍化可能・反転可能な要求でなければならない．すなわち，自己の要求を権利として主張する者は自己と同様な立場に置かれた他者からの自己への同様な要求にも従う用意，あるいは同様な立場の他者の要求の実現の社会的費用を分担する用意がなければならない．既得権はこのような普遍化可能性・反転可能性を欠く．既得権に固執する者は自己の要求の根拠を単に現状支配の偶然性にではなく，現状支配の主体が自己であるという偶然性に求めているから，すなわち，ある利益を「自分が既に得た」ことをもって，同様な立場に立つ他者の同様な利益要求を排して自己利益に固執する根拠にしているからである．正義としての公正はかかる既得権を排し，普遍化可能性・反転可能性をもつ「権利」要求のみを承認する．

権利と既得権のこの区別は競争における公正の理解に不可欠である．成功者としての自己の既得権を守るために，自らかつて享受した挑戦者の権利を他者が行使するのを妨げてはならないという格率は，競争におけるフェア・プレイの倫理の中心的徳目である．市場の参入障壁の除去は既存の事業成功者の既得権を排して，彼（女）らもかつて享受した挑戦者としての起業の権利を万人に保障しようとするものである限り，効率のためだけでなく，「正義としての公正」の貫徹のためにも要請される．環境保護・消費者保護などを目的とする社会的規制は真に必要なものであるならば，それが新規参入業者にも適用されるのは当然だが，これが不当な参入障壁にならないためには，規制の内容と運用

17）参照，柳父章『翻訳語成立事情』岩波新書，1982年，149-172頁．

において既存業者と新規参入業者との間に無差別公平性が確保されなければならない．例えば，外国企業が新規参入する場合，被参入国の環境基準・安全性基準などが当該企業の母国のそれより厳格であることは不当な差別ではないが，規制遵守のコストが国内企業よりも外国企業にとって著しく高くなるような場合には，社会的規制を隠れ蓑にした国内業者の既得権保護を疑われる理由がある．

　単なる参入障壁の除去を超えて，ヴェンチャー支援など新たな事業機会開拓のための積極的なインセンティヴを付与することも「挑戦者の権利」の実効的保障として正当化されうるが，公正競争の規律を貫徹するためには次の点が留意されなければならない．

　第一に，ヴェンチャー企業を「甘やかし」てはならない．(1)では競争資源分配における既存大企業との格差の是正のためにヴェンチャー支援の必要性も認めたが，競争資源分配の公正化の範囲を超えて放漫経営を許すほどの優遇措置をヴェンチャー企業に与えるならば，その起業家精神をスポイルしてしまい不効率であるだけでなく，既存企業に対して不公平な逆差別的保護となり，公正競争を損なう．また，挑戦者の権利が無能な事業家の既得権に変質するのを避け，挑戦の意志と能力を潜在的にもった人々に広く及ぶようにするためには，支援措置は期限付きで自動停止させ，同一の事業家について被支援事業数を制限することが必要だろう．さらに，ヴェンチャー企業を大企業によるパイロット的利用と事業乗っ取りから保護するために知的所有権の保護が一定の役割を果たしうることを(1)で示唆したが，知的所有権は，権利者に他者の改良革新努力を掣肘したり，それに寄生して受益しようとするインセンティヴを与えるほど，過度に広範で長期間に亘る保護効果をもってはならない．かかる寄生的インセンティヴ効果をもつ知的所有権はもはや挑戦者の権利の保障手段ではなく，成功者の既得権擁護の道具に堕している．

　第二に，支援は無差別公平で透明なルールによらなければならない．ヴェンチャー企業の中で将来性のあるものとないものとを政府が識別し，支援の有無を決定するというのは，誰も予想しなかった事業機会の開拓というヴェンチャーの本質に反するし，政府の能力を超える．これは不効率であるだけでなく，結局，政府や財界とコネをもつ柔順なヴェンチャー企業が優遇され，本来育成

さるべき「反逆者的異分子企業」は排除されるという差別を生み，ヴェンチャー間での競争の公正を損なう．政府や財界に「かわいがられたヴェンチャー企業」の優遇はもはや挑戦者の権利の保障ではなく，成功者の既得権保護に変質している．政治経済社会の主流から疎んぜられた反逆者的異分子企業にこそ，挑戦者の権利が保障されなければならない．醜いアヒルの子がやがて白鳥になるからだけでなく，白鳥になれないただのアヒルの子にも羽ばたく権利は保障されなければならないからである．

　無差別公平かつ透明なルールによるヴェンチャー支援は挑戦者の権利を公正に保障すると同時に，支援のばらまき・垂れ流しを抑制し被支援企業に経営規律と答責性を厳格に求める誘因を政府に与えることにもなる．一定の支援をA社に与えると，A社と同じ条件を満たすすべての企業に同様な支援を与えなければならないとするならば，そのような支援の必要性や費用対効果について，被支援企業を裁量的に選べる場合よりももっと慎重かつ厳密に吟味せざるをえなくなるからである．

　以上の議論が示唆するように，公正競争を確保するためには挑戦者の権利の実効的な保障が必要である一方，後者が既得権保護に変質するのを防止するための制度的工夫も必要である．既得権と権利との理念的区別を明確にする「正義としての公正」の観点は，このバランスを適切にとるための不可欠の指針をなす．

メタゲームの誠実性――〈競争におけるゲームのルールは二重基準で操作されてはならない〉

　フェア・プレイは第一次的にはゲームの遂行において求められる．しかし，審判の判定をめぐってしばしば野球の試合が中断するように，ゲームのルールの同定・解釈・適用をめぐってプレイヤーの間で争いが頻発するし，通商摩擦の場合のようにゲームのルールの変更をめぐっても紛争は恒常的にある．第一次的な競争ゲームのルールをめぐる争いを第二次競争ゲームないしメタゲームと呼ぼう．メタゲームを単なる「拳骨の勝負」に終わらせず，その結果に何らかの正統性を付与するためには，そこでもフェア・プレイが要請される．これまで述べてきた三つの指針（資本主義の精神，擬似公共性からの脱却，挑戦の

優位)は直接には第一次ゲームにおけるフェア・プレイに関するものだが，第一次ゲームのルールがいかにあるべきかについての規範モデルを提示しているから，メタゲームにおける議論の内容の指針にもなる．しかし，メタゲームにおけるフェア・プレイとは議論の内容に関わるだけでなく，議論の遂行の仕方における誠実性にも関わる．この面で重要な指針となる普遍主義的正義理念の規範的含意は，二重基準（double standard）の排除である．

　日本の憲法学では違憲性の二段階審査基準のことを「二重の基準」と通称しているが，これは何らかの一貫した政治哲学的原理——経済的自由に対する精神的自由の優位か，民主的プロセスを促進補強する規範の優位かなど，それを何に求めるかについては論争があるが——に依拠するもので，ここで問題にする日常的意味における二重基準とは異なる．後者はむしろ一貫した原理による正当化の不可能な御都合主義的な基準の使い分けを指弾する批判的概念である．憲法学の「二重の基準」が一つの正義構想であるのに対し，ここで言う二重基準は，競合する正義の諸構想に通底する普遍主義的正義理念自体に背反する．それはある基準をそれが自分に都合のよい帰結をもつ状況では自己の要求の正当化根拠として援用しながら，自分にとって不利益な帰結をもつ状況においては別のもっと都合のよい基準を持ち出すという実践であり，そこでは基準の使い分けが自己の利害に資するか否かという普遍化不可能な理由によって規定されているからである．

　通商摩擦が示すように，公正な競争のルールをめぐる論争は熾烈かつ執拗で，容易に解消し難い．しかし，それだからこそ，対立当事者の間に対話が継続される必要があり，そのためには相互的敬意が維持されなければならない．戦略的駆け引きの火花を散らしながらも相互的敬意が維持されるためには，最小限の誠実性を双方が保持する必要がある．自己の要求の二重基準的合理化の抑制はこのような最小限の誠実性の条件である．対立当事者双方が相手を束縛するだけでなく自分自身の首をも絞める原理に真摯にコミットしていることを相互に理解し信頼できるとき，対話はその論争性にも拘わらず偽装された権力ゲーム以上のものになるだろう．もちろん，現実の交渉過程では二重基準の実践は少なからず見られるが，それが過度に横行すれば，公正な競争のルールをめぐる真摯な対話は不可能になり，何が公正な競争かは力関係で決まる，強者が公

正といったものが公正である,といったシニシズムが蔓延するだろう.

例えば,日本異質論の論客の一人であるジェームズ・ファローズは1980年代末に,「日本における普遍的原則の弱さ」を,外国人に「偽善的」と映る日本の貿易実践の道徳的基礎として指摘した.それを示す一例として,東京証券取引所の会員権の対外開放をめぐる日英間の交渉を挙げた.英国側が一定の資格を満たすすべての会社の市場参入を認める透明な普遍主義的ルールの採用を求めたのに対し,日本側は「何社分欲しいのか」と問い返すだけで,埒が明かなかったので,英国の交渉者はその時点で資格のある英国の会社が二社と考えて,いったん「二つ」と答えたが,日本側がその要求をもち返って検討している間に別の資格ある会社が現われたので,交渉再開後,二社ならいいと言った日本側に三社を要求したところ,日本側が「西欧人のやる欺瞞」に激昂したという[18].

ファローズは普遍的原理の強弱という欧米と日本との基本的価値観における異質性がかかる通商摩擦の根底にあるとするが,この分析は必ずしも的確ではない.外国製品に日本市場で20パーセントのシェアを与える1986年の半導体協定をはじめ,数値目標の設定という戦略は米国が積極的に推進してきたものである.ファローズはこの種の協定は「自由競争の原則を露骨に破っており,アメリカとしては体裁悪いものだ」とする[19].しかし,彼やリバタリアン的傾向の米国人にとっては体裁悪いものかもしれないが,米国の産業界・労働組合などの圧力団体や,彼らの意向を受けた米国政府関係者がそれを体裁悪いものとみなしているとは必ずしも言えまい.実際,90年代に入ってから,日本側が数値目標は市場的競争のルールに反するとする批判的キャンペーンを張ったが,米国政府は「これ幸い」と直ちに透明なルール化の貫徹を要求するという戦略転換で応じはしなかった.応じられなかった,と言った方がよい.数値目標の撤廃は,米国内の産業界の既得権を侵犯するものだったからである.

「普遍主義的欧米文化」対「特殊主義的日本文化」という対立図式は根深いオリエンタリズム的偏見を反映したもので,それ自体として批判的検討を要す

---

18) 参照,ジェームズ・ファローズ『日本封じ込め』(大前正臣訳) TBSブリタニカ,1989年,114-121頁.
19) 参照,同書,117-118頁.

る[20]．しかし，この点は別としても，上記のような通商摩擦が孕む問題はかかる文化論的二項対立図式では捉えられない．対立が互いに相手に「偽善」や「欺瞞」という反倫理性の刻印を押すほどに深刻化する理由は，双方が相手に不誠実ととられても仕方がないような二重基準的交渉戦略をとっていることに，すなわち，ともに普遍主義的正義理念に反した不公正な実践を行っていることにある．

　日本から見れば米国は，自由市場経済の原理の貫徹を日本など諸外国に要求しておきながら，自国内産業の保護に必要な場合には自由市場経済と相容れない数値目標という基準を押し付けて恥じない．日本市場の参入障壁を口実にしているが，「米国製品が売れないのは日本市場が閉鎖的だからだ」という論理が反証を許さないア・プリオリな説明公理になっているだけでなく，市場シェアの割当てという手段は市場的競争の促進という本来の目的を阻害する自壊性をもっており，数値目標の合理化は詭弁の誹りを免れない．他方，米国から見れば日本は，かつて自国の業界へのインパクトを限定し予測可能なものにするために，ルール化によるインフォーマルな参入障壁の撤廃を拒んで，数値目標という妥協的戦略を米国が採らざるをえなくしたにも拘わらず，数値目標の達成が自国業界にとって重荷となってくるや，手のひらを返したように，かつて自ら拒んだ自由市場経済のルールの名の下に数値目標の廃止を求める教科書的「正論」に訴えてくる．

　このような仕方で互いに相手を不誠実な交渉相手とみなしている状況では，公正競争のルールについての真摯な対話の継続は難しい．結局，公正競争のルールは時々の勢力関係に左右される戦略的な恫喝と妥協の産物でしかないというシニシズムがはびこるだろう．この陰惨な状況を脱するには双方が相手を憤慨させる自己の二重基準的実践を自制する必要がある．これは言うは易く行うは難きことであるが，それを困難にしているのもまた別の次元の我々の二重基準的性向である．すなわち，他者の二重基準には厳しいが自己の二重基準には甘いという「二階の二重基準（second-order double standard）」である．普遍主義的正義理論が含意する反転可能性の要請を真面目に受けとめることが，こ

---

[20] これと関連したオリエンタリズム的二項対立図式への批判的検討の試みとして，参照，井上達夫『普遍の再生』岩波書店，2003年，第2章．

の二階の二重基準の克服に導く．自己の視点に自閉せず，他者の視点から自己の主張の根拠を反省的に再吟味することがこの要請の核心だからである．このような〈他者に対する公正さ〉を我々は競争というゲームの中においてだけでなく，このゲームのルールをめぐる論争においても求められているのである．

　以上，フェア・プレイの倫理として四つの論点に触れた．ここでの議論は決して網羅的でも体系的でもないが，前項(1)の議論と併せて，「正義としての公正」が競争の倫理に関してもつ潜在的含意の豊かさと強さを示唆できたとすれば幸いである．

4　結語——〈自由対平等〉図式を超えて

　市場的競争の規範的位置づけをめぐっては，これまで自由優位論（libertarianism）と平等優位論（egalitarianism）とが対立してきたが，本章の立場はいずれでもない．むしろ，この二群の対立競合する正義構想に通底する共通の普遍主義的正義理念が公正競争概念に関してもつ未だ汲み尽くされざる豊かな規範的含意を探索することにより，両者を統合することを本章は試みた．原点にいったん立ち戻ることにより，さらに大きく前進しようとする試みである．

　「正義としての公正」と呼ばれたこの立場は，自由と平等の統合をそれなりに試みるロールズの「公正としての正義」の構想とも異なる．正義原理を公正観念を基礎に導出しようとする後者の方法とは逆に，「正義としての公正」は正義理念を基礎にして公正観念を分析することにより，公正観念に潜む恣意に正義理念の規律を加える．「公正としての正義」は普遍主義的正義理念の意義を軽視し，特異な直感的公正観念に無批判に導かれて正義原理とその正当化装置を構築したため，本来の狙いとは逆に，社会構成員の善き生の構想の多様性と社会経済的地位の多様性に対する充全な配慮の公正を欠くという誤謬を犯した．「正義としての公正」は我々の直感的判断に潜む偏見に対して普遍主義的正義理念がもつ自己批判的統制力を生かし，多様な他者の立場と自己の立場の反転可能性の吟味を貫徹することにより，この過誤を避ける．

　あるべき公正な市場的競争秩序について，この「正義としての公正」は市場を単なる弱肉強食の論理とみなす平等優位論の一面的なステロタイプを斥け，

敗者と勝者，弱者と強者の地位が，さらには勝敗や優劣の意味までもが絶えず転変するようなダイナミックな通時的平等を促進する場として市場的競争を再定義する．他方また，それは形式的な機会の平等をもって競争の公正性の十分条件とする一部の教条的な自由優位論者の欺瞞と不整合性も暴き，競争資源分配の公正化を競争過程の公正性の前提条件とする．さらに，「正義としての公正」はフリー・ライダーが勝者となる不公正に対する自由優位論の鈍感さと，競争制限により保身を図る自称「弱者」の集団的エゴイズムの不公正に対する平等優位論の鈍感さをともに批判する．それはまた自由優位論が容認しやすい成功者の既得権と，平等優位論が黙認しやすい「横暴な弱者」の既得権をともに斥け，挑戦者の権利の万人への公正な確保を図る．

　このような「正義としての公正」の主導動機は，自他の立場や視点の反転可能性を絶えず吟味することによって他者への公正さを保持しようとする姿勢であるが，これは市場的競争というゲームにおいてだけでなく，このゲームのルールを再定義する交渉過程においても，対抗する主体がフェア・プレイを遂行し続けるための不可欠の条件である．

　本章では「公正競争とは何か」という問題を公正概念の側から考察した．しかし，この問題は競争概念の側からも考察されなければならない．競争についての理解の貧困が公正競争の理解の貧困をもたらしている面もあるからである．別稿で，私は所与の単一の目標や範型の達成度を競う「達成型競争 (emulation)」と，多様な目標・範型をともに模索しあう「探求型競争 (competition)」という二つの競争モデルを区別し，異質な人々の自由対等な共生を求めるリベラルな多元的社会に適合的なのは後者であることを論じた[21]．普遍主義的正義理念は多様な善き生の諸構想を探求する機会の公正な確保を図る「正義の基底性」をコロラリーとして含むが，探求型競争はこの正義の基底性と共振する．本章で「正義としての公正」の観点から提示した公正競争の規範的枠組を，市場的競争が達成型競争に一元的に収斂せず，探求型競争を開花させ続けるための条件として性格づけ，敷衍することも可能であり，必要である．しかし，この点についてもっと多くを語るのは，別の機会に譲らなければならない[22]．

---

21) 参照，井上達夫・名和田是彦・桂木孝夫『共生への冒険』毎日新聞社，1992 年，8-35，94-100 頁．

22) 一点だけ、ここで触れておこう。完全情報や商品の均質性を前提した完全競争モデルを斥け、新しい知識を産出し、絶えざる差異化を促すプロセスとして競争を捉え評価するハイエクの競争観は、「探求型競争」の理念と通じるものを含む。ただ、現実の市場には、多様な創造的試行を促進する傾向と模倣追従（emulation の随伴的意味）に競争優位を与える傾向、すなわち探求型競争の契機と達成型競争の契機とが併存・相剋しており、後者が肥大化して前者を衰弱させない保証はないが、達成型競争の侵潤圧力から探求型競争の生息地をいかに保護するかという問題意識はハイエクには希薄である。競争の不完全性より欠如こそ問題にすべきだとする彼の現実主義は完全競争モデルの虚妄性を突く限りで正しいが、現実の競争過程の「質」に対する批判的評価の視点も消去してしまう点では、たらいの水と一緒に赤子を流すものと言えるかもしれない。参照、F・ハイエク『市場・知識・自由——自由主義の経済思想』（田中真晴・田中秀夫編訳）ミネルヴァ書房、1986年、第三章（この文献に示されたようなハイエクの競争観と私見との比較の必要性については、鳥澤円氏から示唆を受けた）。

第10章　法は人間を幸福にできるか？

1　法は幸福の侍女か

1)　幸福の法哲学

　幸福論は古来より文学者・哲学者・宗教家の格好のテーマである．書店でもアラン，ヒルティ，ラッセルらの古典的な『幸福論』から，これらを「くそくらえ」と罵倒する寺山修司の現代的な『幸福論』まで，文庫本になって書棚に並んでいる．しかし，このテーマはなぜか法学者にとっては扱いにくい問題である．読者や聴衆の方でも，法学者の幸福論を読んでみたい，聞いてみたいという人は変人の部類に属するのではないか．寺山修司が生きていたら，法学者の幸福論と聞いただけでこれを笑殺するだろう．法学と哲学の二足のわらじをはく「法哲学」という学問を専攻している私も，法学部で教育を受けた人間として，幸福論というテーマにはためらいを感じてしまう．では，なぜ法学と幸福論は相性が良くないのか．それは法と幸福との相性の悪さによるのだろうか．そもそも法は人間を幸福にできるのだろうか？　この問題を哲学的に考察するのが，どうやら法哲学者としての私には似つかわしい役回りのようである．

　さて，「法は人間を幸福にできるか？」という論題の最後の疑問符は，法哲学研究者ではない普通の人も付けてみたくなるだろう．「法」という言葉に何か冷たい，人の和を引き裂くような異物を連想する人々，法に訴えたりすると幸福な人間関係が破壊されてしまう，あるいは破壊されたところに法がやってくるという印象をもつ人々は，日本だけでなく欧米においても少なくない．そ

の際, この疑問符は二つの異なった次元の懐疑ないし問題意識を孕んでいる. 一つは,「本来, 法は人間を幸福にすべきである」ことを前提した上で, いまあるような法では人間を幸福にできないのではないかと問う懐疑である. 人間を幸福にできない法への批判といってもよい. もう一つの問題意識はこの批判の前提自体を疑い,「はたして法は人間を幸福にすべきものなのか」を問う. 法によって人間を幸福にしようとすることへの懐疑ともいえる. 前者の批判が多くの人々の関心をなすと思われるが, 私の関心は後者の問いにある.

　なぜ, こういう妙な問いを立てるのか. 一般に「哲学」と名のつく学問には根本的な前提にさかのぼって, それを問いなおす性癖がある. とりわけデカルトのような有名な哲学者は「懐疑」ということを哲学の基本的な方法と考え, 疑って, 疑って, 徹底的に疑って, もはやこれだけは疑えないとして最後に残ったものが本当の知識であると考えた. しかし, 私自身はこういう立場には与していない. 法の世界は, もはや疑えないものだけを前提にするというのではやっていけない領域である. およそ人間に関わる事柄は, 数学や論理学とは違って, 曖昧さ・不確実性は避けられない. にも拘わらず, なぜ法と幸福の関係に対して哲学者特有の職業病的な懐疑を提示するのかというと, 人々の幸福への情熱が法に対する無い物ねだりや場違いな批判に転化したり, また幸福の手段としての法の誤用・濫用がかえって人々の幸福の破壊をもたらす危険があるからである. このような危険を自覚し, 法と幸福との適切な関係を理解するためには,「法は人間を幸福にできるか？」という問いを,「法はそもそも幸福の実現を自己の目的とすべきなのか」, あるいは「人間の幸福は法によって実現さるべきものなのか」という問題意識にまで掘り下げて考察しなければならない.

2)　法至上主義への反発

　法と幸福との関係はくせものというか, なかなか両義的で屈折している. 一方で,「法は何のためにあるか」と問うと, 人間を幸福にするためにある, 決まっているではないか, というのが自然な応答だろう. 法と, 法以外のものとの違いもここにあるように思われる. 例えば, 知のための知, あるいは真理のための真理という真理至上主義や, 芸術のための芸術という芸術至上主義を

我々は一応理解できる．

　真理を知ることによって人間は不幸になることもあるかもしれないが，自分の知りたいことだけを知ろうとするのは幼児的な願望志向に陥るから，つらい真理も受けとめなければいけない．そういう意味では，真理は幸福の手段ではない．また人の感性を喜ばせるためだけの芸術は低級である．むしろ優れた芸術は人間の感性を洗練し高めるものである．さらにトライチュケという歴史学者は，「フィディアスの一彫像は何百万もの古代の奴隷のあらゆる困窮を償うに足りる」と言ったそうである．生産力の低い（と想定された）古代ギリシャにおいては奴隷制によって余暇を享受し，精神活動に専心する階級が生まれ，ギリシャ哲学のような学問，さらに，パルテノン神殿の建造を指揮したフィディアスの諸作品に具現されるような芸術文化が花開く余裕ができた．古代の芸術文化を象徴する一片の作品を残すために無数の奴隷が苦しまなければならなかったとしても，それは歴史的には必要な犠牲であったという趣旨である．これは一種のレトリックだが，こういう「苛酷」なレトリックでさえ，たわごととして無視されないのは，「芸術のための芸術」という観念がもつ重みのゆえである．

　ところが，「法のための法」という法至上主義の観念が同様な理解可能性や魅力をもつかというと，決してそうではない．このことを象徴的に示すのが「正義はなされよ，たとえ世界が滅びんとも（fiat iustitia, pereat mundus）」という格言である．これは哲学者イマニュエル・カントが『永遠平和のために』のなかで引いている言葉であるが，専門用語でいえば義務論倫理学の立場を表わすレトリックである．この場合の「正義（iustitia）」という言葉と「法（ius）」という言葉は同根であるが，意味の上でもつながっているので，「法はなされよ，たとえ世界は滅びんとも」という姉妹編の格言も考えられる．こういう格言に対して多くの人びとは「言語道断」と反発するだろう．

　ただ，カントの弁護のために若干付言すれば，カント自身はこの格言をもう少し穏健に解釈している．「世界は滅びんとも」というのは「たとえこの世の悪しき徒輩がすべて滅びんとも」という意味で，文字どおり人類が滅亡しても正義さえ実現すればいい，という意味ではない．さらにもう一つ，『永遠平和のために』という著作のなかで引かれていることから推察されるように，彼は

この格言を国家と国家の関係を律する規範に結びつけている．国家は自国民の生命・財産・自由等の防衛を口実にしてしばしば他国を侵略したり，自国の繁栄・幸福のために国際法や国際正義を蹂躙する．カントはこういう攻撃的な国家の自己保存主張を批判する文脈でこのレトリックを援用している．たしかに「国家存亡の危機の前に法や正義など何の意味もない」という危険な国家理性のレトリックに対抗する上で，この格言は重要な意味をもつ．私どもの国家もかつて「満蒙は日本の生命線なり」などといってアジアを侵略した歴史があるわけで，これは決して他人事ではない．

しかし，そのような留保を付した上でも，「法（正義）はなされよ．たとえ世界は滅びんとも」という格言の基礎にある厳格な義務論的思想はなかなか受け入れられ難いだろう．義務論（deontology）とは目的論（teleology）や帰結主義（consequentialism）に対立する立場である．それによれば，義務が履行されなければならないのは，「そうすれば幸福な結果が得られるから」ではなく，「まさにそれが義務だから」である．このような思想に対しては，「法は法のためにあるわけではなく，正義は正義のためにあるわけではない，法も正義も人々が幸福な社会生活を営むための手段にすぎない」というのが，多くの人々にとって，「健全な常識の声」であろう．しばしば専門の法律家あるいは法律を運用する公務員がこういう良識を忘れ，法律の実現を自己目的的に追求し，人々の不便不都合を無視して法律を杓子定規的に適用する．そういう態度がリーガリズムなどと呼ばれて批判されている．

そういう意味で「法は人間の幸福のためにある」ということは，もっともな道理のように思われる．しかし，自明な道理ほど隠された落とし穴も多い．法が幸福のためにあるとしても，誰の幸福のためなのか．各人の幸福か，全員の幸福か．全員とはどの集団の全員か．私の幸福とあなたの幸福，個人の幸福と全体の幸福，ある集団の幸福と他の集団の幸福がそれぞれ相剋する場合，法はどうすべきなのか．法が一部の人々の幸福を犠牲にして他の人々を幸福にすることはそもそも，どこまで，いかなる条件の下で許されるのか．個人が自らに不幸な結果を招く行為をあえて選択することを法は抑止できるのか．そもそも個人にとって何が幸福かを社会や立法者が決められるのか．法は法のためにあるのではないということから，法は幸福のためにあると結論するのは飛躍では

ないか. 幸福以外にも法が奉仕すべき価値はないのか. このように, 幸福主義的法観念には直ちに様々な問題が提起される. かかる問題を十分に考慮しないで法を幸福実現の手段に還元してしまうと, 我々は思わぬ罠にはまる. 以下では五つのこのような罠を検討してみたい.

2　利己主義の罠

1)　法のゲーム化

「法は人間を幸福にするためにある」という観念は, 一歩間違うと「法は私を幸福にするためにある」あるいは「私が愛する者たちを幸福にするためにある」という観念にすり変わってしまう. 人間の幸福を語りながら, 実際には自分や自分の愛する者, 自分の仲間うちの幸福を最優先させてしまうのは, 残念ながら人間の悲しい性の一部である. 身内の幸不幸はよく見えるが, 赤の他人の幸不幸はあまり見えない. したがって法は幸福の手段であるという考え方を貫徹すると, 法を自分ないし自分の仲間うちの幸福を最大化する戦略的手段として濫用する傾向が生まれる. 世間にはそういう例が山とある. 脱税指南役をもって任ずる悪徳税理士がいるし, 法の抜け穴探しをやってくれるのが弁護士ではないかというイメージを抱く人も少なくない. 義務は嫌だけれども, 権利は濫用して恥じないという傾向もここから出てくる.

以前, 米国で有名な黒人のプロ・フットボール選手O・J・シンプソンが, 別れた白人の妻とその愛人を殺した嫌疑で訴追された事件がジャーナリズムをにぎわせた. 警察との間で派手なカー・チェイスを繰り広げ, それがテレビでも放映された. 血液のDNA鑑定など被告人の嫌疑を濃厚にする証拠があったが, 彼はドリーム・チームと呼ばれる腕利きの弁護団を法外な額の報酬で雇い, 人種的偏見を訴えて黒人が多い陪審団の共感を引き出したり, 厳格な証拠法を利用したりして, めでたく無罪を勝ち取った. これについてはさすがに米国でも様々な批判が起こっている. とくに, 有能な弁護士を雇える金持ちは罪を免れるというシニシズムの蔓延が憂慮されている. 妻と一緒に殺された愛人の親が損害賠償を求めて提起した民事事件の一審では, 逆にシンプソン側が敗訴し

ている．国家が刑罰権力を発動すべく個人を訴追するため無罪の推定が厳格に働く刑事訴訟と，私人間の紛争に関わる民事訴訟とでは，たしかに事情は違うが，それでもこの食い違いは法に対するシニシズムを一層深めるだろう．

　もちろん真実は神のみぞ知るだが，重要なのは，この場合「法」が一種のゲーム感覚で利用されている，あるいは人々の目にはそう映るということである．このことはもう少し法理論的に言うと，リアリズム法学といわれる学派の立場と関係してくる．そのパイオニアの一人，米国の連邦最高裁判所裁判官だったオリヴァー・ウェンデル・ホームズは，「法予言説」というものを唱えた．法は公式には「何々すべし（ought, should）」という規範として設定されているが，紙の上に書かれた規範は法の実態ではない．実在する法は「すべし」という規範ではなく，かく行動すれば国家機関（とくに裁判所）はかく反応してくる「だろう（would）」という予言として記述されなければならない．したがって法の実態を知りたければ「悪人の観点から」法を見るのが必要である．悪人は法を自己の行動規範として受容してはいない．ただ，法に従った場合と法に違反した場合との利害得失の期待値を比較し，有利な方を選ぶだけである．実際，そういう行動はよく見受けられる．大衆週刊誌等が著名人のプライヴァシーを暴いて名誉を棄損する．その結果，損害賠償訴訟を起こされる．しかし，負けて損害賠償を払ったとしても，売上利益の方が大きいと少しも困らないから堂々とやってしまう．もちろん，法予言説，その発展形態としてのリアリズム法学は別にそういう悪人の観点をとることを道徳的によしとして勧めているわけではなくて，自分があたかも悪人であるかのような立場から法を見れば，その実態がよくわかる，紙の上に書かれた規範としてではなくて，現実に働いている法が見えてくる，と主張したわけである．

　それに対して強力な批判を展開したのが H・L・A・ハートという英国の代表的な法哲学者である．彼は，法を理解するには悪人の観点だけではなくて，「内的観点」からも法を見る必要があると主張した．内的観点に立つ人たちは自分の利害得失を計算するための環境的な条件の一つとして法を見るのではなく，むしろ自他の行動を批判・正当化するための共通の規範的根拠として法を受容している．例えば，あるケースにおいていかなる判決を下すべきか答えなければならない立場に置かれた裁判官は，この内的観点をとらざるをえない．

裁判官がどのような反応をすべきかではなく，するだろうかに着目する法予言説の立場は裁判官自身には何の指針も提供できないからである．そういう意味で法とは何かということを考えるうえでも，人々の損益計算，幸福計算のなかの一こまとして法を位置づけるという考え方は，やはり問題がある．さらに，この見方は法の実態認識の方法として提示されたとしても，実際そういう見方に従った行動を人々に奨励してしまうことになるのではないか，自己実現性をもつのではないかという問題もある．いずれにせよ「法は人間を幸福にするためにある」という観念は，一歩間違うとかかる実践を促進する危険がある．

2) 集団的エゴイズム

この文脈でもう一つ注意すべき問題は集団的エゴイズムの罠である．私たちは自分一人の利益を主張するときは，わがままと思われたくないという自制が働くが，自分が属している集団の利益になると，これは「みんなの利益」である，そのために貢献することはわがままではない，むしろ道義的責任であると信じる傾向があり，その利益を侵害するやつはけしからんと道徳的な義憤さえ感じてしまう．ところが，その帰属集団の利害というのは広い社会の中からみればごく小さな部分集団の特殊利害で，反公共的な特殊権益への固執であることが多い．しかし，その集団の個々のメンバーにとっては，それは私益を超えた公共性をもつように見える．私はそれを擬似公共性と呼んでいる．集団的エゴイズムは利己性の自覚がないだけに個人的エゴイズムよりも御し難い力を振るう．現代日本社会にもその支配力は浸透している．

これは経済史家の岡田与好の著書『経済的自由主義』[1]で紹介された事例だが，ある地方に某有名牛乳メーカーの製品を扱う小売業者組合があった．その組合のメンバーである一業者が新しい販売方法を開発した．団地の自治会などと交渉して，共同購入方式を採用してもらう代わりに牛乳を値引きして売ることにしたのである．このやり方はうけて，多くの住民から引き合いがきた．ところが，ほかの組合業者が「他店のなわ張りを荒らさないのが商道徳なのに，これを破った」とすごく怒ってこの業者を村八分にし，さらにメーカー支社に

---

[1] 参照，岡田与好『経済的自由主義』東京大学出版会，1987年および本書第9章第3節(2).

対して集団的代金納入拒否の威嚇の下に当該業者への出荷停止を要求したため，結局その業者はこの販売方法をやめる念書を書かされることになった．その念書では「これからは消費者の立場に立たず，販売店の利益のみを追求し，最高の値段で売る時代と理解し，あらゆる値上げの相談に協力することを誓います」というような誓約と謝罪をしているが，そこには辛辣な皮肉が込められている．この事件は団地住民らの訴えで公正取引委員会の摘発を受けたが，明るみに出ない同種の事件が多いという．

これに象徴されるように，「みんなの利益」ということになると，それがいかに身勝手な特殊利害だとしても擬似公共性をもってしまう．特殊集団の反公共的な既得権が強固に主張されるという事態は，現在の日本社会だけの問題ではなく，先進産業社会に広く見られる利益集団民主主義の問題と通底しているが，日本の場合，「身内」は大事にするが，集団外の人間，「部外者」に対しては全く冷たい態度をとるという「内と外との二重規範」の傾向とも相俟って，問題が深刻化しているようである．戦後日本の法制度・行政もそういう特殊利益をむしろ擁護する傾向がこれまで強かった．日本型システムの制度疲労が顕著になるにつれ，この点についても見直しがなされつつあるが抵抗は根強い．

法の理念としての「正義」はこのような集団的エゴイズムを統御する．正義概念については様々な定式があるが，私は最も根本的な定式化は「等しきは等しく」であると思っている．普遍主義的な公平性の要請といってもよい．同じような一般的条件を満たす他者に対しては，その人が何者かにかかわりなく自分が要求している権利や利益と同じものを認める用意があってはじめて，自分はその権利や利益を主張できる．そういう意味で正義は人々の利益主張に対し普遍化可能性の制約，外部の他者への開放性と透明性の制約を課すわけであるが，これは既得権に固執する特殊集団には受け入れ難い要求である．集団の既得権や特殊権益の本質は「我々の仲間」という普遍化不能で閉鎖的かつ不透明な資格を利益享受の条件とする点にあるからである．法が人々に「我々」の幸福だけでなく，あかの他人である「彼ら」の幸福も等しく尊重せよという正義の要請を課すのは特殊集団を超えた社会一般の公共性を考えるからであるが，擬似公共化した集団内部倫理にどっぷりとつかった人々には，これは「我々」の共存共栄を脅かす暴虐非情な要求に映る．法を人間的幸福の手段とする見方

は，このような「我々の幸福」を排他的に追求する集団的エゴイズムを野放しにし，それに対する法的正義の制約の存在理由を無視ないし軽視させる危険がある．

3　功利主義の罠

1)　功利主義の功罪

　功利主義という言葉は通俗的には利己主義と同じような意味で使われている．あの人は功利的だというのは，自分の利益のことばかり考えている，打算的である，という意味で言われるのが通常であろう．しかし，哲学的には功利主義は利己主義の対極にある．それは自分だけではなくて，すべての他者の幸福を等しく算入する．そしてその総計の最大化を様々な行動や決定，そして制度の評価の根本的基準にする．こういうものを伝統的に「最大幸福の原理」と呼んでいるが，これは「法は人間を幸福にするためにある」という観念を最も自覚的に展開させた思想だろうと思う．しかも先ほどの利己主義と違って，普遍的な公共性を潔癖なまでに尊重している．それなら大いにけっこうではないかと思われるが，この立場にもいろいろな落とし穴がある．

　経済学の分野でよく指摘されてきた問題は，いささか技術的な表現になるが，異個人間比較の不可能性ということである．つまり，人々の幸福を集計して最大化することが可能なためには，異なった個人の間の幸福の量を比較することができなければならない．例えば，ある法律を定めると社会の一部の人の幸福は減少するけれども，他の人々の幸福は増加するといった場合，功利主義の観点からその法律の是非を判断するには，結局その一部の人の幸福の減少分を他の人々の幸福の増加分が補って余りあるものかどうか，という計算が必要になる．そのためには人々の幸福の度合いが同じ尺度で計測できなければならない．しかし実際そんなことが可能なのか．同じ個人についてさえ，異なった欲求が葛藤するとき，どの欲求のほうがより重要なのか，自分でも決めかねることがある．ましてや，異なった個人の間の幸福を比べて，Aはこれだけ不幸になったけれども，Bはそれ以上に幸福になったからいい，というようなことが

たして言えるのかどうか．これは哲学的には「他者の心（other minds）」の認識可能性という根本的な問題にもつながってくる．

　ただ，私自身はこれはそれほど深刻な問題だとは思っていない．異個人間比較の問題は認識論の場面ではどうであれ，少なくとも倫理的には解決しうる．つまり，功利主義の魅力はお金持ちの幸福も，貧しい人の幸福も，肌の色の違う人々の幸福も，男の幸福も女の幸福もすべての人の幸福を，誰の幸福であれ無差別平等に，幸福の強度のみに注目して社会的幸福計算のなかに算入するところにある．功利主義の根底にあるこの「配慮の平等主義」は，異個人間比較問題を倫理的に解決するために適用することができる．専門的な言葉でいうと，各人の序数効用（選好順序）をラムゼイ方式で基数化した効用関数の最小値と最大値が，それぞれ異個人間で同一であると約定してしまえばいい．これと方法は異なるが，わかりやすくするために，幸福チケット制というのを考えてみよう．政府がすべての人に幸福チケットを同じ点数，一万点なら一万点分配する．各人はそれぞれ政府に実現してもらいたい様々な欲求をもっている．それぞれの欲求に対してどれだけの重みを与えたいかは自分で決めていい．一万点の範囲で，この欲求は何点，あの欲求は何点，無視されてもいい欲求は零点と，自分で割り当てて政府に申告する．政府のほうは割り当てられた点数に応じて幸福の集計値を算出する．そうすれば人々の幸福は平等に配慮され，異個人間比較の問題も難しい他者認識問題に立ち入ることなく解決できる．

　では，功利主義のもっと深刻な問題はどこにあるのか．いろいろな問題があるが，ここでは一点だけ触れたい．功利主義は幸福の集計値・総体の最大化にのみ関心がある．その結果として，人々の間の分配がどうなっているか，その分配が公正かどうか，といった問題に関心がない．時には全体利益の最大化のために，個人の基本的な権利の侵害まで簡単に許してしまう．象徴的な例をポーランドの有名な歴史小説作家，シェンキェーヴィチの『クオ・ワディス』という作品から借りてみよう．これは皇帝ネロが支配する古代ローマでの若き将校と人質になった異族の王女との恋愛を軸に，ローマ精神とキリスト教精神との葛藤が繰り広げられる壮大な物語である．そこではキリスト教徒に対するネロの迫害の場面が一つのクライマックスになっている．コロシアムでキリスト教徒がライオンに生きながら食われる．それをローマの民衆が見て喜ぶ．一人

のキリスト教徒にとっては猛獣に食われる苦しみはすさまじいかもしれないが，それを見て喜ぶ何万何十万もの観衆の満足感は，一人についてみればキリスト教徒の苦しみより「絶対値」が小さいとしても，すべて集計すれば，キリスト教徒の苦痛を補ってはるかに余りある．迫害されるキリスト教徒の数に比し喜ぶ民衆の数が十分大きければ社会的な幸福の総量は増大するから，功利主義はこの迫害を是認することになってしまう．実際，現代の民主制の下でも，人種的・民族的・宗教的少数者に対する多数者の偏見が根強い社会では，種々の差別立法や迫害が見られるが，功利主義はこれを正当化してしまうとして批判されている．

2) 公共の福祉と人権

こういう問題は日本法の領域でもいろいろな形で現われている．代表的な例をあげると，一つは憲法の人権と公共の福祉の関係である．明治憲法においても「臣民の権利」は一応規定されていたが，天皇の「非常大権」や「法律の留保」の制約に服していた．これだと人民の権利は国家権力によって簡単に奪われる．戦後の日本国憲法は天皇大権や法律の留保を廃棄して，憲法に定める基本的人権を侵害する法律は無効であることを裁判所が宣告できるという違憲立法審査制を採用した．しかし法律の留保にかわって登場した人権の一般的制約条件がある．それが公共の福祉である．現行憲法は公共の福祉を12条，13条で人権一般の制約とし，22条，29条で居住・移転・職業選択の自由と財産権という個別的人権への制約にしている．

違憲審査に対する消極主義は日本の裁判所をいまなお根強く支配しているが，とくに戦後当初は，この「公共の福祉」を漠然ともち出して人権救済要求を斥ける傾向が強かった．憲法学者の間には，せっかく明治憲法の「法律の留保」を戦後憲法で否定したにも拘わらず，これでは名前だけ変えて同じ制約を再現することになり，人権尊重の観点からは問題だという批判が高まった．このような問題意識から，憲法学者宮沢俊義は「内在的制約説」を展開した．それによると人権は人権のためにのみ制約されうる．「公共の福祉」は人権以外の政策目的による人権の制約，すなわち外在的制約ではなく，人権相互の衝突を調整する人権の内在的制約原理である．この考え方は戦後憲法理論のその後の発

展の礎石になった．社会的幸福の最大化を図る功利主義もまた人権に対する外在的制約としての公共の福祉の概念に傾斜しているので，内在的制約説は功利主義に対しても潜在的な批判力をもつ．ただ残念ながら，宮沢の場合には戦前型の国権主義的な公共の福祉概念から人権を守ることに主眼があり，功利主義と人権との緊張関係を深く自覚するところまでは至っていない．功利主義は全体利益を個人利益の総和に還元する点では個人主義的性格をもつために，「個の尊厳」を重視する戦後憲法の人権思想と予定調和の関係にあると見ていた節がある．

　現代のリベラルな法哲学においては，民主主義が陥りやすい多数の専制に対して，個人や少数者の人権を保障するという観点から，多数の専制を正当化する最大幸福原理に立った功利主義と人権との緊張が自覚され，反功利主義的な権利概念が提唱されている．それによると権利というのは結局「切札」である．つまり，社会生活を営む上で個人は全体の福利のために様々な犠牲を受忍する必要があるが，全体福利を増進するためにはどんな犠牲でも個人に課していいというわけではない．全体福利の名による個人の犠牲にはやはり一定の歯止めが必要である．例えば高齢化社会の問題に対処するために，不摂生と認定された高齢者の治療を禁止したり，不法就労外国人を徴用して老人介護のための奴隷にするような立法は，仮に国民の総体的福利がそれによって増進するとしても，また国民の多数がそれを望んだとしても許されない．限度を超えた犠牲要求に対しては個人は拒否権をもつ．それが権利であり，人権である．そういう意味で，「人権」は人々の幸福の総和の最大化のための手段ではなく，その制約条件である．功利主義的法観念は人権のこのような存在理由に我々の目を閉ざさせる．

　関連する問題をもう一つあげておこう．大阪空港訴訟などにも見られたように，公益事業によって環境破壊・生活侵害を被っている地域の住民が訴訟を起こし，環境権などいわゆる「新しい権利」を主張するようになってきた．そこでは過去の損害の賠償だけではなく持続的に発生する将来の損害の先取り的な賠償，さらに夜間飛行禁止のような差止請求など，従来の範疇を超えた救済要求が出されてきているが，最高裁はかかる新たな要求を斥けた．その論拠として，当の事業の公共性が強調され，住民の受忍義務が説かれるが，ここにも全

体利益の最大化を優先する功利主義的発想の問題点が現われている．

　というのは，本当に当該事業が「公共性」をもつなら，すなわち，社会一般がそれで大きな利益を受けているならば，被害住民に対する補償は将来の損害賠償，防音防振のための改築，転居補助なども含めて十分にできるし，すべきである．その費用が最終的には一般の乗客に航空券代金などの形で転化されたとしても，一般利用者は空港周辺住民の犠牲によって交通の便を享受しているのだから，受益者がコストも負担するという意味で，これは公平である．事業の社会的利益の大きさを理由に被害者に大きな犠牲を受忍させ，その社会的費用の負担の公平を無視するのは，総体的利益にのみ関心をもち分配の公正に固有の価値を認めない功利主義の欠陥と通底している．もちろん，事業の社会的費用を事業主体や受益者に負担させること，すなわち彼らの損益計算に「内部化」することが総体的社会利益を最大化する効率的資源配分をもたらすことにもなる場合には，功利主義の観点からもこれは要請されるが，事業の限界利益が被害者の限界損失を下回ることがない場合には，公正の要請と功利主義的な効率の要請との間に必然的な結合は成立しない．

4　パターナリズムの罠

1）　幸福と自由

　古典的功利主義者ベンタムは，自由の尊重は幸福の最大化につながると考えた．理由はこうである．自分の幸福が何であるか，それを実現する手段が何であるかを最もよく知っているのは自分である．さらに，自分の幸福を実現する動機を最も強くもっているのも自分である．したがって自分の判断で自分の幸福を追求する自由を個人に認めれば，結果的に人々の幸福の総和も最大化されるはずである．

　しかし，この議論の前提が現代では疑われている．本当に個人は自分自身の幸福の最善の審判者であり，それに対して最大の関心をもつ者なのか．現実には人間は弱いものであって，アルコール依存症とか，麻薬やギャンブルへの耽溺が象徴的に示しているように，むしろ自分で自分を破滅させることがままあ

るではないか．このような人間観の下で，人々を幸福にすることが法の任務だという立場を貫くと，結局人々を幸福にするために人々を強制することが必要になる．通常の法的強制は個人が他人に迷惑をかけないようその行動を制約するが，ここで問題になっている強制は強制される本人自身の幸福を強制の目的ないし正当化根拠にする．これがパターナリズム（父権的干渉主義）と呼ばれるものである．父親が息子に対して，おまえは未熟者だ，そんなことをしたら身を滅ぼすという理由でいろいろ干渉してくる．保護するつもりでいろいろ干渉してくるが，息子はそれをうるさがり反発する．そういう状況を原風景にした言葉である．

　たしかに，自殺のような回復不能な選択や，麻薬使用のように本人が後悔しても自力更生の困難な選択など，衝動的行動の抑制や更生支援のためにパターナリズムが必要な場合はある．しかし現代では福祉国家的管理の浸透とともに，パターナリズムの過剰が問題になってきた．もともとパターナリズムという言葉の背景には，干渉される側は自立したがっているというイメージがあったが，現代ではさらに進んで社会のほうが政府の庇護的介入を求め，政府への依存・甘えを深めるという問題が出てくる．以前ある法律雑誌の座談会[2]で私はかかる傾向をマターナリズムと呼んだ．「母子カプセル」のような未熟な依存関係を原風景にした言葉である．マターナリズムとは例外から原則に転化したパターナリズムであり，「なぜ干渉するのか」よりも「なぜ放置するのか」が問われるほど社会的に受容されたパターナリズムである．最近反省の動きもあるが，戦後日本社会ではマターナリズムがこれまで強かったように思う．そこには次のような問題が潜んでいる．

　住環境，教育，治安等々何か住民が不安をもつ問題が生じるとまず行政に対処を要求する．何か事故が発生すると行政の責任を追及する．また紛争が生じると，対立当事者が面と向き合って対話を続け自主的解決を図るより，それぞれの側が行政を突き上げて自己の要求を通そうとする．住民運動にも見られるこの傾向は一面では人々の政治的主体性の発揮であるが，他面では行政の市民

---

[2] 1987年から1989年にかけて『法学教室』で連載された「現代法の根本問題——法哲学と実定法学の対話」というシリーズの最後の座談会（出席者は星野英一，樋口陽一，田中成明各教授と私）．これは後に一冊の書物になった．参照，星野英一・田中成明編『法哲学と実定法学の対話』有斐閣，1989年．マターナリズムについての議論は同書392-393頁参照．

生活への介入統制の強化をもたらしている．何かトラブルがあると行政が面倒を見なければならないとなると，転ばぬ先の杖で，あるいはもめごとの芽を事前に摘み取るために，公式非公式のもろもろの規制・指導が導入されてくる．その結果，個人の自由や責任感が腐食し，さらには市民の公共性創出能力，すなわち対立する人々が相互の対話を通じて公正なルールを自主的に形成する能力も成熟を阻まれる．

　同様な問題意識は欧米においても珍しくない．リベラリズムの自己改造として唱導された福祉国家の思想は，L・T・ホップハウスらに見られるように，本来，個人の自由の社会的実質化を志向していた．しかし，福祉国家の現実は思想とは逆に個人の自由よりも幸福を優先させるパターナリズムを跋扈させ，さらにパターナリズムの浸透は行政権力を肥大化させる一方，社会の行政依存体質を高め，テクノクラシーに対抗しうる市民的公共性を侵食したのではないか．このような憂慮が，市場中心的な反福祉国家論とは一線を画した民主主義の活生化を求める論者たちからも表明されている．法を幸福の手段とする見方はこのようなパターナリズムの罠にはまりやすい．そこから脱却するには，幸福に還元されない自由（自律と自治）という価値の再評価と，法の自由保障機能の重要性の再認識が必要である．

2) 医療における自己決定権

　パターナリズムは医療や医療行政との関係でも大きな問題になっている．一般に，医師は，何が患者のためになるかは専門家たる自分の方がよく知っているとし，また病める患者を保護さるべき弱者とみなしているから，患者は医師の言う通りにしていればよいと思い込みがちである．患者の方でも「先生にお任せします」という態度をとる人が依然少なくない．その意味でパターナリズムは従来の医師患者関係の構造的特性である．しかし他方，患者の自己決定権をもっと尊重するような，医師と患者との新たな協力関係の構築が必要ではないかという問題意識も浮上してきている．

　社会的に大きな注目を浴びた非加熱製剤による血友病患者のエイズ感染事件も，かかる問題意識を触発している．非加熱製剤と加熱製剤，クリオなど，それぞれにメリット，デメリットがあっただろう．それについての当時の医療行

政関係者の判断が正しかったのかどうかは専門的に検討さるべき問題であるが、それに解消されてはならないもっと重要な問題がある．すなわち，最終的に命を失うというリスクを負わされるのは患者自身なのだから，専門家にとっても判断が分かれる不確実なケースにおいては，率直に複数の処置方法のメリット・デメリット，あるいはリスク等々を説明したうえで患者自身に選択させることが必要だったのではないか，ということである．

　これほど大規模な事件ではないが，日本の医療体制に浸潤するパターナリズムの問題性を一層先鋭に示すものとして，1995年4月25日に最高裁判決が出た事件（『判例タイムズ』877号171頁以下）にここで照明を当ててみたい．これは下級審段階から注目され論評されていたものである．1983年に，ある中年の女性が名古屋の日本赤十字病院で診察を受けたところ，担当医は胆のう癌の疑いがあると判断したが，彼女には「胆石症の疑いがある」という理由で精密検査のための入院を勧めた．ところが，彼女は勤め先の社員旅行でシンガポールに行くとか，仕事が忙しいとか，家族の事情等々があるということで，医師が指定した日には入院できないという．そこで入院の期日を延ばしたが，その日になってもやはり来なかったので，医師もそのままにしておいたところ，結局彼女は胆のう癌が進行して亡くなった．そこで彼女の夫が医師は診療契約上，的確な情報を提供する義務を負うのに，それを怠ったことが妻の死をもたらしたとして，日本赤十字社を相手に損害賠償を請求した．

　胆のう癌の疑いがあると言われれば妻は何をさしおいても入院したはずである．担当医がそれを隠したから大丈夫だろうと思って入院しなかったわけで，本人の自業自得とするのはひどいではないか．せめて夫である自分に知らせてくれれば入院させたのに，それさえしなかったのは医師の責任ではないか．原告側は大体このような主張をしたが敗訴した．最高裁は，医師が胆のう癌の疑いで検査することを告知しなかったことは，当時の医療慣行からも不当とはいえないとし，さらに夫に知らせなかったことについても，家族関係はそれぞれの患者ごとに違うから，どの家族がどの程度協力してくれるかわからない，検査入院後どういう家族が来るかを見た上で適当な家族に告知するつもりだったという医師側の主張を受け入れた．

　これはいろいろ考えさせられる事件である．本人にショックを与えないため

に癌（の疑い）を告知しないというのは，本人を直接強制するものではないが，個人の自己決定に不可欠な情報を本人の幸福のために奪い，それによって本人の自己決定を阻害しているという意味で，これは一種のパターナリズムである．しかし，私はそこに「中途半端なパターナリズム」の無責任さともいうべきものを感じざるをえない．つまり，個人の幸福をその本人に代わって配慮する責任を本当に引き受けるパターナリズムならば，それなりに筋が通っている．ところが，本件のような場合，医師は本人のためだとして情報操作をしておきながら，その結果誤った情報に基づいて本人が致命的な選択をしてしまうのを放置し，その人を救済する責任をとろうとしない．進行性の胆のう癌の疑いという本人の命に関わる情報を医師が本人に隠蔽したのである．本人が来なかったら，少なくとも夫には知らせるべきだったろう．家族関係がわからないと知らせられないという口実は説得力に乏しいが，それなら予め家族関係の確認の労をとるべきだし，あるいは本人との連絡の労をもっととるなり，もっと「威嚇効果」の強い別の情報操作をするなり，何らかの措置をとるべきだったろう．実際のところ，既存の医療体制・人員体制では，一人一人の患者についてとてもそこまで面倒を見ていられないというのが本音かもしれない．しかし，そうだとすればなおさら，患者が自分で自分の身を守れるように真実を告知する義務が医師側にあるはずである．

　患者の自己決定を阻害しておきながら患者を救済する責任を十分にとろうとしない「中途半端なパターナリズム」の問題性は，上述のエイズ禍事件にも通じている．このことは逆に，パターナリズムがその実践者に重い責任を課すことを再認識させる．他者の幸福に責任をもつことは並大抵のことではなく，高度の能力と熱意，そして資源を必要とする．パターナリズムの実践者は自らがそのような能力・熱意・資源を本当に備えているのか，常に謙虚に反省すべきである．たしかに，我々は自己の幸福の最善の保護者であるとは限らないが，同様に，あるいは一層強い理由で，他者の幸福の最善の保護者であると自惚れることもできないのである．法によってパターナリズムを執行ないし許容する場合も，このような無責任な自惚れに対する警戒が必要である．操作干渉される人々の自己決定権だけでなく，操作干渉主体の幸福配慮能力の有限性が，安易なパターナリズムを戒める．

5　卓越主義の罠

　功利主義は一般に幸福を個人の選好の充足に還元するが，功利主義者を自任するジョン・ステュアート・ミルは，「太った豚より痩せたソクラテス」という言葉に象徴されるような幸福の質的差別を導入した．彼は二つの幸福をともに経験した者が選ぶ方が質的に優れた幸福であるとして，個人の選好と幸福との結合を何とか保持しようとしたが，この発想をさらにつき進めると，「卓越主義（perfectionism）」という立場に連なる．それによれば，幸福は個人の主観的欲求の実現ではない．むしろ倫理的に卓越した生き方の実現である．そして人々の人格を倫理的完成へと善導することが法と国家の任務である．

　卓越主義はパターナリズムと部分的に相似しており，道徳的堕落から本人を「救済する」ために個人の自己決定権を否認ないし制約する．道徳主義的パターナリズムと呼んでもいい．通常のパターナリズムが個人の生命・身体・財産の安全という，いわば外的幸福の保障を目的とするのに対して，卓越主義は個人の内的な幸福の問題にまで干渉する．ただ「救い難い堕落分子」や「呪われた連中」は救済よりも排除追放の対象にする点で，それはパターナリズムの枠を超える．卓越主義は人間の道徳的完成，道徳的堕落からの救済というような「崇高な動機」に基づいているために，非常に過熱しやすい．人々が卓越主義的情熱に駆られると，堕落しているとみなした異端の信仰や思想，芸術表現，ライフ・スタイル等の自由を規制し，かかる信条の持ち主を公職から追放したり，社会的に差別したり，さらには性生活を含むプライヴァシーまで官憲に監視させたりするような偏狭で狂信的な実践が生まれる．これは過去の神権政治の話などではなく，現代民主制の下でしばしば起こることである．民主的政治過程は，宗教的文化的少数者に対する多数者の不寛容や，因習に挑戦する前衛的個人の自由で革新的な思想・生き方に対する大衆の怨念（ルサンチマン）が噴出する場になりやすいからである．

　ただ生きるのではなく，善く生きたいと人が願うのは自然であり，それが人間の尊厳でもあろう．したがって卓越主義の罪は人々が崇高な生き方，高次の幸福を求めること自体にあるのではない．その罪は善き生の範型を公定し，そ

れと異なる幸福理想を追求する人々をこの範型に押し込め，あるいは排除するために，法的権力を利用するところにある．人間の尊厳に根差す高次の幸福願望にかかる罪を犯させるのは，法を幸福実現の手段と見る発想である．幸福は崇高であればあるほど個人の内奥にある理想・希望・愛・コミットメントなどと結合しており，「外面の法廷 (forum externum)」に関わる法によってその実現を強制しうるものではない．

　法がなしうるのは，多様な幸福理想を追求する人々にその自由を保障するとともに相互尊重の制約を課し，人々が幸福追求のために必要とする資源の公正な分配を図り，各自の幸福追求活動の負の外部性（騒音，景観破壊，汚染等）を抑制・是正・調整することである．このリベラルな法観念は法の謙抑性を要請しているが，それが引き受けている課題は決して控えめなものではなく，むしろ卓越主義よりもはるかに困難なものである．リベラルな法観念を発展させるためには，多様な幸福理想を尊重するだけでなく，多様性・自由・相互性・公正といった諸原理の衝突を調整する必要があり，実際的にも哲学的にも難しい問題を克服していかなければならない．特定の幸福理想の手段に法を還元する卓越主義は，複雑な「ゴルディアスの結び目」を一刀の下に断ち切ったアレクサンダー大王のように問題を単純化する．だからこそなおさら，それは誘惑的で危険な罠である．

6　共同体主義の罠

1)　幸福の共同性と個人権

　人間は一人ぼっちでは幸福になれない．人は家族や友人，近隣社会，職場仲間などのように，互いに思いやり助け合う共同体に帰属することではじめて幸福を味わえるものである．法は人が共同体のなかで幸福を実現することに奉仕しなければならない．このような考え方を共同体主義と呼んでおこう．共同体主義は日本社会やアジア一般の特質として挙げられることも多いが，欧米でも1980年代以降それと親和的な「共同体論 (communitarianism)」という思想運動が，リベラルな個人主義に対する反動として台頭してきた．たしかに共同体

的人間関係が我々の幸福に大きな役割を果たしているのは事実だろう．孤高の人生をおくる人も，その強靱な精神は幼児期に家族から受けた愛情・理解・教育に少なからず依存しているものである．婚姻法や家族法にも見られるように，共同体的関係形成の支援は法の役割の一つである．問題は，共同体の要求と個人の権利との折り合いをどうつけるかである．法が共同体の要求のみを重視し，個人の権利主張を無視するなら，個人の自由が損なわれるだけでなく，共同体的人間関係自体も歪められてしまう．

　共同体主義の一つの危険は既述の卓越主義の罠にはまることである．共同体の伝統的な価値を擁護する人々は異端の個人・少数者を迫害する手段として法を使う誘惑に駆られる．例えば伝統的な家族形態や性道徳を脅かすとして，同性愛者など異質な性道徳・家族観をもつ人々が差別排除されることが多い．米国の連邦最高裁は1986年にバワーズ対ハードウィック事件において「異常な性行為」を禁じる反ソドミー法を合憲とした．これは個人の自律やプライヴァシーを侵犯するだけでなく，同性愛者がパートナーや子供（養子）との親密な家族関係を発展させることを防げるものでもあり，リベラルな立場からだけでなく，上記の「共同体論」の陣営の中からも批判が出ている．

2) 日本的共同体の現実

　共同体主義の危険は，卓越主義のような法的強制の使用にだけでなく，自らの内部秩序に法が介入するのを拒否する共同体の自治要求にも潜んでいる．共同体的自治に法が不介入を貫くと，共同体内部の社会的専制に対し個人は救済の道を断たれてしまう．個人と国家との間に介在する様々な中間共同体が強い社会的政治的実力をもつ現代日本社会にも，この危険は遍在している．かかる中間共同体は自らの集団的利益を保護してくれる行政の介入は熱心に求める（既述のマターナリズム）が，その内部で侵害される個人の権利を救済するための司法的介入は強く拒否する傾向がある．日本の現行の法制・法運用も，このような共同体の横暴に比較的寛容である．

　たとえば「会社主義」は東京大学社会科学研究所編の講座『現代日本社会』（東京大学出版会，1991-1992年）の鍵概念にもなったほど，戦後日本の経済と社会を強く支配してきたが，そこにも上記の問題が象徴的に現われている．現代

日本の資本主義は，不況になると大量に首を切る「冷たいアングロサクソン流の資本主義」と異なり，長期雇用慣行，長期的選抜，会社支配からの個人株主の排除，労使協調，管理職と現場との間の階層差別の縮小と意志疎通の緊密化等々の特徴をもつとされる．この会社主義は共同体原理と資本主義的競争原理の総合で，古典的な階級的搾取・階級的疎外から労働者を解放したという「明るい」面がある．しかし他面では，労働者個人の人格に対する会社共同体の支配統合力を過剰なまでに強化し，これが新たな搾取や疎外を生んでいる．それを象徴するのが過労死や過労自殺である．

その背景には，法的基準を有名無実化させた長時間労働実態がある．実は現行法制がこの実態に手を貸している．労働基準法36条で組合と使用者が協定（いわゆる三六協定）を結べば基準を超えた長時間労働をさせてもいいことになっている．「雇用調整のバッファー」の枠を超え不況時にまで構造化された長時間残業実態を組合が三六協定によって認容するのは，日本の労組が「弱い」からというより，労働側が「わが社の繁栄」に自己を同一化するような会社の共同体的性格によるところが大きい．社名が自分のアイデンティティの一部にさえなるほど「丸抱え」で面倒を見てくれる会社のために，従業員は身をすり減らして働く．サービス残業，つきあい残業などを拒否する「利己的」な人間は，職場八分や組合ぐるみのいじめにあうおそれもある．その結果,「お父さんが会社にとられ」て家族と食卓を囲むこともなく，やがて燃え尽きて過労死，時には自殺までしてしまうという悲劇も生まれる．このような共同体的統合の圧力に抵抗して個人としての権利を主張する労働者に，日本の司法は救済の手を差し延べない．日立製作所武蔵工場で残業命令を拒否して首にされた労働者が解雇の不当性を主張して訴訟を提起したが，1991年11月28日に最高裁は当工場の三六協定が残業を無制約化するに等しい漠然たる包括的条項を含むことを認めながら，なおそれを合理的とし，訴えを斥けた（もっとも過労死の労災認定は改善されつつあり，過労自殺の賠償を認める判例も出てきている）．

このように現代日本の国家はマターナリズム的「庇護」によってだけでなく，内部的人権侵害の「放任」によっても，中間共同体を「甘やかし」てきた．先に集団的エゴイズムに関して，カルテルを拒否した業者に対する業界の村八分や威嚇の多くが摘発されずに横行している事実にふれたが，このこともここで

想起されよう．個人の権利主張を共同体の和と繁栄を乱すもの，「みんなの幸福」を邪魔するものとして敵視し，その法的救済の道を閉ざす，あるいは狭めることは，その個人の自由を侵害するだけではない．会社人間の家庭放棄や社会参加からの逃避，カルテル体質の業界による消費者利益の無視や住民との協力関係の妨害が象徴するように，特定集団の狭い共通利益に没入することを拒否する権利を個人から奪うなら，多様な共同体への責任を果たし，社会的公共性を配慮する個人の能力と機会も破壊されてしまうのである．

　日本の思想界では，1980年代に近代主義批判の言説が盛んになり，現代日本の共同体主義的傾向を，閉塞した欧米近代を乗り超えるものとして称揚したり，日本の文化や国民性に根差すものとして擁護し，その問題性を指摘する声を欧米追随型近代主義と決めつけて無視軽視する傾向が見られた．この種の言説の社会的背景には巨大な経済的成功を収めた日本型システムへの国民的自信があったが，その知的背景には皮肉にもポスト・モダンや共同体論のリベラリズム批判など，欧米の流行思想の影響があった．しかし，リベラルな個人主義が行き過ぎたという反省のもとに「共同体の復権」が強調される現代の米国のような社会の問題状況と，いまの日本社会の問題状況とは同じではない．欧米中心主義を本当に克服する道は，欧米の自己批判に便乗することではなく，自分たちの社会の現実の問題状況を直視し，それを生み出している我々自身の実践と思考習慣を批判的に再検討することである．「個人のわがままな権利主張よりみんなの和合と幸福」という麗しく響く共同体主義の罠を自覚することは，我々に必要な批判的自己吟味の主要課題の一つである．日本型システムの機能不全が顕在化し，経済大国の過信が崩れてきたいまこそ自省の好機である．

7　幸福追求権の現代的意義

1）　法の節度と幸福追求権

　幸福のための法という観念に潜むさまざまな罠を見てきた．これらを自覚した上で，「法は人間を幸福にできるか」と改めて問うならば，答えは次のようになるだろう．

法が人間を幸福にできるという保証はない．しかし，この限界は法の欠陥ではなく，むしろ法が守るべき節度である．この節度を要請するのは，正義や公正など，幸福最大化の手段には還元できない価値，我々の幸福追求の作法を規制する原理であり，自律・自治・自己決定権など，幸福追求の内面的誠実性と自己責任制を保障する原理である．法はかかる原理の制約を国家に対してだけでなく，非公式の権力をふるう中間共同体にも課す．

この解答は日本国憲法 13 条の解釈にもつながる．そこでは生命・自由と並んで「幸福追求に対する国民の権利」が「立法その他の国政の上で，最大の尊重を必要とする」基幹的権利として位置づけられている．重要なのは「幸福に対する権利」ではなくて，「幸福追求に対する権利」が保障されているという点である．憲法は「国民を幸福にしてやる」という護民官的専制を排して，幸福を自律的に探求する権利を万人に公正に保障することを立法・国政の優先的課題にしていると解すべきである．

自律的な幸福追求権といっても，明日の米にも事欠き，仕事もない人に，「あなたは幸福な生き方を追求する自由があるのだから自分の不幸を嘆いてはいけません」と言ってすます偽善を奨励するものではない．自由の実質化のための社会経済的条件を配慮するリベラルな福祉国家思想をそれは排除しない．ただ，福祉国家が集団的エゴイズムやマターナリズムをはびこらせるのを避けるために，また経済的規制に隠れた精神的政治的自由の抑圧を阻止するために，公正な市場的競争ルールの規律を貫徹させ，弱者保護は原則的に競争制限にではなく市場外の再分配措置に委ねるのが望ましい．

さらに，現代社会において幸福追求権を実質化するには社会経済的基盤の保障だけですむかという，難しい問題がある．日本もかつてそうだったが，発展途上段階では国家の主たる関心は国民生活の物的経済的向上に置かれる．しかし，いわゆる「豊かな社会」になると，経済的な豊かさ自体が精神の空虚化，人生の意味や目的の喪失を生むという問題が浮上する．生きる意味に飢えた人々がその反動として狂信的なカルト集団に傾倒し，精神性を喪失した社会への軽蔑を暴力的攻撃衝動に転化させる．オウム事件が象徴するように，日本においてもこういう問題がかなり深刻化している．

そうすると，幸福追求権を実質的に保障するには，これからは単に社会経済

的基盤だけではなくて，人々の精神的基盤をも国家は配慮しなければならないのだろうか．しかし，精神的基盤の保障となると非常に微妙な問題があり，一歩間違うと先述の卓越主義のように，邪教から青少年を保護するために国家が信教の自由に干渉するという怖い帰結を生む．それではどうするか．ここで，もう一度幸福の自律的探求という発想に立ち返る必要がある．人々が自分で挑戦し，失敗して，失敗から自分で学ぶとともに，他者からの批判や助言も受けとめつつ成長していく．そういうプロセスを実質的に保障することを国家は自己の任務とすべきである．では，そのために何が必要か．複雑な問題であるが，以下，二点だけ指摘して結びに代えたい．

2) 情報と競争の多様化に向けて

一つは多様な情報への開放性である．発信側の開放性，すなわち人々が欲しい情報にアクセスする権利の保障は従来強調されてきたが，それだけでなく受信側の開放性，すなわち自分にとって「不快な事実」も含めて多様な情報とその多様な解釈に自己を開放する責任感や度量を陶冶すること，またそのような開放性を制度的に担保することが今後重要な意味をもつ．オウム問題はこの点について教訓を与えている．外部情報を遮断すると，あるいは自分に都合のいい情報と解釈だけを受容し他は世間の陰謀として拒絶すると，人々は自分が属している集団の行動や自分が帰依している信条体系を批判的に見直すことができなくなる．自省は自閉ではなく，他者のまなざしで自らを客観的に突き放して見つめ直すことによってのみ可能である．

いま騒がれているインターネットは，従来のマスメディアが人々を情報の受け手という受動的な地位に置いたのと異なり，人々が自己の情報空間を主体的能動的に形成することを可能にする．そこには人々の情報空間を開放し多様化するという明るい側面があると同時に，仕切られたコミュニケーションや偏見の循環的自己増殖を促すという陥穽もある．以前，米国で過激民兵組織の爆弾テロが起こったが，この種の集団はインターネットで情報交換をしている「クモの巣」型組織で，一部を摘発してもすぐに復元するという．破産して土地を銀行に取り上げられた農民など「体制」に対して被害者意識をもつ白人層がその社会的基盤になっているといわれ，大企業・連邦政府・G7サミット・国連

等々が結託して自分たちを苦しめているという「ヘイト・メッセージ」を自分たちのネットワーク上で交換し，それと矛盾する外部情報は陰謀によって操作されたものとして受けつけない．その結果，ああいう狂信的なテロに走ってしまう．まさにオウム事件と同じような問題がある．人々がこのような仕切られたコミュニケーションの罠に陥らないよう受信者の情報空間の開放性・多様性をいかにして保障するかが，今後重要な立法課題になるだろう．

　もう一つ，最後に提案したいのは，日本を「やり直しのできる社会」にすることである．戦後形成された日本型システムはいまや制度疲労が語られるほどに老朽化しつつある．その分だけ焼け跡の時代にあった奔放な活力，「失敗して元々」という挑戦的精神や進取の気性，挫折回復力などが我々の社会から失われてきている．1954年生まれで高度成長期と学校生活が重なる私の世代も，高校生ぐらいになると「受験地獄」をぼやき「受験生ブルース」を歌った．しかし，子供の頃テストでいい成績をとっても親にほめられたという記憶がない．むしろ，「ひ弱な学校秀才など社会に出ると通用しない」と説教されるのがおちであった．こういう感覚は，私の親のような庶民の間では当時は珍しくなかった．松下幸之助出世物語はまだ精彩を失っておらず，「金の卵」と呼ばれた中学卒業後集団就職する若者たちは「社長」として独立する日を夢見，「若い根っこの会」の奉仕活動・文化活動に参加して相互啓発し，社会的注目も浴びた．

　ところがいまや，人生経路が制度化され，競争が一本化され，学校での成功が社会での成功の必要条件になったかのようである．受験戦争は幼児から始まり，偏差値・学歴と人生のチャンスとの強い正の相関を疑う者はあまりいない．企業や官庁への採用で学歴がものを言うだけでなく，昇進では学歴に加え，減点主義が幅を利かす．転職は一般に困難かつ不利である．やり直しがきかない．一旦失敗すると容易に浮かび上がれない．失敗のリスクがこのように大きい社会で，他人とは違う自分らしい生き方を模索し冒険する勇気をもつのは難しい．こういう「レールの敷かれた競争」が鬱積させるストレスや空虚感，そして挫折感・無力感が，人生の意味喪失や目的喪失ともつながっている．現在規制緩和や規制改革など日本型システムの改造が論じられているが，競争原理の活性化にあたっては，単なる優勝劣敗の論理ではなく，「やり直しのきく社会」の

創造という観点から，競争の舞台を多様化し，失敗のリスクを緩和することが必要ではないだろうか．

　法は正義への企てであって，幸福への企てではない．しかし，正義への企てであることによって法は人々の多様な幸福追求を可能にし，その公正な調整を図る．法がこの節度を守るのは幸福という人間的価値を無視するからではなく，逆に，すべての人々の幸福への切実にして真摯な希求を公正に尊重するためである．これが法と幸福との関係についての本章の考察の結論であり，本書全体の結語でもある．

あとがき

　本書は法概念論およびそれと連接した法価値論に関して，過去二十数年にわたって発表してきた私の論考を集成したものである．このように長い期間にまたがる諸論文をまとめたものであるため，本書の成立経緯について語ると，私のこれまでの研究者人生を少し回顧することにもなる．

　私の法哲学研究の出発点となったのは，長編の助手論文「規範と法命題――現代法哲学の基本問題への規範理論的接近」(『国家学会雑誌』98巻11・12号 (1985年) から100巻3・4号 (1987年) まで4回にわたって連載) である．これは価値相対主義に代わるメタ価値論と法実証主義を克服する法命題の理論を規範理論の革新によって提示しようとするもので，法概念論的問題にも深く関わっているが，本書には収録されていない．しかし，その議論の一部は第Ⅱ部に収録した二論文に反映されている．

　助手論文提出後，私の研究の主たる焦点は規範的正義論の領域に，特に普遍主義的正義理念を基底にしたリベラリズムの哲学的再編と，現代日本社会・現代世界の現実的問題状況に対してこの理論的視角がもつ実践的含意の探求に置かれてきた．正義論とリベラリズムの哲学的再編に関する研究は，創文社から出版した二つの著書，『共生の作法――会話としての正義』(1986年) と『他者への自由――公共性の哲学としてのリベラリズム』(1999年) にまとめ，その視角から現代日本と現代世界の問題状況に立ち向かう考察は，岩波書店から近年刊行された二つの著書，『現代の貧困』(2001年) と『普遍の再生』(2003年) にまとめた．法概念論的問題や実定法のあり方に直結する制度論的・価値論的問題の考察は，これらの研究からのフィードバックとして五月雨式に行われてきた．本書に収録した諸論考の初出が二十数年前から近年に至るまで長きにわたっているのはそのためである．

　収録した諸論文の間には時間的間隙がかなりあるが，一貫したモチーフが底

流にあると思っている．これは誇れることではなく，自分の頭が固くて知的飛躍力がないことを示すだけかもしれない．しかし，独立かつ散発的に書いてきた諸論文に一定の内的整合性があることを見出すのは興味深い自己発見であり，これらを改めて集成して世に問う意義があると信じる理由を与えてくれる．このライトモティーフは序で示したように，第1章で反省的・自覚的な定式化を試みた「正義への企てとしての法」の概念に求められると思う．正義論研究からのフィードバックで法概念論・法価値論研究をしたことがその一つの要因になっているが，さらに付言すれば，単なる命法から規範を区別する決定的指標を「理由による正当化可能性へのクレイム」に求め，そこから出発して「一応の当為（prima facie ought）」と「終局的当為（final ought）」の相違と連関を体系的に示す当為の意味論を発展させることによって法の規範性の特質を解明した助手論文の規範理論の視点も，このライトモティーフの源泉になっている．

　本書はまた，上記の四つの前著にまとめたリベラルな正義論の哲学的基礎と実践的含意に関する私の研究と併せて一つの有機的・整合的全体を形成するものであると信じている．本書の考察はこれらの研究からのフィードバックに基づくと同時に，これらの研究を発展補強するものである．特に，対立競合する正義の特殊構想に通底する普遍主義的正義理念のもつ規範的統制力と正統性付与力，そして正義の特殊構想に対する普遍主義的正義理念の基底的地位は本書の第1章，第2章，第9章においてより深く解明されているはずである．また，正義構想論に関しても第IV部の各章は重要な補足を行っている．第2章，第5章，第6章は『現代の貧困』で展開した批判的民主主義論などリベラル・デモクラシーの再編への私の試みを側面支援するものでもある．

　上記前著と本書の刊行によって法哲学者としての私のこれまでの仕事をまとめる作業は一応，一区切りがついた．もちろん，助手論文の改訂と単行書化，既に編著（井上達夫・河合幹雄編『体制改革としての司法改革——日本型意思決定システムの構造転換と司法の役割』信山社，2001年）を世に問い講演活動をさまざまな場で行う段階まで手がけてきた司法改革論を発展させて書物にする計画など，本書の主題と直結する課題で積み残している仕事や，自由論や批判的民主主義論を拡充発展した書物の刊行，その他諸々の未済の出版債務がある．しかし，正義理念を基底にしてリベラリズムを哲学的に再編し，その観点から法と政治

をめぐる理論的・現実的問題に統合的な解明を与えようとする私の企ての全体的な輪郭を示すための素材はそろったと思う．法に求めた絶えざる批判的自己修正を自分自身に貫徹するために，読者に忌憚無き批判と啓発を乞いたい．

旧稿再録にあたってはどの論文についても加筆修正を加えた．特に，第2章第4節の法の支配の「強い構造的解釈」を提示する項については，初出段階では紙幅の制約のため，ポイントをまとめた表を提示するにとどめざるをえなかったが，今回，新たに8頁ほどの論述による説明を加えた．初出段階では十分意を尽くせなかった点を補うことができたと思う．第7章も三つの小文を併合したため大幅な加筆がある．現代の法概念論争の展望を通じて法概念論の意義・課題を反省し本書の主題・構成を示した序は，もちろん書き下ろしである．旧稿の初出は以下の通り．

第1章 〈正義への企て〉としての法　田中成明編『現代法学の思想と方法』（岩波講座『現代の法』15巻）岩波書店，1997年所収．
第2章 法の支配——死と再生　井上達夫・嶋津格・松浦好治編『法的思考の再定位』（『法の臨界』1巻）東京大学出版会，1999年所収．
第3章 法の存在根拠は決定か正当化か——ケルゼンを突き刺すルール懐疑の毒牙　（原題「決定と正当化」）長尾龍一・新正幸・高橋広次・土屋恵一郎編『新ケルゼン研究』木鐸社，1981年所収．
第4章 法の存在と規範性——ドゥオーキンにおける法の存在性格　（原題「法の存在と規範性——R・ドゥオーキンの法理論に関する一註釈」）上原行雄・長尾龍一編『自由と規範——法哲学の現代的展開』東京大学出版会，1985年所収．
第5章 法・政治・論争——立憲主義の法哲学　（原題「法・政治・論争」）『理想』637号，1987年所収．
第6章 司法的人権保障の現代的課題
第1-3節　（原題「司法部の機能」）碧海純一編著『現代日本法の特質』放送大学教育振興会，1991年所収．
第4-6節　（原題「人権保障の現代的課題」）同書所収．

第 7 章　自由と平等の現代的諸相——憲法学との対話
第 1-2 節　　（原題「平等——法哲学の側から」）星野英一・田中成明編『法哲学と実定法学の対話』有斐閣，1989 年所収．
第 3 節　　（原題「パターナリズムと人権」）『ジュリスト』945 号，1989 年所収．
第 4 節　　（原題「情報化と憲法理論」）『ジュリスト』1043 号，1994 年所収．
第 8 章　共同体と責任——不法行為法における共同体的正義論の意義と限界（原題「共同体と責任——棚瀬理論への法哲学的応答」）棚瀬孝雄編『現代の不法行為法——法の理念と生活世界』有斐閣，1994 年所収．
第 9 章　公正競争とは何か——法哲学的試論　　金子晃・根岸哲・佐藤徳太郎監修『企業とフェアネス——公正と競争の原理』信山社，2000 年所収．
第 10 章　法は人間を幸福にできるか？　　吉川弘之編『現代幸福論』（『東京大学公開講座』65）東京大学出版会，1997 年所収．

　本書の刊行にあたっては色々な方にお世話になった．すべての方の名を挙げることはできないが，特に大きな恩恵を被っている方々にこの場を借りて謝意を表したい．何よりもまず，学生時代から私を指導してくださった恩師，碧海純一先生にお礼を申し上げなければならない．本書は序でも触れたように，碧海先生が法概念論に投げかけた根源的にして先鋭な問題提起に対する私なりの解答のつもりである．本書第 4 章の論文は先生の還暦記念として書かせていただいたものであり，第 6 章の論文も先生によりその御高著の分担執筆という形で発表の機会を頂戴したものである．同門の先達，長尾龍一教授は私のもう一人の恩師である．助手論文執筆において鞭撻を受け，東京大学法学部の助手任期が終わった後，同教養学部の助手として 3 年近く直接のご指導を日々賜った．本書は卓越したケルゼニアンたる長尾先生の戦後法哲学批判への応答の試みでもある．特に第 3 章と第 4 章の論文は先生の厳しい鞭撻と暖かい配慮がなければ日の目を見なかっただろう．
　実定法学者の方々に負うものも大きい．民法学者星野英一先生は助手論文発表会で私を激励して下さって以来，難解で抽象的な哲学的思弁に没入しがちな

私に実定法学との対話の必要性を絶えず自覚させ，その機会も提供して下さった．先生が東京大学御退官後千葉大学に移られた当時，私も千葉大学に助教授として就職しており，その縁もあって親しく指導を仰ぐ機会を得た．憲法学者佐藤幸治先生は拙文を送るたび，多忙にも拘わらず貴重なコメントを下さり，返信の義務を懈怠する筆不精の私は恥じ入るばかりである．特に，第6章の論文は佐藤先生の著作から学んだものに多くを依存している．同じく憲法学の長谷部恭男教授は第6・7章の論考における私の論争パートナーとして，また，日々会話する機会のある東京大学法学部の同僚として，憲法学と法哲学双方にまたがるその深い学識によって，私を鞭撻し続けて下さっている．

基礎法学の分野で，法哲学と実定法学との対話の範型を私に示して下さった方として，法哲学者の田中成明教授と法社会学者の棚瀬孝雄教授の名も挙げなければならない．田中教授はその浩瀚な研究業績と法哲学会の学術大会や理事会における討議・会話を通じて，法学と哲学との間の絶妙なバランスの取り方を教示して下さった．私はやはり哲学の方に傾いたまま辛うじて法学と哲学の間に立つヤジロベエであるが，教授の薫陶を受けることがなければ，このヤジロベエは倒れていたであろう．第6章の論文は田中教授の業績から学んだものに依存するところも大きい．棚瀬教授は，私が12年前東京大学に転任した前後に教授が主宰される共同研究グループに参加して以来，社会学・哲学・法学を自由自在に行き来するその柔軟で明晰な知性によって私を啓発し続けて下さっている．問題意識に固い核をしっかり保持しながら，しなやかに「専門」間の領域侵犯をやってのける教授は，教授と理論的立場を異にする私にも，知の様式についての一つの魅力的な範型を与えて下さっている．第8章の論文は教授が主宰された不法行為法の理論的基礎に関するシンポジウムでの報告を基礎としており，まさに棚瀬理論との格闘の産物である．

最後になるが，法概念論関係の諸論考を一冊の書物にまとめることを私に早くから促し，超人的な忍耐と細やかな配慮をもって本書を刊行に導いて下さった東京大学出版会の羽鳥和芳氏と小暮明氏にお礼を申し上げたい．特に，小暮明氏は旧稿の形式・表記の不統一の整序や情報更新の必要の指摘をはじめとする面倒な編集作業を，労を惜しまず丁寧に遂行し，私が実質的な加筆修正作業に専念できる環境を作ってくださった．ここに記して感謝する．

このあとがきの結びとして，本書を捧げた恩師，碧海純一先生と，御令室美代子様に献辞を述べさせていただきたい．碧海純一先生との出会いがなければ，法哲学者としてのいまの私は存在しなかったであろう．晦渋かつ蒙昧な言説が哲学思想の世界で跋扈していた時代に，分析哲学の明晰で怜悧な議論と思考の様式によって法哲学の革新を図られていた先生の講義や演習に学生として参加したとき，私は強い衝撃を受けると同時に，実に爽やかな知的解放感を味わった．この先生の門を叩くことこそ自分の進むべき道だと確信した．碧海先生のこの「啓示的」な影響力は私だけでなく，多くの後進の研究者に及んでおり，私より少し年長の世代の間では「アオマイズ」という隠語さえ流通していたという．法学部卒業後，助手に採用されて法学部研究室の末席を汚していた頃，私と同様にアオマイズされて法哲学専攻の道を選んだ院生助手が多くおり，自由闊達な議論を楽しむ知的共同体が形成されていた．これはカール・ポパーの批判的合理主義の哲学を日々の論議の中で実践し，自分と見解を異にする弟子にも寛大にして公正な配慮を欠くことのなかった先生の度量によるところが大きい．
　先生の立脚する価値相対主義と法実証主義をともに批判するような規範理論の構築を私が助手論文のテーマに選んだときも，あまりに向こう見ずで壮大なテーマの選択に，一言「前途遼遠」とおっしゃったが，このがむしゃらな弟子の企てを寛大に見守って下さった．興奮した私が，「前途遼遠かもしれませんが」と言うべきところを「前途洋々かもしれませんが」と言い間違えたとき，「君が前途洋々であることを僕は信じるけれど，いま僕が言ったのは前途遼遠だよ」と優しく笑われたのが，昨日のことのように思いだされる．既に述べたように，本書は伝統的法概念論に対する先生の根源的な批判への応答であるが，この猪突猛進の弟子が四半世紀後に提出した答案を，先生はどう採点して下さるだろうか．
　美代子夫人は，私たち門弟一同が御自宅に集う度に暖かくもてなして下さり，私たちの議論が過熱して感情的な臨界点に達しそうになると，絶妙の諧謔を発して場の雰囲気を和らげ，それぞれ強い個性と自己主張をもつ弟子たち一人一人を暖かく包容すると同時に，「和して同ぜず」の品位を保つ知恵と作法を私

たちに教えて下さった．私が若い生硬な情熱を傾けていた「知のための闘争」など，それなくしては何の意味も成さないような大切なことが人生にあることを学んだのは，夫人が御家族への思いを含む奥深い心情を詠み綴って上梓された歌集『春雪抄』からであった．私だけでなく私の家族も，夫人のさりげなくも暖かい配慮の恩恵に浴してきた．

　碧海先生御夫妻に，このような大きな学恩と深い人間的恩恵に対するささやかな感謝の印として，お二人の御健康への祈念とともに，本書を献呈する．

　　　2003年8月　　盛　夏

　　　　　　　　　　　　　　　　　　　　　　　　　井　上　達　夫

人名索引

Ackerman, Bruce　50-51, 54, 198
碧海純一　ii
Aristoteles　38-40, 217
Berlin, Isaiah　42
Bork, Robert　151-158
Buchanan, James　243
Coleman, Jules　124
Derrida, Jacques　66
Dicey, Albert V.　40-41
Dworkin, Ronald　iii-x, 14-15, 30, 41-42, 61, 73, 113-148, 165-166, 197-198, 200
Ely, John H.　48-49
Fallows, James M.　258
Foucault, M.　193
Frank, Jerome　79
深田三徳　128
Fuller, Lon L.　ii, 10, 41, 45-46, 58, 60
Gates, Bill　236, 245
Gilder, George F.　248
Gilligan, Carol　222
Gray, John C.　73-78, 81-82
Habermas, Jürgen　50, 53
原田尚彦　163
Hare, Richard M.　17-18
Harsanyi, John C.　237-238
Hart, Herbert L. A.　ii-viii, 3-6, 58, 82, 110, 118, 141-146, 268
長谷部恭男　186, 212-216
Hayek, Friedrich　40-41
樋口陽一　214
Hobhouse, Leonard T.　277
Holmes, Oliver W.　79, 268
星野英一　229
Kant, Immanuel　17-18, 265-266
加藤雅信　219, 224-225
加藤新平　ii
Kelsen, Hans　6-7, 71-76, 201
Kennedy, Duncan　37
河野裕明　251

Llewellyn, Karl N.　79
Luhmann, Niklas　36
Michelman, Frank　50
Mill, John S.　27, 211, 280
宮沢俊義　273-274
森島昭夫　229
森村進　186
村上淳一　36
Murphy, Lian　ix
野崎綾子　43
Nozick, Robert　21-22, 197
Olsen, Frances　43
Plato　i, xi
Rawls, John　17-18, 26, 132, 198, 237-242
Raz, Joseph　ix, 9, 110, 125, 217
Ross, Alf　201
Rousseau, Jean-Jacques　17-18
Sandel, Michael　26, 52
佐藤幸治　172
Schmitt, Carl　27-28, 55
Sen, Amartya K.　199, 206
Shklar, Judith　38-46
Sienkiewicz, Henryk　272
Socrates　i
Soper, Philip　ix, 120
Stone, Harlan F.　49
Sunstein, Cass　43, 50-51
田中成明　114, 120
棚瀬孝雄　219, 233
寺山修司　263
Tocqueville, Alexis de　212-214
鶴見俊輔　33
Treitschke, Heinrich von　265
Unger, Roberto　41
Waldron, Jeremy　ix
Walzer, Michael　203-205
Westen, Peter　200-202
Williams, Glanville L.　ii

事項索引

ア 行

悪人の観点　268
悪法　143
悪法問題　164
新しい権利　274
新しい人権　187-190
違憲審査制　9, 36-37, 56, 121, 173
異個人間比較　271
意志主義　98
一応の当為　141, 147
一般的法規範　76-77
意味　109
医療における自己決定権　277-279
内と外との二重規範　270
応答能力　227
横暴な弱者の既得権　261
オリエンタリズム　258

カ 行

会社主義　282
概念法学　159
外面の法廷　281
格差原理　237
確定力　81
カルテル　250
環境権　274
関係的配慮　222
機会の平等　243
帰結主義　205, 266
擬似公共性　22-23, 250
記述的法実証主義　ix
記述的プロジェクト　vi
寄生的な競争戦略　249
帰責ゲーム　221
期待効用最大化　241
既得権　21, 254
規範　92-98, 109
規範的法実証主義　ix
規範の脱論理化　95-98

基本財　216
基本的情報　214
義務論　221, 266
切札　274
強者　244
競争資源の可能性・多様性　246
競争資源分配の公正化　242
競争条件の公正性　243
共同体的正義　221, 224-227
共同体の復権　284
共同体論　24, 30-31, 204, 281-282
恐怖　43-44
恐怖からの自由　65
拒否権　274
近代主義批判　284
具体的争訟性　172
系譜　iv
系譜テスト　117-119
経済的自由　182
形式化のプロジェクト　45-46
形式的法治国家　45-46
結果の平等　243
決定体系としての法　102
権威　9
権威的標準　138, 140
原意理論　152
厳格な合理性の基準　183
現状中立性　43
原初状態　237
現存法　123-124
「現存法」観念　122-125
現代型訴訟　190
権利　20, 57, 254
権利の公共性　20
権利の倫理　31, 222
原理　117
公共財　214-215
公共性　189
公共的正当化　23-28
公共の事柄　216

公共の福祉　180, 273
公共の利益　252
公正　136, 142, 237
公正競争　235-236
厚生主義　205
公正としての主義　132, 198, 237-238
厚生の平等　205
公定形式　123
公民的共和主義　26, 49-50, 222
公民的徳性　26, 49, 52, 222
幸福チケット制　272
幸福追求権　284
幸福の共同性　281
幸福の自己決定　199
幸福論　263
合法性　89
功利主義　30-31, 197-199, 271
個人権　197, 214
個人的正義　220
個体化問題　127
個体的同一性の知識の排除　240
国家からの自立　211
国家からの保護　211
国家による自由　212
個の尊厳　207
個別的法規範　76
語法としての共同体　228
ゴルディアスの結び目　281
コンセンサスとしての法　161
根本規範　71

サ　行

最悪事態観　240
裁判権力　170-171
サプライサイダー経済学　248
三六協定　283
参加志向的・代表補強的司法審査論　48
自衛官合祀訴訟　174
仕切られたコミュニケーション　286
資源戦略　245
資源の平等　205
自己責任　225
事実上の独占　246
事実認定論　87
事実問題　88

市場外での再分配措置　245
自然法論　i, 3-6, 113
実践的プロジェクト　vi
実体化プロジェクト　47-48
実体的憲法価値論　187, 207
実体的自然法の編入論　47
実体的正義　242
実定化された自然権論　47
失敗のリスク　287
支配的財　203
司法改革　177
司法権　170-173
司法消極主義　176-177
司法積極主義　160
司法の謙抑性　156-158
資本主義の精神　248
市民的不服従　9, 56, 154
社会権　183, 209
社会国家　209
社会的実体としての共同体　228
弱者　244
弱者保護　250
自由　185, 197-199, 207-218
自由競争　235
宗教的人格権　175
終局性　82-84
終局的当為　147
自由権　183
自由国家　209
集団的エゴイズム　22-23, 27-28, 250-251, 269
自由優位論　198, 220-221, 243, 260
熟議　51-55
熟議の民主政　27, 49-55
主権者命令説　3-4, 58
授権法の先行性　58
出発点の平等　243
純一性　vi, 14-15, 29-30, 166
遵守可能性要請　62
遵法義務　vi
商道徳　251
承認説　ix, 5
初期分配の公正　243
自律　97
人権　180

審査基準論　187
新聞・出版の自由　213
真理規約　131-135
垂直的公共性　190
水平的公共性　190
数値目標　258
生活世界の法的植民地化　231
正義概念　13-16, 122, 238
正義感覚　236
正義構想　13-16, 238
正義としての公正　237-238
正義の基底性　241
正義の諸領域　203
正義の優位　240
正義への企て　i, 10-13, 31, 57, 63, 108, 166-167
正義要求　6-11
政教分離　175
制限政府　38-43
成功者の既得権　261
政治化　152, 154-155
誠実性　30, 167, 252
政治的イデオロギー　36-37
政治的適切性　217
政治的リベラリズム　26, 241
精神的自由　182, 185
正当化体系としての法　102
正当化を争う権利　9, 12
制度改革訴訟　191
制度史　114
制度の支え　117-118
制度の保障　175
責任の集合化　226
責任の法的客観化　221
全体的正義　220
相関関係説　175
相互依存性　226
総合救済システム　224
遡及法　33
遡及法の禁止　61, 67
訴訟回避傾向　178

タ　行

第一次ゲーム　257
代替的紛争解決手続　178-179

第二次規範　100
抱き合わせ　236
卓越主義　280
達成型競争　261
縦割りの二重の基準論　183
妥当　93
探求型競争　261
抽象的違憲審査制　173
中途半端なパターナリズム　279
調整問題　8
挑戦者の権利　255
挑戦の優位　253
調停　230
調停の擬似訴訟化　230
懲罰的損害賠償　226
朝令暮改の禁止　62, 67
通時的平等　242, 247
通商摩擦　257
通約不能性　238
強い構造の解釈　57-67
適合性の次元　135
適用の正義　239
手続的自然法論　45
手続的正義　242
手続的唯我論　84-85
等確率想定　237
道徳主義的パターナリズム　280
道徳性の次元　136
道徳的葛藤　144-145
道徳的責任の法化　231
特殊情報　240

ナ　行

内在的制約説　181-182
内的観点　268
二階の二重基準　259
二元主義　50
二重基準　19-20, 49, 257
二重国家　40-41
二重の基準　48-49, 182-187
二段階審査基準　257
二段階審査論　49
日本型司法積極主義　179
認知　217
能動主義　161

事項索引　301

能力の平等　205

ハ　行

ハード・ケース　115-117
背景道徳　114
排除的法実証主義　iv
配慮の平等主義　272
配慮の倫理　31, 222
パターナリズム　207-212, 275-279
反転可能性　23-24, 57, 239
「番人の番人」のパラドックス　84
非排除性　213
批判的民主主義　55
批判法学　29, 37
秘本説　124-125
秘密法の禁止　61, 67
平等　197-207
平等算入公準　199
平等な配慮　228
平等優位論　198, 220-221, 243, 260
フェア・プレイ　247-248
フェミニズム　53
不可謬性　82-84
複合的平等　203
福祉国家　209
不快な事実　286
付随的違憲審査制　173
普遍主義的要請　16-18, 57
普遍的構想論　14-15
不法からの回復　222
フリー・ライダー問題　18-19, 248-249
プリ・リベラル　224
プロセス化　48-49
文脈的構想論　14-15
文脈的・物語的思考様式　227
平均的功利主義　238
ヘイト・メッセージ　287
包含的法実証主義　iv
法規範　76-77, 93, 130
法至上主義　264
法実証主義　i, 4, 71-76, 113-122
放送の公共性　215
法固有の正統性　163
法的義務　72-73, 83-84, 99-101, 109-110
法的執行　231

法的責任の道徳化　231
法適用義務　72-73, 83-84, 101, 109-110
法‐道徳峻別論　144-147
法内在道徳　11, 16, 41, 45-46, 58
法の一般性　60, 67
法の一般性要請　55
法の規範性　141
法の経済分析　221
法のゲーム化　267
法の欠缺　92, 103
法の源泉　75
法の支配　11, 33-67
法の節度　284
法の手続的パラダイム　50
法の道徳性　142
法の無予盾性　61
法の明確性　60
法の倫理的謙抑性　232
法は欺かず　63
法は不能を強いず　62
法万能主義　232
法命題　72, 93, 129-139
法命題の理論　122
法予言説　268
法律関係説　126
法律の留保　55
法律問題　88
法令と公権力の合致要請　64, 67
保護戦略　245
保守的司法積極主義　36
ポスト・モダン　284
ポスト・リベラル　224
ホモ・エコノミクス　248

マ　行

マクシミン・ルール　237
マターナリズム　276
民主的司法消極主義　157-160
無知のヴェイル　17-18, 237, 240
メタゲーム　256
メタ情報　215
メディアの表現の自由　214
目的論　266

ヤ　行

やり直しのきく社会　　287
柔らかい法実証主義　　iv
予見可能性　　10-11, 16, 20, 57-67, 239
縦割りの二重の基準論　　183
弱い構造的解釈　　57-67

ラ　行

リアリズム法学　　160, 268
リーガリズム　　266
リスク選好　　241
理性の支配　　38-40, 50-51
リッグズ対パーマー事件　　61
立憲民主主義　　172
立法の自己拘束性　　59, 67
理念化プロジェクト　　55-57
理念的規制論　　14-15
リベラルな寛容　　231
リベラルな司法積極主義　　156
隣人訴訟　　229
類型化要請　　16, 20, 239
ルール懐疑　　79-84
ロック的付帯条件　　22

ワ　行

忘れられた少数者　　210

アルファベット

LRA 基準　　64, 183, 253

著者略歴
1954年　大阪に生れる
1977年　東京大学法学部卒業
現　在　東京大学大学院法学政治学研究科教授（法哲学専攻）

主要著書
『共生の作法――会話としての正義』（1986年，創文社，サントリー学芸賞受賞）
『他者への自由――公共性の哲学としてのリベラリズム』（1999年，創文社）
『現代の貧困』（岩波書店，2001年，岩波文庫版2011年）
『普遍の再生』（岩波書店，2003年）
『世界正義論』（筑摩書房，2012年）
『リベラルのことは嫌いでも，リベラリズムは嫌いにならないでください――井上達夫の法哲学入門』（毎日新聞出版，2015年）
『憲法の涙』（毎日新聞出版，2016年）
『自由の秩序――リベラリズムの法哲学講義』（岩波書店，2017年，初版『自由論』2008年の拡充改訂版）
『立憲主義という企て』（東京大学出版会，2019年）

法という企て

2003年 9月18日　初　版
2019年11月 1日　7　刷

［検印廃止］

著　者　井上達夫
　　　　（いのうえたつお）

発行所　一般財団法人　東京大学出版会

代表者　吉見俊哉

153-0041 東京都目黒区駒場 4-5-29
電話 03-6407-1069　Fax 03-6407-1991
振替 00160-6-59964
http://www.utp.or.jp/

印刷所　株式会社三陽社
製本所　牧製本印刷株式会社

Ⓒ 2003 INOUE Tatsuo
ISBN 978-4-13-031173-1　Printed in Japan

JCOPY〈出版者著作権管理機構　委託出版物〉
本書の無断複写は著作権法上での例外を除き禁じられています．複写される場合は，そのつど事前に，出版者著作権管理機構（電話 03-5244-5088，FAX 03-5244-5089, e-mail: info@jcopy.or.jp）の許諾を得てください．

笹倉秀夫著	法思想史講義 上	A5	3600円
笹倉秀夫著	法思想史講義 下	A5	3800円
笹倉秀夫著	法哲学講義	A5	4200円
木庭 顕著	政治の成立	A5	10000円
木庭 顕著	デモクラシーの古典的基礎	A5	22000円
木庭 顕著	法存立の歴史的基盤	A5	28000円
樋口陽一著	憲法 近代知の復権へ	46	2900円
長谷部恭男著	比較不能な価値の迷路	A5	4000円
長谷部恭男著	憲法の理性	A5	3600円
石井紫郎著	日本人の法生活	A5	7800円

ここに表示された価格は本体価格です．ご購入の際には消費税が加算されますのでご了承下さい．